全国鉄道事情大研究
北海道篇

川島令三

草思社

はじめに

鉄道が得意とするのは大量輸送と高速輸送である。ＪＲ北海道の札幌都市圏では輸送密度が４万人にもなっており、営業収支も管理費を除けば黒字である。高速輸送のほうは新幹線で証明済みである。それがない閑散線区は廃止されるか、あるいは廃止されようとしている。理由は人口の減少や道路の整備によって乗客が減ってしまって、赤字が膨らんだからである。

鉄道がどれだけ利用されているのかを示す指標として輸送密度がある。１日１キロあたりの乗車人数である。

首都圏の各鉄道は20万人以上となっている。国鉄が赤字路線を切り離すときの目安は４０００人未満とした。４０００人以上でないと維持できないとしたのである。ところが、私鉄である富士急行は３３８９人、智頭《ちず》急行は２４３１人で黒字になっている。やっていけなくなるのは２０００人未満の路線ということになる。

ところがＪＲ北海道の札沼《さつしょう》線の非電化区間である北海道医療大学―新十津川間では79人と二桁しかない。これでは公共交通機関として成り立たない。路線バスに転換してもやっていけない数字である。平成28年（２０１６）12月に廃止された留萌《るもい》本線の留萌―増毛《ましけ》間に至っては67人と札沼線の非電化区間よりも少ない。

これらの区間は極端な数値だが、通常、輸送密度が500人を切るともう営業が成り立たないとされている。石勝《せきしょう》線の新夕張―夕張間の118人をはじめ、根室本線の富良野《ふらの》―新得《しんとく》間の152人、滝川―富良野間でさえ488人である。

JR北海道で輸送密度500人未満の区間は全体の32％（事実上廃止の日高本線を含む）にも上る。500人以上2000人未満もやはり32％である。合わせて64％にもなる。国鉄が不要とした2000人以上4000人未満では16％になっているから、4000人未満はすべて廃止とするならば実に80％がなくなってしまうことになる。

さらに北海道では冬期の除雪に多大な費用がかかっている。しかも冬期はずっと雪が積もり続けている、いわゆる根雪になっているところがほとんどである。根雪地帯の除雪は並大抵のことではできない。これがJR九州やJR四国と大きく違うところである。

従来は輸送密度が高く、しかも年々上がっていて、管理費を除くと黒字になっている札幌近郊区間の収益で赤字区間の補塡《ほてん》をしていたが、赤字区間の輸送密度が年々大幅に下がっているために、補塡しても追いつかない。かえってJR北海道の全体の収支が悪化するだけである。

そこでJR北海道は輸送密度が2000人未満の線区について、北海道庁や沿線自治体が維持管理をして、JR北海道は列車の運行だけに徹するという上下分離を提唱している。

現実に輸送密度が482人で万年赤字だった鳥取県の若桜《わかさ》鉄道は償却前の収支率は157％だったが、地元自治体が第3種鉄道事業者になって線路等のインフラの維持管理をし、若桜鉄道は第2種鉄道事業者に変更して運行だけに専念するようになった。その結果、償却前で収支率が104％に改善した。しかし、地元自治体は合わせて1億2750万円の出費をしている。税金を投入してでも存続することで地元の足をなくさないようにしたのである。

しかし、地元自治体は線路使用料を若桜鉄道に請求していない。

北海道では線路使用料をJR北海道に請求すれば、まわりまわって運賃に跳ね返ることになる。これについてJR北海道は致し方ないとしている。といって線路使用料を維持費に見合うほどにするわけにはいかない。若桜鉄道の沿線自治体のように税金投入という負担は逃れられない。結局、得をするのはJRだけである。これでは出費する自治体が難色を示すのも当然のことである。

上下分離をするということであれば、上部の運行についてはJR北海道だけではなく、民営会社も参加するようにすればいい。具体的には集客力に定評がある大手ツアー会社が親会社となって第2種鉄道事業の運行会社を設立し、観光列車を走らせるのである。これによってJRとは別の鉄道会社が参加し、互いに競争することにもなって、サービスの質が上がる。

JRが単独で運営する第1種鉄道事業区間でも新たな鉄道運行会社が列車を運営してもいい。第1種鉄道事業者は「自己の線路に余裕がある場合、第2種鉄道事業者に使用させることができる」としている。現実にJR貨物がそれにあたるし、首都圏の東京メトロ南北線白金高輪―目黒間で都営地下鉄が第2種鉄道事業者として運行している。法的には充分可能なのである。

そうなれば地元が負担する第3種鉄道事業者も運営に見合う線路使用料収入を得られる。その場合は他のJRが行なっている高額の料金を支払うクルーズトレインではなく、適度な料金設定で、プチ贅沢をしたい庶民が乗りたくなるような観光列車でなくてはならない。

また、公共交通機関として成り立たなくなっている線区では冬期は運休すればいい。これによって除雪費は不要になる。現実に富山の黒部峡谷鉄道は冬期には運休している。冬期には利用できなくても、廃止されるよりはましというものである。

ＪＲ北海道の赤字線区を現状のまま放置していると、やがて80％の路線が廃止になり、残るのは札幌近郊区間と北海道新幹線だけになってしまう。ＪＲ北海道だけでなく沿線自治体や観光ツアー会社や観光客を含む利用客などを巻きこんで、最善を尽くして存続を図る必要がある。

なお、ＪＲ関連の各種データは平成26・27年度、公営交通である札幌地下鉄と札幌市電は平成23年度のものである。また市電を含む札幌市交通局全線の輸送密度は５万９７５７人である。

平成29年３月

全国鉄道事情大研究〔北海道篇〕目次

全国鉄道事情大研究　北海道篇

北海道新幹線（新函館北斗―旭川）（全区間未開業）　320㌔運転で4時間台に短縮を

POINT!　建設中の新函館北斗―札幌間は、現在、特急が走っている室蘭・千歳線経由のいわゆる海線回りではなく、長万部《おしゃまんべ》から先も函館本線と並行する山線回りのルートをとる。札幌まではこちらのほうが距離が短く所要時間を短縮できるからである。しかし、国土交通省の試算では東京―札幌間の所要時間は5時間1分としている。5時間丁度ではなく、なぜか1分加わる。

ともあれ、これだけ時間がかかるのでは東京―札幌間の利用は少ない。問題は海峡線との共用区間で140㌔しか出さず、その前後の盛岡―札幌間の最高速度が260㌔でしかないことである。盛岡以南と同じ320㌔運転をすれば4時間20分に短縮できる。ハード的には300㌔走行可否を示すトランポンダを線路に設置することで可能だが、費用や全国新幹線鉄道整備法で最高速度は260㌔にするといったソフト的な問題でできないだけである。しかるべき措置をとって320㌔運転にすべきである。

【概要】　北海道新幹線は昭和45年（1970）に公布した全国新幹線鉄道整備法に基づき、昭和47年の「建設を開始すべき新幹線鉄道の路線を定める基本計画」の運輸省告示243号において取り上げられた。起点を青森市、終点を旭川市、主な経由地を函館市付近、札幌市とした。函館市付近としたのは現在の北斗市を経由し、函館市は通らないと想定したからである。

このうち新青森―札幌間が整備すべき新幹線、要するに整備新幹線となり、平成28年（２０１６）に新青森―新函館北斗間が開通した。一方、新函館北斗―札幌間は平成24年に着工した。当初の開業予定は平成31年度としていたが、新幹線の建設予算が少なくなることから47年開業予定と大幅に後退した。しかし、これではあまりにも遅すぎるということで現在は平成42年度末（２０３１年３月）の開通に落ち着いている。

着工区間の延長は約２１２キロ、駅は既設の新函館北斗、それに新八雲、長万部、倶知安《くっちゃん》、新小樽、札幌である。

残った基本計画区間の札幌―旭川間の延長は約１３０キロとしているが、ルートは定まっていない。想定される駅としては札幌、岩見沢、滝川、深川、旭川としている。フル規格で建設するのは非現実的とし、ミニ新幹線あるいはフリーゲージトレインが考えられているが、直線区間が多い幌向《ほろむい》―納内《おさむない》間の函館本線を改良して、狭軌車両によって２００キロ運転をすればいい。

そのためには２００キロ走行区間で踏切を除去しなくてはならない。これを高架化するのでは費用と時間がかかる。踏切そのものがそれほど密集してあるわけでもないし数もそんなに多くはないから、道路のほうを立体化するのである。さらに各駅を２００キロで通過しても安全なようにホームドアを設置し、通過線と停車線に分離し、かつ高速で通過できるように改良する。

これによって普通列車や貨物列車も走れることになり、並行在来線問題も生じない。２００キロ運転をすれば札幌―旭川間は最低でも30分短縮して50分程度で結ぶことが可能である。さらに急カーブ区間だけでも新線に切り替えて、ほぼ連続して２００キロ運転をすれば40分程度に短縮することができる。

在来線と融合することによって基本計画新幹線の新しい安価な整備方式を創りあげるべきである。
ただし、ロシア政府は間宮海峡と宗谷海峡に橋を架設するかトンネルを掘削するかして、ロシア―日本間に鉄道を敷設したいと提案している。この場合は札幌―稚内《わっかない》間に標準軌の新幹線を建設することになる。

【建設ルート】 新函館北斗駅を出ると上り勾配となり、32・６７５キロの渡島《おしま》トンネルに入る。同トンネルは陸上トンネルとしては国内最長である。続いて１５００ｍの二股《ふたまた》トンネル、４６００ｍの磐石トンネル、４０００ｍの祭礼トンネル、８１７０ｍの野田追《のだおい》トンネルを抜け、１００ｍの砂蘭部川《さらんべがわ》橋梁を渡って新八雲駅（仮称）となる。

新八雲駅は相対式ホーム2面2線の高架駅で新青森駅から２０３・０キロの地点にある。現八雲駅のほぼ西へ3キロ離れた道道42号線との交差地点にあって、道央自動車道の八雲ＩＣとは遊楽部川《ゆうらっぷがわ》を隔てた南西側にある。

新八雲駅を出ると２４５ｍの遊楽部川橋梁を渡り、16・９８０キロの立岩トンネルに入る。坑口付近は半径６５００ｍで右にカーブしている。

５００ｍの幌内トンネル、１７００ｍの豊野トンネル、１３００ｍの国縫《くんぬい》トンネルを抜けて国縫川橋梁を渡る。この先、函館本線の山側をほぼ並行して進む。高架から地上に降りて長万部駅となる。

地上駅で通過線と停車線がある相対式ホーム２面４線とするのが当初の計画だったが、地上駅だと街が分断されるとして高架の島式ホーム２面４線に変更した。これは室蘭、苫小牧《とまこまい》を経由する基本計画にある北海道南回り新幹線との分岐を考慮したものだと思われる。なお、長万部駅は新青森駅から２３５・９キロの地点にある。

この先、室蘭本線の山側をやや離れて並行し、室蘭本線の静狩《しずかり》駅近くで15・５６０キロの内浦トンネルに入

北海道新幹線(新函館北斗―長万部)

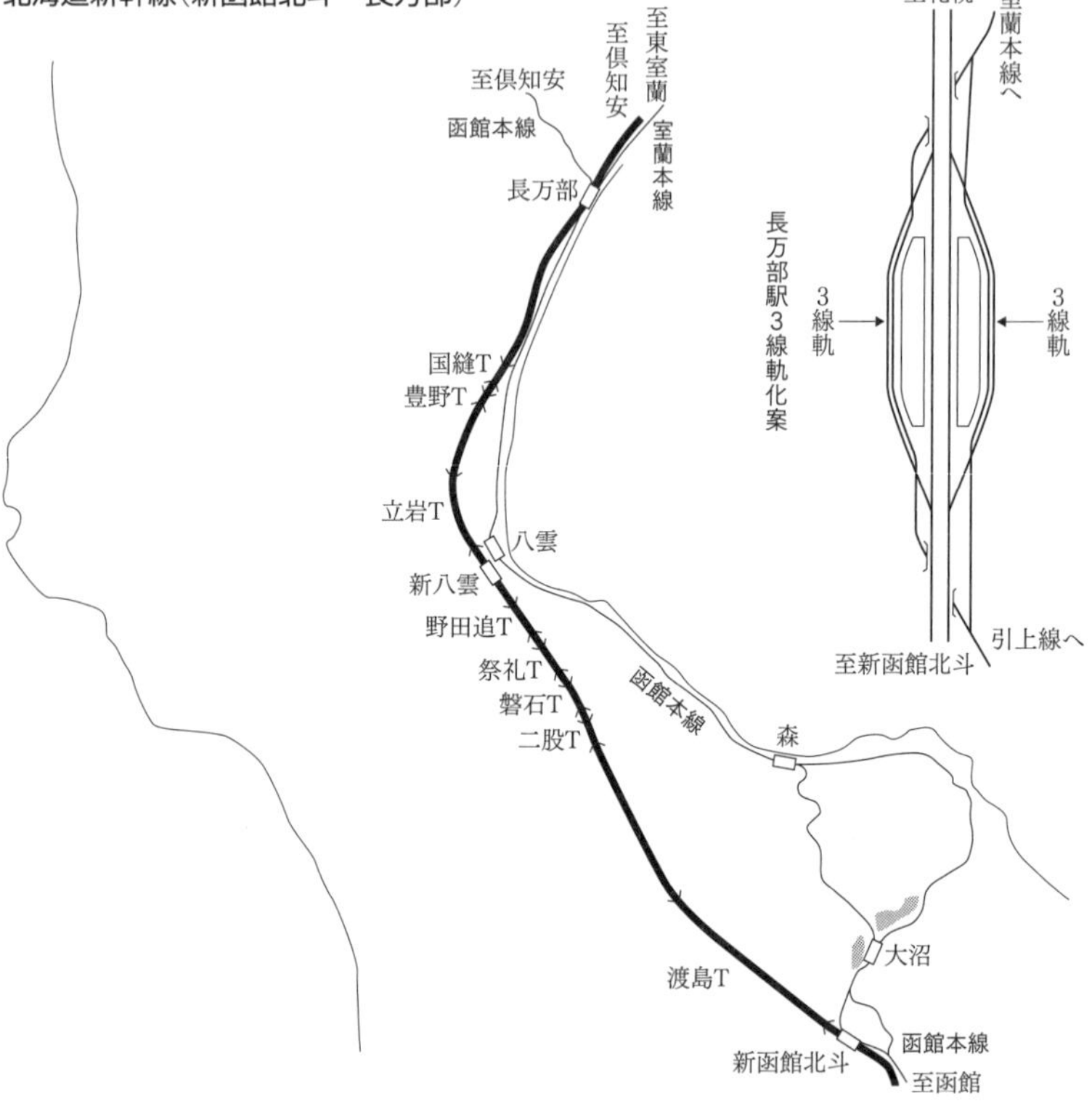

る。長万部寄りの坑口付近で左にカーブ、内浦トンネルを抜けた先で右にカーブしながら10・410キロの昆布《こんぶ》トンネルに入る。2300mのニセコトンネルで左にカーブし、続いて9750mの羊蹄《ようてい》トンネルを抜けて倶知安の街の中に入る。

　高架になって相対式ホームの倶知安駅に達する。新青森から290・3キロの地点である。在来線も高架化し西側に島式ホームを設置することが考えられているが、これは連続立体交差事業による高架化のため、その事業が進まなければ在来線は地上駅のまま西側に移設される。

　函館本線は左にカーブするが、新幹線はそのまままっすぐ北上して12・630キロの二ツ森

倶知安寄りから見た長万部駅。右のヤード群と空地に新幹線の駅ができる

長万部寄りから見た倶知安駅。左の空地に在来線を移設し、
現在の在来線のところに新幹線の駅ができる

北海道新幹線(長万部—札幌)

トンネルに入る。倶知安寄りは右にカーブしている。続いて17・975㌔の後志《しりべし》トンネルに入る。倶知安寄りは左にカーブしているが、その先で大きく右にカーブして東向きになる。

後志トンネルを出て勝納川《かつないがわ》の谷を横切ったところに相対式ホームの新小樽駅ができる。新青森から328・3㌔のところである。札幌寄りで建設中の北海道横断自動車道の下をくぐる。在来線で一番近い駅は南小樽駅だが、約4㌔離れている。

すぐに4300mの朝里《あさり》トンネル、続いて18・750㌔の手稲トンネルに入る。市街地の西宮の沢で地上に出ると高架になって発寒《はっさむ》駅付近から函館本線の南側を並行して札幌に達する。

奥の高架橋は北海道横断自動車道。その手前、左側から右奥に斜めに新小樽駅ができる

高架の函館本線の左側に並行して北海道新幹線が乗り入れてくる。奥には用地があるが、札幌駅付近では在来線のホームを新幹線に転換することを予定しているため用地がない

当初計画では札幌駅は現在のJRタワーの位置に島式ホーム1面2線を設置する予定だったが、用地をJRタワーに譲ったために、在来線の1、2番線を転用することに変更した。だが、在来線の発着線が減ることは好ましくないとして、北側に12番線を新設して在来線の発着線を増やすことで、北海道新幹線の建設が認可された。

しかし、平成27年（2015）になって、これでも在来線の発着に影響するとして、JR北海道は札幌駅の東側300m地点、すなわち創成川《そうせいがわ》手前から駅方向にホームを設置することを主張するようになった。

しかし、現在の1、2番線を新幹線ホームに転用しても、まだ、島式ホーム4面8線の発着線と1線（11番線）が残る。札幌駅の発着本数からすれば、充分に対応できるはずである。名古屋鉄道の新名古屋駅では片側1線のみで、朝ラッシュ時の1時間に30本程度が発着している。

札幌では折り返し列車のほとんどを名鉄と同様に停車時間を1分程度にしたスルー列車にすれば2面4線でも充分に捌《さば》くことができる。今の札幌駅ではスルー列車が10分以上停車していたりして、無駄に発着線を塞いでいる。そういうことをなくせば充分に対応可能であり、これは新幹線を建設する鉄道運輸機構も主張している。それでも引上線が足りないなら増設するとも言明した。

そこで発寒中央駅に副本線、桑園《そうえん》駅と苗穂《なえぼ》駅に引上線を増設し、札幌駅11番線に片面ホームを設置することで、1、2番線の新幹線ホーム転用をJR北海道も承諾した。当初案での新青森駅からの距離は360・3キロである。

【想定されるダイヤ】 海峡線との共用区間で最高速度140キロ、盛岡以北の単独区間で260キロ運転をした場合、東京―札幌間の所要時間は大宮、仙台、盛岡、新青森、新函館北斗の5駅停車の最速で5時間1分としている。

余裕時間をどれくらい取るかで所要時間に数分程度の違いが生ずる。なぜ、5時間0分にしないで1分をプラスしているのか、不思議である。

現行の新函館北斗以南での余裕時間と同じにして筆者が計算すると、4時間57分15秒になった。これにさらに45秒の余裕時間を加えて4時間58分にするのが、これまでの国鉄やＪＲのやり方であろう。5時間1分という所要時間では5時間を切れないことを国土交通省がアピールするためとしか思えない。

大宮以北で３２０キロ運転をした場合の所要時間を試算すると4時間13分45秒、３６０キロ運転をした場合は4時間を切って3時間57分45秒となった。北海道経済連合会が試算した３６０キロ運転では3時間57分としており、ほぼ同じ計算結果である。

これよりも速くするには停車する駅を減らすしかない。しかし、仙台駅では停車せずに通過するとしても、駅の前後に半径５００ｍの規格外の急カーブがあるため2分30秒程度しか短縮できない。

大宮通過では大宮以南が最高速度１１０キロなので、やはり2分30秒程度の短縮になる。盛岡駅付近の規格外の４０００ｍ未満のカーブは半径１０００ｍなので、短縮は2分45秒程度になる。

新函館北斗駅では規格外のカーブはなく３６０キロ運転は可能である。この速度で通過する場合、所要時間の短縮は6分になる。新青森では乗務員の交代があって停車しなくてはならない。トータルでの短縮時間は13分45秒となり、新青森のみ停車する電車であれば3時間43分15秒ということになる。もし新青森も通過すれば、規格外のカーブは盛岡駅付近とほぼ同等なので2分45秒の短縮ができ、3時間40分30秒になる。

ところで東京―大宮間の最高速度は１１０キロである。東海道新幹線も東京―新横浜手前間では１１０キロだったが、これを１２０キロに上げて東京―新横浜間で2分短縮した。東北新幹線は防音対策が東海道新幹線よりもしっかりしており、カーブも東京―新横浜間よりも緩いから、１３０キロに上げても騒音は大きくならないだろう。これによって5分程度短縮でき、東京―札幌間は3時間30分台で走らせることができる。しかし、これは実現しないだろうが、仙台、盛岡、新函館北斗の3駅通過は可能性がないとは言えない。

とはいえ、恐らく大宮、仙台、盛岡、新青森、新函館北斗停車を最速達列車にするものと思われる。しかし、新函館北斗駅は高速での通過が可能だから、1日に2、3往復程度は新函館北斗駅通過で、東京―札幌間を4時間52分（共用区間１４０キロ、盛岡以北２６０

キロ運転）で走る最速達列車を設定してもいいだろう。
新函館北斗駅に停車したとしても最速達列車は1日に5往復程度で、残りの速達列車は盛岡以北の各駅を適宜散らして停車する列車になるものと思われる。そのなかで準速達列車としては長万部と新小樽と一部八戸停車があろう。260キロ新幹線では1駅停車するごとに5分程度遅くなり、盛岡で秋田新幹線との分割があるから準速達列車の東京—札幌間の所要時間は5時間10分程度になろう。

また、1、2時間毎に新青森—札幌間運転の各駅停車も設定されるものと思われる。

準速達列車の長万部停車は東室蘭、苫小牧方面の特急と接続することになる。今のままの計画では在来線のホームへ階段等を使っての乗り換えになるが、やはり同じホームでの乗り換えにしてほしいものである。

新幹線長万部駅は島式ホーム2面4線で追い越しを可能にしている。しかし、運転本数が少ない北海道新幹線では追い越しを行う機会はさほどないと思われる。そこで外側の線路は狭軌併用の3線軌にし、函館寄りに狭軌引上線も設置して上下とも在来線特急と新幹線電車とで同じホームでの乗り換えが可能なようにすればいい。

倶知安駅では第3セクター鉄道になった函館本線と連絡する。ただし、北海道新幹線が開通したとき、あまりにも利用されないということで廃止することも考えられる。

しかし、近くのニセコはスキーのメッカであり、夏期にも観光客が訪れる。ニセコ—倶知安間に新幹線連絡列車を運転すれば、このあたりの活性化につながる。また、余市へ新幹線と在来線とで乗り継いでいく場合も倶知安での乗り換えが便利である。新小樽は函館本線小樽駅から離れているからである。

倶知安—小樽間は通学生もそれなりに利用する。蘭《らん》越《こし》—倶知安間もそうだが、長万部—蘭越間は通学生も含めて非常に少ない。この区間の廃止はかなり有力となろう。しかし、今後、有珠山《うすざん》などの火山が爆発することもありうるので、貨物列車の迂回線として温存することも重要だと考えられる。

少しでも収入をあげて維持管理費に回したいとするならば、観光列車を走らせることである。第3セクター鉄道が自前で用意するのでは大変だし、注目されるような列車を走らせるのも予算的に難しい。

そこで各ツアー会社が出費して団体専用の楽しい列車を走らせてはどうか。というよりも思い切ってツアー会社ごとに第2種鉄道事業として、観光列車を走らせるのである。観光客を呼び入れて自前の面白列車に乗せることに長《た》けているのはツアー会社である。こういった方策によってローカル線を救うことも一つの手である。

●札幌―旭川間の基本計画区間の建設　フル規格での建設は現実味がない。北海道庁ではフリーゲージトレインによって北海道新幹線と函館本線特急とが直通するのがよいとしている。しかし、フリーゲージトレインの新幹線での最高速度は２７０キロ程度でしかない。現実には２５０キロで走ることになろう。新幹線の通常の車両は３６０キロまで出せるとされるので、新幹線内での速度差がありすぎる。

ほとんどの利用客は札幌から旭川までの主要各駅に向かう。無理して北海道新幹線と直通する必要はないのである。

それならば前述したように在来線で２００キロ運転をするほうがよい。札幌―江別間では普通電車も多数走っていて、２００キロ運転をするには普通電車が邪魔になる。

２００キロ運転は江別―納内間の直線区間のみとするのがいい。直線区間といっても各駅の構内でカーブしているので、各駅の構内では直線化が必要である。さらに２００キロで通過しても普通電車待ちの乗客が安全なようにホームドアを設置するか新幹線と同様に通過線と停車線に分ける必要がある。

さらに交差する道路を立体化して函館本線のほうは基本的に現状のままにする。首都圏や関西圏に比べて江別以北では交差する道路はさほど多くないので、費用がかかる連続立体交差事業ではなく単独立体交差事業でこと足りる。しかも交差する道路は岩見沢、滝川、深川など特急が停車する駅付近の市街地に多く、大体はすでに立体化しているし、残っている踏切も停車するために減速しているから、当面はそのままにしてもいいと言える。

そして普通電車も走ることから、準新幹線化しても並行在来線問題そのものがない。そして準新幹線化はフル規格新幹線を建設するよりもはるかに安上がりであり、他区間の在来線と直通もできる。稚内方面や網走《あばしり》方面の特急気動車も２００キロ運転ができる車両に置き換えれば、札幌―稚内・網走間の所要時間が大幅に短縮して利用者が増える。留萌《るもい》や富良野《ふらの》へも特急を走らせれば札幌―留萌・富良野間の所要時間を大幅に短縮できる。

札幌―旭川間では所要時間は30分短縮して55分程度で結ぶことができよう。その後、カーブ区間の線形を改良したり、線形を改良していない区間でも１６０キロ運転をしたりしてさらに所要時間を短縮するのが望ましい。また、狭軌でも２５０キロ運転ができる技術開発を国交省が提唱しているように、最終的には２５０キロ運転を目指せばいい。

今後、日本各地にある基本計画新幹線を準新幹線で行うというモデルとして札幌―旭川間の準新幹線化を行えばいいと言える。

ところでロシアは間宮海峡と宗谷海峡に橋またはトンネルを設置して日本とロシアのあいだに鉄道を敷設したいと提案している。

その場合は標準軌新線になるのが妥当である。ロシアの鉄道の軌間は標準軌のレール幅１４３５ミリよりも広い１５２０ミリになっている。しかし、ロシアの高速新線（新幹線）の軌間は国際標準軌の１４３５ミリにする予定である。その場合にロシアの在来線直通列車はスペインが実用化している軌間変換車両を採用することになっている。

この結果、軌間変換車両による日露直通列車が走ることになる。

日本側では北海道新幹線を旭川駅からさらに稚内まで延伸することになる。そして、それは積雪を考慮してトンネルとスノーシェルターで覆われ、稚内までの駅は士別、名寄《なよろ》、音威子府《おといねっぷ》ということになろう。

とは言っても、これは夢物語であり、さらにモスクワまで行くとすれば、最高速度３６０キロでは時間がかかりすぎる。最高速度５０５キロのリニアでもまだ遅すぎる。リニアを８００キロ走行に改めれば、東京―モスクワ間は10時間で結ばれようが、貨物列車は走らせられない。

JR函館本線(長万部—旭川)

札幌都市圏の小樽—旭川間は安泰

POINT! 函館本線は函館—長万部《おしやまんべ》間と長万部—小樽《おたる》間、小樽—旭川間で状況が異なる。

函館—長万部間は電化している函館—新函館北斗間を除き、単線あるいは複線の非電化路線で、新函館北斗駅で北海道新幹線と連絡し、札幌方面発着の特急「スーパー北斗」、「北斗」を合わせて9往復が運転されている幹線である。北海道新幹線が札幌まで延伸すると道南いさりび鉄道、あるいは新設の第3セクター鉄道が運営を引き継ぐことになる。

長万部—小樽間は山線と呼ばれ、定期列車は普通しか走らない。ニセコといった観光地があるが、鉄道を利用する観光客は少ない。やはり北海道新幹線が開通すると第3セクター鉄道が運営を引き継ぐ。

小樽—旭川間は札幌都市圏の近郊輸送として非常に利用されており、特急や快速も頻繁に運転されている。北海道新幹線が開通すると小樽—札幌間は第3セクター鉄道が運営を引き継ぐのがセオリーだが、札幌都市圏の近郊輸送は一体運営が望ましいということで、JR北海道の路線として今後も運営される。

【概要】 本篇では函館本線のうち長万部—旭川間310・8キロを取り上げる。長万部—小樽間は単線非電化、小樽—旭川間は交流50Hz20kVで電化され、うち札幌—白石《しろいし》間は複々線、桑園《そうえん》—札幌間は複単線で、単線は札沼《さっしょう》線列車の専用になっている。残る区間は複線である。

長万部駅で室蘭本線、桑園駅で札沼線、白石駅で千歳線、岩見沢駅で室蘭本線、滝川駅で根室本線、深川駅で留萌《るもい》本線、旭川駅で宗谷本線と富良野《ふらの》線に接続する。札幌—白石間の複々線は方向別で、外側が函館本線列車用、内側が千歳線列車用となっている。ただし、札幌方面への一部の普通電車は千歳線用線路を走る。

非電化の長万部—小樽間は通称、山線と呼ばれている。これに対して室蘭本線、千歳線経由の長万部—札幌間が海線と呼ばれる。距離は山線のほうが短いが、海線は多くが複線化されており、線形改良もなされているために所要時間は断然短い。このため長万部—小樽間はローカル路線化され、臨時列車を除いて普通しか走らない。

輸送密度は長万部—小樽間が690人、前年の平成26年度が675人だから15人増えている。小樽—札幌間が4万4981人で前年度が4万4099人、札幌—岩見沢間が4万3994人、前年度が4万3025人、岩見沢—旭川間が9538人、前年度が9320人でいずれも増えている。

岩見沢—旭川間が1万人を割っているものの、電化区間は総じて安泰である。これに対して長万部—小樽間は1000人を割っている。

国鉄は4000人未満は廃止あるいは第3セクター鉄道に転換する方針だった。しかし、第3セクター鉄道に転換した路線では地元からの補助があるとはいえ400人程度までに減ってしまっても何とか運営している。600人であれば、地元の協力があれば存続できると言える。

しかし、長万部—小樽間が690人であっても、北側の余市《よいち》—小樽間で利用されているだけである。

倶知安《くっちゃん》―余市間では少しは利用されているが、倶知安以南では通学生以外は北海道の鉄道が好きな観光客くらいしか乗っていない。

また、本州の鉄道と違って北海道の鉄道は冬期の除雪費用が相当な額になっている。しかし、道路が積雪によって通行不能になっても、有効な除雪ができ、雪に対する空転や滑走もクルマよりは少ないことで鉄道は運行を維持できる。ということで「ニセコのスキー場へは鉄道で」というキャンペーンを行なってもいいように思う。

北海道新幹線が札幌まで延伸されると長万部―小樽間は第3セクター鉄道になる。そのときには長万部―倶知安間に冬期は気のきいた設備があって乗りたくなるスキー列車、その他の季節は観光列車を走らせてもいい。

27年度の営業収支率は長万部―小樽間が本社管理費を除くと498%、管理費を入れると573%の赤字である。前年度では本社管理費を除くと499%、管理費を入れると570%である。そしてこれを営業係数として発表している。

営業収支率と営業係数とは同じものと言える。いずれも100円の営業収益をあげるときに営業費用がいくらになるかの指数である。このため長万部―小樽間は100円儲けるために499円の費用をかけなくてはならない赤字である。これに本社部門の管理費を入れるともっと赤字になるとしている。しかし、営業係数は路線あるいは区間ごとでの収支率とするのが通常である。なお、営業収支率は経営に関するものだから本社管理費を入れるのは当然である。

同区間の営業収益は4億5900万円、26年度が4億3900万円だから増えている。これは朝の連続テレビドラマ「マッサン」の舞台になった余市駅への観光客の増加によると考えられる。1日1キロあたりでは8970円になる。

営業費は22億8500万円、1日1キロあたりでは4万4700円になる。年間で18億2600万円、1日1キロあたり3万5700円の赤字である。

小樽—岩見沢間は札幌近郊区間として、札沼線桑園—北海道医療大学間、千歳線白石—沼ノ端間、室蘭本線苫小牧—沼ノ端間を含めて計算され、営業収支率は91％の黒字である。これに本社部門の管理費を含めると105％の赤字になる。JR北海道の鉄道部門はすべて赤字ということにしたいがために本社部門の管理費を含めたいのだろうが、やはり現業だけでの数値でなくては状況を正確に判断することはできない。

同エリアの営業収益は406億1900万円である。平成26年度が397億2100万円だから増えている。27年度の1日1キロあたりの営業収益は64万9600円にもなっている。これに対して営業費は369億9700万円、1日1キロあたりでは59万1700万円で、1日1キロあたりの黒字額は5万7900円である。

岩見沢—旭川間の営業収支率は128％、営業収益は60億5100万円、26年度が58億8900万円だからこれも増えている。27年度の1日1キロあたりの収益は17万2300円、これに対して営業費は77億7200万円、1日1キロあたり22万1300円である。やはり除雪費用が馬鹿にならない額になっている。

明治期に幾春別川流域の幌内《ほろない》に埋蔵量の豊かな炭田があり、ここで産出する石炭を室蘭まで運ぶために幌内―室蘭間に鉄道を敷くことが当初考えられた。しかし、途中に湿地帯があるために札幌を経由して小樽港に至る鉄道を敷設することに変更した。そして明治12年（1879）12月に官設の幌内鉄道が設立されて、小樽港に隣接する手宮から幌内まで翌13年1月に着工、11月に手宮―札幌間が開通した。

途中の駅は開運町仮駅（小樽駅＝現南小樽付近）、朝里《あさり》、銭函《ぜにばこ》、軽川（現手稲）、琴似で、札幌駅も仮駅だった。これらの駅では乗客がいるときに旗をかかげ、機関士がそれを見て列車を停車させるというアメリカのフラッグ・ステーション方式に倣った。降車のときは車掌が機関士に合図をして停める。しかもホームはなく車両に備えつけてあるデッキ階段で地面に飛び降りるという、これもアメリカ流だった。お雇い外国人がアメリカ人だったからである。そして明治15年11月に幌内まで開通して全通した。

明治22年には渋沢栄一をはじめとしたグループが私設の北海道炭鉱鉄道を発起し、幌内鉄道を譲受して岩見沢方面や室蘭方面の路線を建設することにした。国の予算がまだあまりなかったので、資金力がある私設鉄道で建設したほうがいいということである。

明治24年7月に岩見沢―歌志内間、25年2月に砂川―空知太《そらちぶと》間、8月に室蘭―岩見沢間、11月に追分―夕張間が開通した。

しかし、私設鉄道の北海道炭鉱鉄道が独占することはいろいろと問題がある。このため国は官設の北海道鉄道部を設立し、旭川―空知太間等の建設を開始して明治31年に同区間を開通させた。

一方、函館―小樽間の建設は私設の北海道鉄道が行なった。明治35年12月に函館―本郷（現新函館北斗）間と然別《しかりべつ》―忍路《おしょろ》（蘭島《らんしま》）間、36年6月に本郷―森間、山道《さんどう》仮駅―然別間、忍路―小樽中央間、11月に森―熱郛《ねっぷ》間が開通した。

小沢《こざわ》—山道仮駅間には延長1776mの稲穂トンネルがあって時間がかかったが、明治37年7月に開通した。このとき山道仮駅を廃止した。そして10月に熱郛—小沢間が開通して全通した。

明治38年8月に小樽中央—小樽間が開通して北海道炭鉱鉄道と接続し、小樽中央駅は高島駅に改称した。

明治39年に北海道炭鉱鉄道、40年に北海道鉄道が国有化され、42年の国鉄線路名称制定で、函館—旭川間が函館本線となり、直属の支線として手宮—小樽（現南小樽駅）間を手宮線とした。岩見沢—幌内間は函館線の所属線としての幌内線とした。

昭和43年（1968）9月に小樽—旭川間が複線電化され、50年に札幌—旭川間にL特急「いしかり」が走るようになった。その後、「ライラック」と改称した。分割民営化後の平成2年（1990）に130㌔運転をする「スーパーホワイトアロー」が登場して札幌—旭川間は1時間20分に短縮した。

一方、平成4年に新千歳空港への乗り入れを開始したために、新千歳空港—札幌間に快速「エアポート」の15分毎の運転を開始した。このとき「スーパーホワイトアロー」も札幌—新千歳空港間で快速「エアポート」として延長運転するようになるとともに、15分毎に走る快速「エアポート」のうち2本に1本、つまり30分毎に小樽—札幌間を走るようになった。

平成9年には「ライラック」用781系を789系に置き換えて、「スーパーホワイトアロー」と統合し、愛称を「スーパーカムイ」に変更した。

しかし、2013年に起こった「スーパーカムイ」のボヤ火災など一連の不祥事で最高速度を120㌔に減速して、所要時間は1時間25分にスピードダウンした。また、「スーパーカムイ」の延長運転列車としての快速「エアポート」は5両編成なので混雑していた。他の「エアポート」は6両編成で一般席車はロングシートが多い。「エアポート」の利用者は年々増加しているために、すべてを6両編成に統一するために、「スーパーカムイ」の延長運転としての快速「エアポート」は廃止した。現在の「エアポート」は小樽発着と札幌発着が交互に運転されている。また札幌—旭川間の特急は「カムイ」と「ライラック」の2種類が平成27年3月から走るようになった。

【沿線風景】 ●**長万部—小樽間**　長万部駅の3、4番線が小樽方面の発着線である。駅を出ると半径300mで左にカーブして内陸に向かうようになる。国道5号も函館本線と並行する。道央自動車道をくぐり、山中を進むが、平均勾配は9・9‰と緩い。

右に並行していた国道5号が左に移ってしばらくすると片面ホームの二股《ふたまた》駅となる。もとは相対式ホームの行き違い駅で側線もあったが、旧上り線と上りホームが撤去されて久しく、上りホームは跡かたもない。ただし上り線の路盤部分はきれいに草が刈り取られている。また、側線は横取線として残っているが、雑草に覆われている。

駅舎は貨車の車掌車の車体を改造したもので、北海道の多くの無人駅で見られる。二股ラジウム温泉の最寄り駅だが、温泉は駅から6キロ以上離れた山の中腹にあるため歩いて行くのは大変である。連絡すれば迎えに来てもらえる。

二股駅を出ると15・2‰の連続上り勾配になる。半径301〜603mで右に左にカーブしながら上っていく。サミットの標高は94・0m、その先で少しだけ下ってからレベルになると片面ホームの蕨岱《わらびたい》駅の跡がある。ここの標高は91・6mである。やはり元は相対式ホームの行き違い駅だった。

少しだけ15・2‰の連続下り勾配になる。途中に長さ205・4mの黒松内《くろまつない》トンネルがある。レベルになるとJR形配線の黒松内駅がある。上り本線側が片面

函館本線(長万部—倶知安)

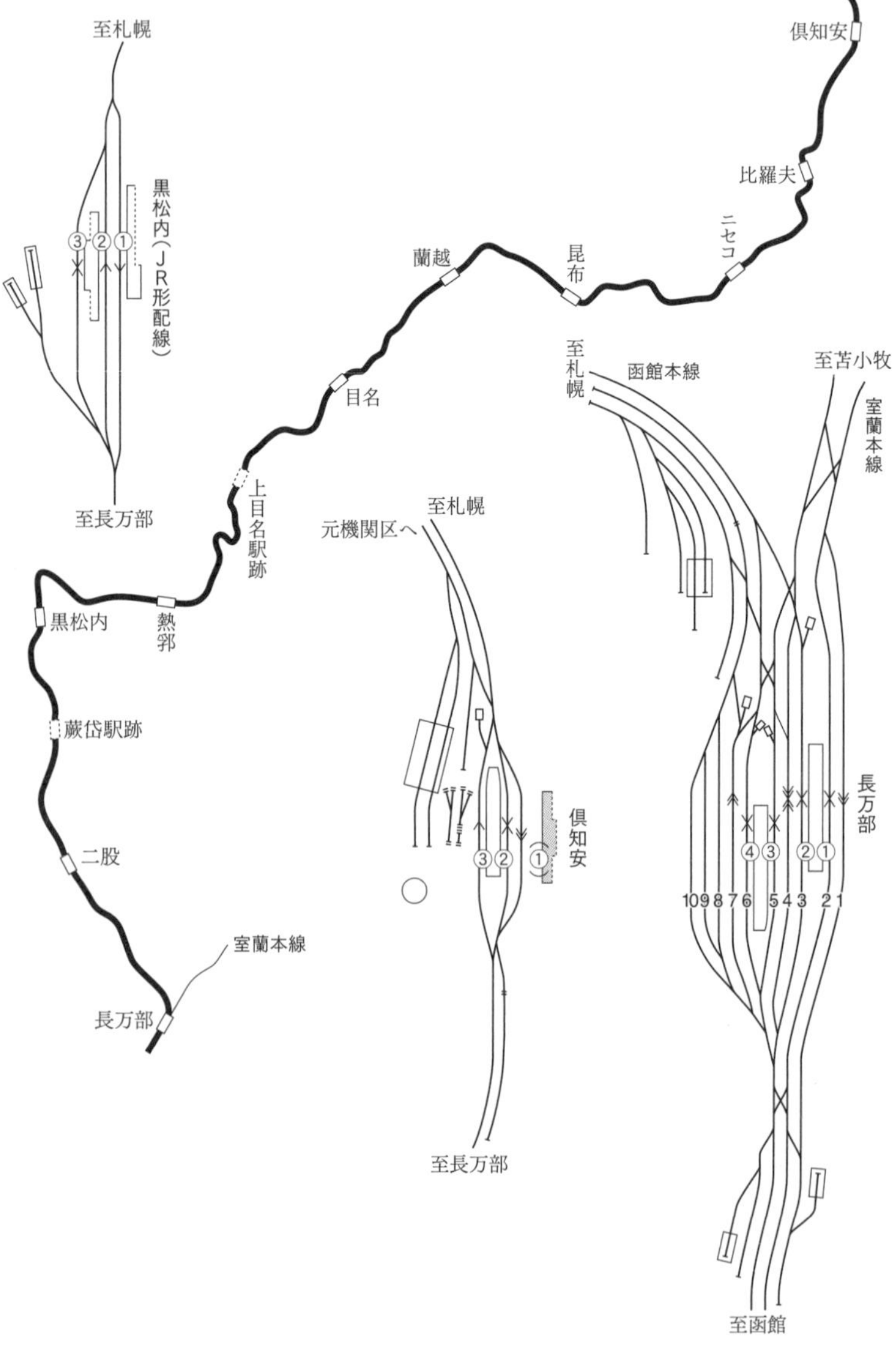

至札幌
黒松内(JR形配線)
③
②
①
至長万部
倶知安
比羅夫
ニセコ
昆布
蘭越
目名
上目名駅跡
熱郛
黒松内
蕨岱駅跡
二股
室蘭本線
長万部
至札幌
元機関区へ
③
②
①
倶知安
至長万部
至札幌
函館本線
至苫小牧
室蘭本線
長万部
④
③
②
①
10 9 8 7 6 5 4 3 2 1
至函館

二股駅に進入する長万部行。左に車掌車を流用した駅舎がある

ホームで島式ホームの内側が下り本線、外側が上り１番副本線（上１線）となっている。上１線は両方向に出発が可能である。

上下本線による行き違い線は長い。これは貨物列車のためである。現在、貨物列車は走っていないが、かつては石炭輸送を主とした長い編成の貨物列車が走っていた。もう走ることはないと思われるが、室蘭本線、千歳線が不通になったときの迂回線として山線に貨物列車や長距離旅客列車を走らせられるようにしている。事実、有珠山《うすざん》が爆発したときには貨物列車だけでなく特急や寝台列車も山線経由で走らせた。

黒松内駅を出てしばらくすると半径３０１ｍで右に大きくカーブして、北から東に向きを変える。しばらく走ると相対式ホームの熱郛駅となる。上り線側に駅舎があり、上下ホームはやや斜向かいに配置され、切欠き階段で結ばれている。上下線間に元中線の貨物待避線が側線として残っている。

熱郛駅を出ると再び山越えをする。20‰の連続上り勾配になり、最小曲線半径３００ｍで右に左にカーブするが、基本的には北向きに進んでいる。半径２４０

mで右に急カーブし、第1白井川トンネルに入り、出た先で左カーブになったS字カーブ区間を進む。その先で595mの第2白井川トンネルに入る。

同トンネルを出たところがサミットで、その先はレベルになる。ここに昭和59年（1984）に廃止された上目名《かみめな》駅があった。現在でもポイントのためのスノーシェルターが残っている。

上目名駅跡を過ぎると、すぐに20‰の連続下り勾配になる。途中に長いスノーシェルターがある。勾配が緩んでしばらくすると目名駅である。片面ホームだが、ホームのない発着線が1線ある。これは山線を迂回線として使用するときに行き違いのための貨物待機線あるいは長距離旅客列車の通過線として使用する。このためホームに面した上下本線とともに両方向に出発が可能である。

目名駅を出てしばらくして再び20‰の連続下り勾配で進む。少しアップダウンしてからレベルになると市街地に入り蘭越《らんこし》駅がある。相対式ホームで、かつて中線があったために上下本線は離れている。ホームの先の小樽寄りは右にカーブしている。

市街地を抜け、尻別川に沿って遡上するかのように進む。基本的に上り勾配となり、蘭越トンネルを抜けると、山間が狭くなる。そして片面ホームの昆布《こんぶ》駅がある。片面ホームだが、かつては相対式ホームだった。撤去されたのは下り線で、ホームはなくなっているが、路盤は残っている。右側に駅舎があり、国道5号羊蹄《ようてい》国道が並行している。左側には昆布川温泉幽泉閣があり、国道への跨線橋が架かっている。

山中なので昆布が取れるわけではない。この駅名が付いたのはアイヌ語で小さなコブ山の意の「トコンポヌプリ」を約《つづ》めてなまったためである。

尻別川は狭隘な谷となり、それに並行するように最大20‰でアップダウンしながらも山を登っていく。そしてレベルになると相対式ホームのニセコ駅がある。元はJR形配線で転車台もあったが、下1線は使用停止となり、長万部寄りのポイントは撤去され、さらに転車台も本線とのあいだのポイントが撤去されている。この転車台は平成2年（1990）に「C62ニセコ」号の運転のために新設されたものだった。C62そのものが廃車されて不要となったのである。なお、上

倶知安駅からは羊蹄山がよく見える

下線とも両方向に出発が可能である。

最大16‰で上っていき、比羅夫《ひらふ》トンネルを抜け、レベルになって視界が広がると片面ホームの比羅夫駅がある。ここもかつては行き違い駅で側線もあったが撤去された。駅舎は「駅の宿ひらふ」という旅館となっており、ホームでバイキングが楽しめる。

駅を出てすぐに大曲トンネルを抜け、谷間《たにあい》から市街地に入ると倶知安駅となる。同駅の標高は177・4m、元は片面ホームと島式ホーム、それにホームに面していない中線やヤードがあり、さらに機関区が隣接して転車台もあったが、島式ホームに面した下り本線と上り本線、それにホームに面していない中線、そして2線収納の検修庫と引上線と機関庫が残っているだけである。ただし、払い下げられた機関区跡が公園となり、そこに転車台が保存展示されている。

中線は上1線として上り待機線となっている。2番線は両方向に出発が可能である。雪が多い北海道に多く採用されている門形の出発信号機が上り側に設置されている。

北海道新幹線のホームは在来線を西に移設して現在

函館本線(倶知安—小樽)

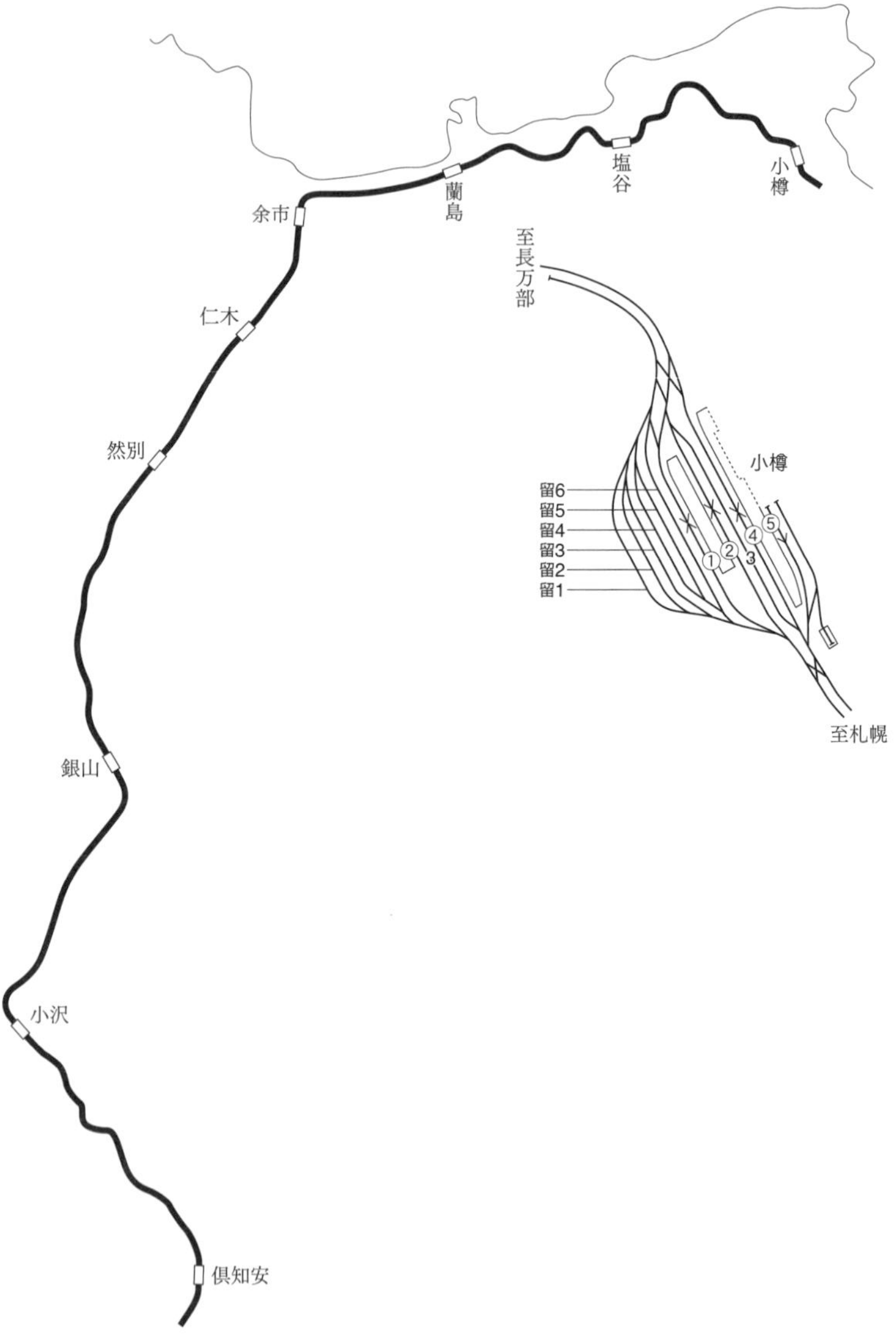

来線のところに高架で設置される。

倶知安駅から東南に進んで洞爺湖の東側を通り伊達《だて》紋別《もんべつ》駅まで結んでいた胆振《いぶり》線があったが、昭和61年（１９８６）11月に廃止された。現在の倶知安駅は島式ホームと上り貨物着発線があるが、胆振線の廃止前は駅本屋側に片面ホームがあるＪＲ形配線に中線として上り貨物着発線があった。

その片面ホームに面していた線路が１番線だったために、島式ホームの両側に面した現存する函館本線の上り線は２番線、下り線は３番線になっている。

倶知安駅を出ても、しばらくは上り勾配で進む。上りきると１０１２ｍの倶知安トンネルに入る。同トンネルから20‰の連続下り勾配になるとともに最小曲線半径３００ｍで右に左にカーブする。

倶知安トンネルの倶知安寄り坑口の標高は１９３ｍ、１４０ｍほど下って標高52ｍでレベルとなると島式ホームの小沢駅がある。同駅から西進して海岸沿いにある岩内町《いわないちょう》まで岩内線があったが、昭和60年に廃止された。

小沢駅もかつてはＪＲ形配線だった。その駅本屋に面した片面ホームから岩内線の列車は発着していた。岩内線の発着線と島式ホームに面している函館本線の上下発着線のあいだには下り貨物着発線とした中線があったが、岩内線の線路とともに撤去されている。しかし、ホームから外れた倶知安寄りにはこれらの線路を流用した保守用側線がある。駅自体は半径３００ｍの左カーブ上にある。

小沢駅から先はセトセ川に沿って再び上っていく。基本的に20‰の連続上り勾配だが、何か所かに20・８または20・４‰の勾配区間がある。

上りきると１７７６ｍの稲穂トンネルに入る。同トンネルは中間付近が高く、手前は１・７‰の上り勾配、奥は１・７‰の下り勾配の、いわゆる拝み勾配になっている。トンネル内のサミット地点の標高は１７５ｍである。

トンネルを出ると余市川に沿って最大20‰の下り勾配になり、３‰に緩むと相対式ホームの銀山《ぎんざん》駅がある。倶知安寄りの上り線側に駅本屋がある。

同駅からも下り勾配がさらに続く。最大勾配は20‰だが、ところどころで７・６〜18・７‰の勾配がある。

標高25mになった1・5‰の下り勾配上に然別駅がある。斜向かいに配置された相対式ホームで、下りホームが倶知安寄りにある。上下ホームのあいだが広がっており、以前は中線のあったことがわかる。また、上下線ともにかつて貨物側線だった横取線がある。

最大3・3‰の緩い勾配で下り、115mの余市川橋梁を渡ると10‰の下り勾配が少しあり、その先は最大4・5‰の下り勾配となる。

そして1・51‰の下り勾配上に仁木《にき》駅がある。片面ホームだが、駅の前後で線路は振っており、かつては相対式ホームだったことが分かる。現在は元の下り線側を使用しており、旧上り線やホームは撤去されている。

緩い下り勾配で進み、半径1609mで緩く左にカーブしてレベルになると余市駅である。上1線（上り1番副本線）があるJR形配線になっている。側線としての上2線があり、小樽寄りの長い安全側線は機待線を兼ねている。

余市駅の標高は2・5m、まっすぐ進むと海岸に出てしまうのでホームを過ぎると右にカーブする。駅を出た先で半径300m、続いて400mのカーブで北向きから東向きになって進む。短い蘭島トンネルを抜けてしばらくすると蘭島駅となる。

蘭島駅は相対式ホームだが、かつては中線があったので上下線のあいだは広い。また、上下線とも安全側線を長く取っている。小樽までのあいだに峠があり、勾配は最大20・8‰になっており、かつては補助機関車を連結して峠越えをしていたため、蘭島駅の安全側線は機折線、中線は機回線として使用していた名残である。

蘭島駅を出ると最大20・2‰の上り勾配になって進む。勾配が緩むと忍路、桃内《ももない》、第2桃内、第3桃内の四つのトンネルを抜けて相対式ホームの塩谷《しおや》駅となる。ここも上下の安全側線は長い。かつては中線もあった。

塩谷駅を出ると最大20‰の上り勾配で地形に沿ってカーブを描きながら進む。於多萌《おたもい》トンネルを抜けると峠となる。標高は103mである。峠を越えると最大20・8‰の下り勾配になり、半径320m、続いて360mで大きく右にカーブし、右側に引上線が並行するようになって跨線橋をくぐると小樽駅がある。

●小樽―札幌間　小樽駅は札幌に向かって左側に切欠きホーム付きの片面ホームがある。駅本屋は左側にあるのに、切欠きホームに面した線路は5番線、片面ホームに面した線路は4番線になっている。国鉄時代から続くJRの番線の付け方は通常は駅本屋側が1番線になっているのに1番線は島式ホームの外側に面した線路に付けられている。

これは小樽―旭川間と宗谷本線の旭川―永山間に列車自動進路設定装置、別名列車運行管理システムを導入した平成10年（1998）に小樽方向に向かって左側から1番線とするように変更したからである。それまでは切欠きホームに面した線路は0番線、片面ホームに面した線路は1番線となっていた。

その現在の4番線の次はホームに面していない3番線、そして島式ホームの内側は2番線、外側は1番線になっている。さらに右側には6線の留置線がある。これも1番線側が留置6番線で一番端が留置1番線となっている。

5番線（旧0番線）は切欠きホームといっても、主として快速「エアポート」が発着するために6両分の長さに延伸されている。このため旧1番線の現4番線は12両分以上の長さになっている。その4番線の倶知安寄りには小樽にゆかりのある石原裕次郎の等身大のパネルが飾られていて「裕次郎ホーム」の愛称が付けられている。

小樽駅を出ると少し掘割を進んでから左に急カーブして高架になる。すぐに右にカーブして小樽の市街地を抜けるが、左手の地上から使われていない線路が合流して並行する。これが旧手宮線の線路である。

手宮線の線路跡は函館本線の合流点から手宮駅跡まででずっと残っている。しかもレールもほとんど残っており、小樽市街地中心部は遊歩道となっている。さらに手宮駅跡は小樽市総合博物館として鉄道を中心にして展示保存されている。

旧手宮線が合流して函館本線は地上に降りるため3線が並ぶが、旧手宮線の単線は2か所でレールが撤去されている。そして南小樽駅となる。南小樽駅には手宮線につながっていた貨物ヤードがあったために、函館本線の旅客線は山側に寄ったところに島式ホームが

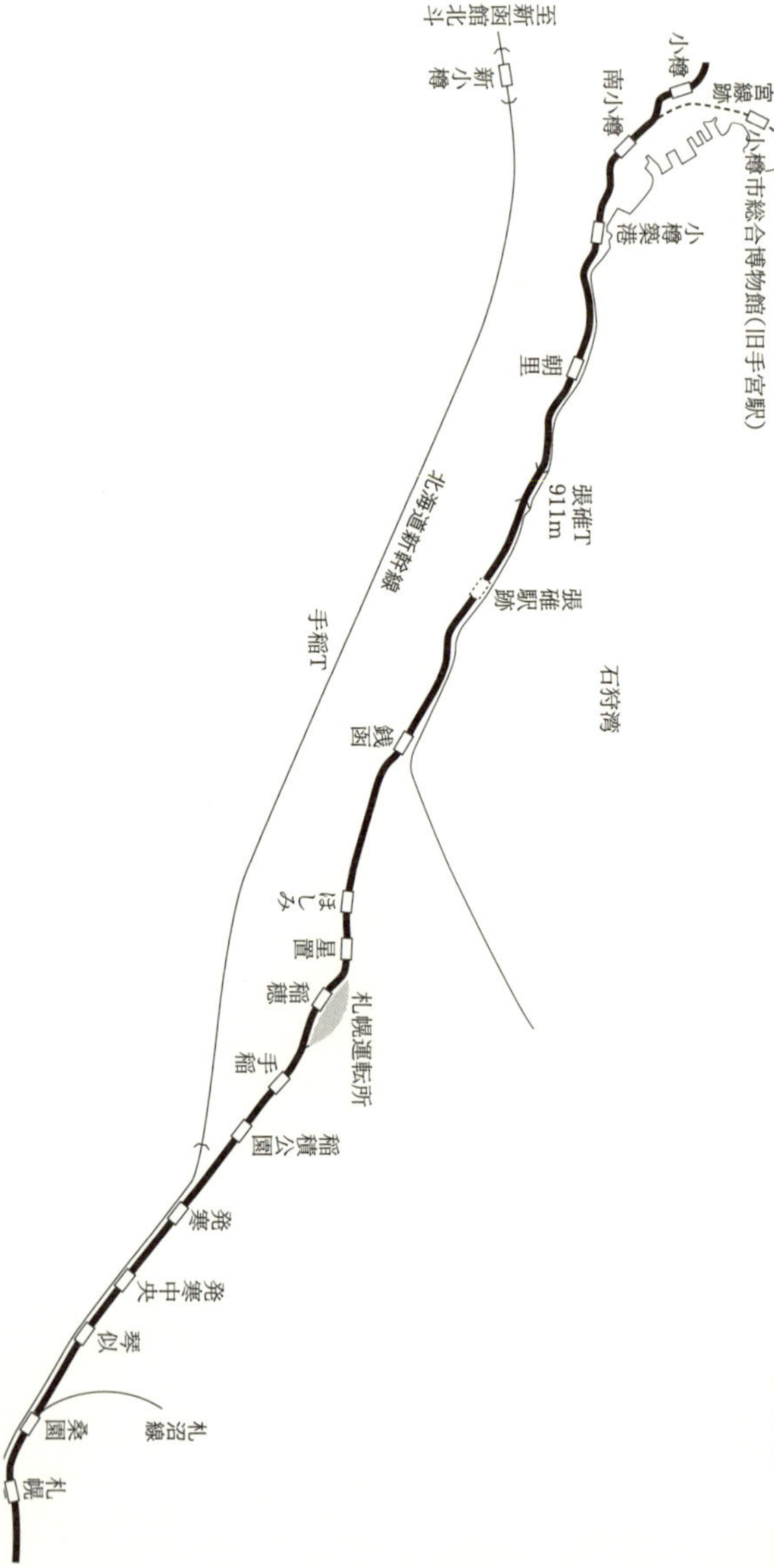

函館本線(小樽—札幌)

ある。貨物ヤードも含めて駅そのものが掘割のなかにあり、駅本屋は海側に置かれている。このためホームと駅舎は跨線橋で結ばれている。

ホームの上を4車線道路が横切っている。これに面して橋上駅を設置すれば、山側から電車に乗るのが便利になる。

手宮線からの線路は南小樽駅のホームの小樽寄りで途切れている。函館本線はホームを出ると海側に振り

手宮線跡のほとんどは遊歩道としてレールとともに残されているが、
函館本線近くは放置されている

戻すためにS字カーブを描く。そして札樽《さつそん》自動車道へのアプローチ道路をS字カーブでくぐってしばらくすると小樽築港駅となる。

小樽築港駅は島式ホームになっており、札幌寄りで左にカーブしている。同駅から浜小樽駅への貨物支線があった。このため広大な貨物ヤードのほか扇形車庫と転車台がある小樽築港機関区もあった。

これらは廃止され、跡地は大半がショッピングモールのウィングベイ小樽（当初の名称はマイカル小樽）になったが、駅寄りは保守基地として残され、その奥はJR貨物の小樽築港ORSに流用されている。通常、保守基地と本線とのあいだは乗り上げポイントで結ばれているが、同駅では通常のポイントとなっている。

これはホームに並行する2線の線路が貨物着発線の3、4番線となっているからである。普段は走らない山線の長万部—札幌貨物ターミナル間だが、海線が不通になったときの迂回線として貨物列車を走らせることができるようにしているために、同駅に2線の貨物着発線を置いてあるのである。

なお、ORSとはOff Rail Stationの略でトラック輸送したコンテナを集約する貨物基地である。貨物列車を仕立てるほどの貨物輸送量がないために、大きな貨物駅までトラックで輸送するのである。小樽築港ORSでは札幌貨物ターミナルとのあいだで1日4往復のトラック便を設定している。

ホームがなくなっても上下線は広がったままで左にカーブし、その先で右にカーブして単線並列の熊碓《くまうす》トンネルをくぐる。トンネルも半径301mで右にカーブしている。出ると石狩湾が広がり、函館本線は湾に沿って走るようになる。

次の朝里駅は相対式ホームで、かつては貨物用の中線があった。この先で911mの張碓《はりうす》トンネルをくぐる。くぐった先で上下線が広がっている。かつて張碓駅があったところである。相対式ホームで中線があった。明治38年（1905）に開業の古い駅だったが、民家の移転などで乗降客がほとんどなく、平成2年（1990）に海水浴場のために夏季だけ停車する臨時駅になったものの、海水浴場も閉鎖され、平成10年には休止駅、そして平成18年に廃止され、ホーム等も撤去された。

さらに石狩湾に沿って進み、銭函駅となる。駅の小樽寄りで左にカーブし、札幌寄りで右にカーブする。相対式ホームで同駅には中線が残されている。ここの先のほしみ駅折返の電車があるが、ほしみ駅には折り返し設備がないために、銭函駅の中線で折り返している。ほしみ駅は平成7年に開設された。それまでは星《ほし》置《おき》駅折返があって、このときも銭函駅まで回送されて折り返していた。なお、車扱《しやあつか》い貨物用ホームが保守用側線として残っている。

銭函駅の先で右にカーブして内陸を進むようになる。相対式ホームのほしみ駅、星置駅がある。星置駅の前後はS字カーブになっている。札幌寄りで大きく左にカーブして直線になると左手にヤード群が広がる。これが札幌運転所で函館本線はこれの南側を回りこんで進む。途中に相対式ホームの稲穂駅がある。

札幌運転所からの入出庫線が合流すると手稲駅となる。札幌近郊の通勤・通学圏にあり、札幌駅に次いで乗降人数が多い駅である。島式ホーム2面4線で、2、3、4番線で札幌方面からの折り返しができる

ほしみ駅始終発電車は銭函駅の中線で折り返している

稲穂駅付近を走る臨時特急「ニセコ」山線経由函館行

が、基本的には2、4番線で折り返し電車は発着する。

この先、高架になって市街地を通り、相対式ホームの稲積公園《いなづみこうえん》駅を過ぎて地上に降りる。相対式ホームの発寒《はっさむ》駅、発寒中央駅を過ぎ、再び高架になって島式ホームの琴似駅となる。琴似駅はJR北海道で乗降人数が5番目に多い駅である。また、札幌寄りには札幌方面からの折り返しが可能な引上線が設置されている。

左手から単線の札沼線が合流して桑園駅となる。函館本線と札沼線それぞれが島式ホームとなっている2面4線である。

次が札幌駅である。島式ホーム5面で北側に1線の回送線があって11線の線路がある高架駅である。駅の前後に引上線があり、基本的に左側通行で発車または発着をするが、札沼線電車は基本的に9、10番線で発着し、新千歳空港行の快速「エアポート」は5、6番線で発車する。

●札幌—旭川間　札幌駅を出るとすぐに地上に降りて方向別の複々線になる。外側を函館本線の列車用、内側を千歳線の列車用としているが、千歳線の一部の札幌行普通電車は白石駅で函館本線に転線して、快速「エアポート」と並走しながら追い抜かれる。あるいは先に札幌駅に到着するものの、千歳線を走る「エアポート」や特急のすぐ先で函館本線を走る千歳線普通電車がある。

地上に降りるとすぐに苗穂《なえぼ》駅の構内になる。苗穂駅の左手には苗穂運転所と苗穂（車両）工場が隣接しており各種の車両を眺めることができる。旅客駅としてホームは2面4線だが、自力走行ができない新車などの甲種回送貨物列車用の着発線として南側に2線、北側に2線の貨物用線路がある。南から1番線の貨物着発線、2番線の機回線、3番線の札幌方面函館本線、4番線の同千歳線用、5番線の苫小牧方面千歳線用、6番線の旭川方面函館本線の各旅客線、そして7、8番線の貨物着発線がある。

このため旅客線は3番線から始まっている。また、4、5番線のあいだに札幌方面からの引上折返線が2線ある。また、苗穂運転所には転車台もある。転車台に面して扇形車庫があるが、扇形車庫の線路は撤去され、使われていない。

函館本線(札幌—岩見沢)

森林公園駅付近を走る特急「カムイ」札幌行

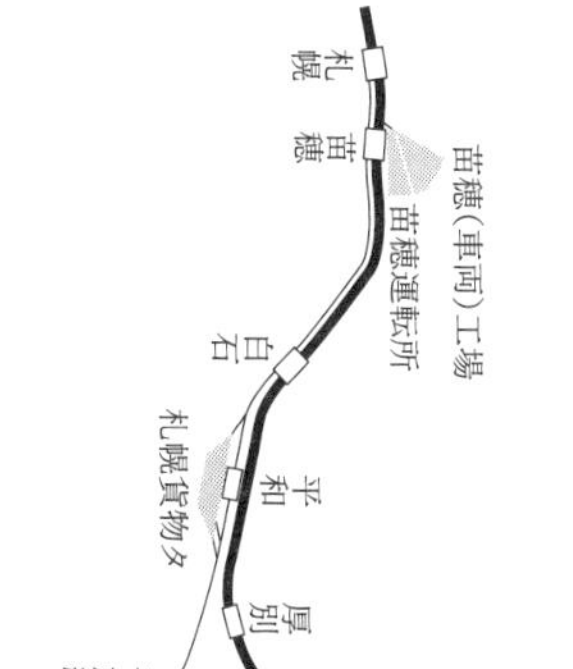
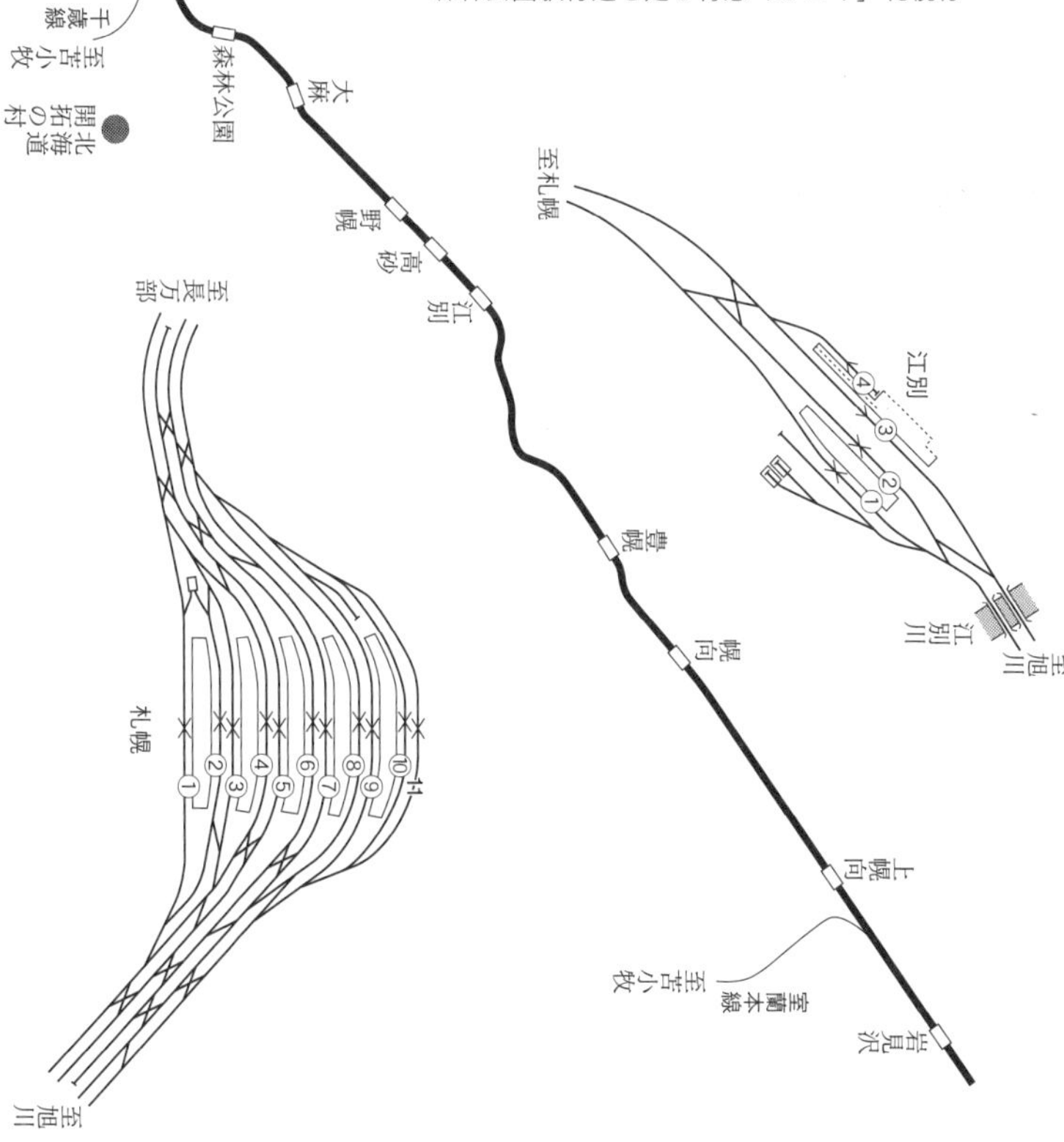

厚別駅の中線を通過して普通を追い越す特急「ライラック」札幌行

江別駅を通過する特急「ライラック」旭川行、右は普通岩見沢行、
左は江別駅折り返しの普通札幌行

右にカーブし、豊平川を渡ってまっすぐ進むと白石駅となる。同駅も島式ホーム2面だが、南側に1番線の貨物着発線、方向別上下複線のあいだに4番線の中線がある。このため札幌方面函館本線が2番線、千歳線が3番線、苫小牧方面千歳線が5番線、旭川方面函館本線が6番線となっている。

1番線は札幌貨物ターミナルにつながっている。中線の4番線は貨物待避用だったが、改修されて、札幌行の千歳線特急列車や快速「エアポート」の通過線として使用され、同駅で待避する千歳線電車もある。また、前述のように函館本線に転線して、後続の特急や「エアポート」の邪魔をしないように走る千歳線普通電車が一部にある。

白石駅を出ても、なおも複々線で進む。右手に札幌貨物ターミナルが広がるようになると島式ホームの平和駅となる。ホームは千歳線の上下線にだけ面しており、所属としては千歳線となっている。

白石駅からは函館本線と千歳線が並行する区間として解釈されており、白石駅が千歳線と函館本線との分岐駅とされている。

しかし、現実には白石—平和間はまだ函館本線と千歳線とによる方向別複々線区間である。平和駅を出ると千歳線が高架、函館本線は地上のままの複々線でしばらく進み、そして函館本線が左にカーブし、上り線が千歳線の下をくぐって同線と分かれる。くぐった地点で63mの厚別川《あつべつがわ》橋梁を渡り、その先で札幌貨物ターミナルからの貨物列車の出入線である厚別通路線が合流して上り本線に接続すると厚別駅となる。

上り本線が片面ホームに面して1番線となっている。次に本来は上下貨物列車待避用なのを同駅で特急が追い越すために使用しているホームに面していない中線の2番線、島式ホームの内側の線路が下り本線の3番線、外側の線路が下り1番副本線の4番線である。線路番号と旅客案内用の番号は統一されている。

厚別駅の先で左にカーブする。まっすぐ行けば野幌《のっぽろ》森林公園である。その最寄り駅となっているのが森林公園駅である。盛土高架の相対式ホームで、周囲は住宅地なので通勤客が多く、高校もあって通学生の利用も多い。

野幌森林公園には「北海道開拓の村」があり、開拓時代の建造物などを移設、保存しており、馬車鉄道も再現されて乗ることができる。森林公園駅を経由する新札幌バスターミナル―開拓村間のバス路線をJR北海道バスが運行している。

森林公園を出ると半径1750m、続いて1610mで緩く右にカーブし、しばらくは直線で進むが、再び右にカーブしたところに相対式ホームの大麻《おおあさ》駅がある。札幌寄りは右カーブ上にあるが、旭川寄りは直線となっている。

周辺は住宅街だが、札幌学院大学、酪農学園大学、北翔短大、ときわの森三愛高校、大麻高校があり、通学生の乗降が多い。

大麻駅の先で左にカーブしたあとは長い直線となる。掘割となった道央自動車道を越え、高架になって相対式ホームの野幌駅となる。地上に降りると相対式ホームの高砂《たかさご》駅があり、右にカーブすると江別駅となる。

片面ホームの3番線の札幌寄りには切欠きホームの4番線があり、札幌方面からの折り返し電車が停車する。島式ホームの1、2番線と3番線とのあいだには中線があったが撤去されている。4番線で折り返すだけではなく、2番線も折り返しに使用されている。もともと切欠きホームの4番線は0番線、3番線は1番線となっていたのを先述したように列車運行管理システムの導入で札幌・小樽に向かって一番左側を1番線とするように番線を変更した。

江別駅の旭川寄りで右にカーブして137mの江別川橋梁（川は千歳川）を渡る。蛇行する石狩川の河岸に沿ってS字カーブを描く。石狩川から離れると523mの新夕張川橋梁（川は夕張川）を渡り、直線になったところに相対式ホームの豊幌《とよほろ》駅がある。

無人駅で右手は区画整理された市街地であるが、左手は鉄道防風防雪林が並行している。その向こうは田園地帯になっている。この先、とぎれとぎれに防風防雪林が設置されている。

次の幌向《ほろむい》駅は上り本線が片面ホームの1番線になっているJR形配線である。中線の2番線と1番線のあいだにホームに面していないもう一つの中線があったが撤去されている。少し途切れた鉄道防風防雪林は駅の手前からずっと続くようになる。幌向駅の周囲は市街地になっている。

　幌向駅から上幌向駅まではずっと直線で、左手は鉄道防風防雪林がずっと並行する。上幌向駅は島式ホームで比較的新しい橋上駅舎が札幌寄りにあるが、現在は無人駅になっている。

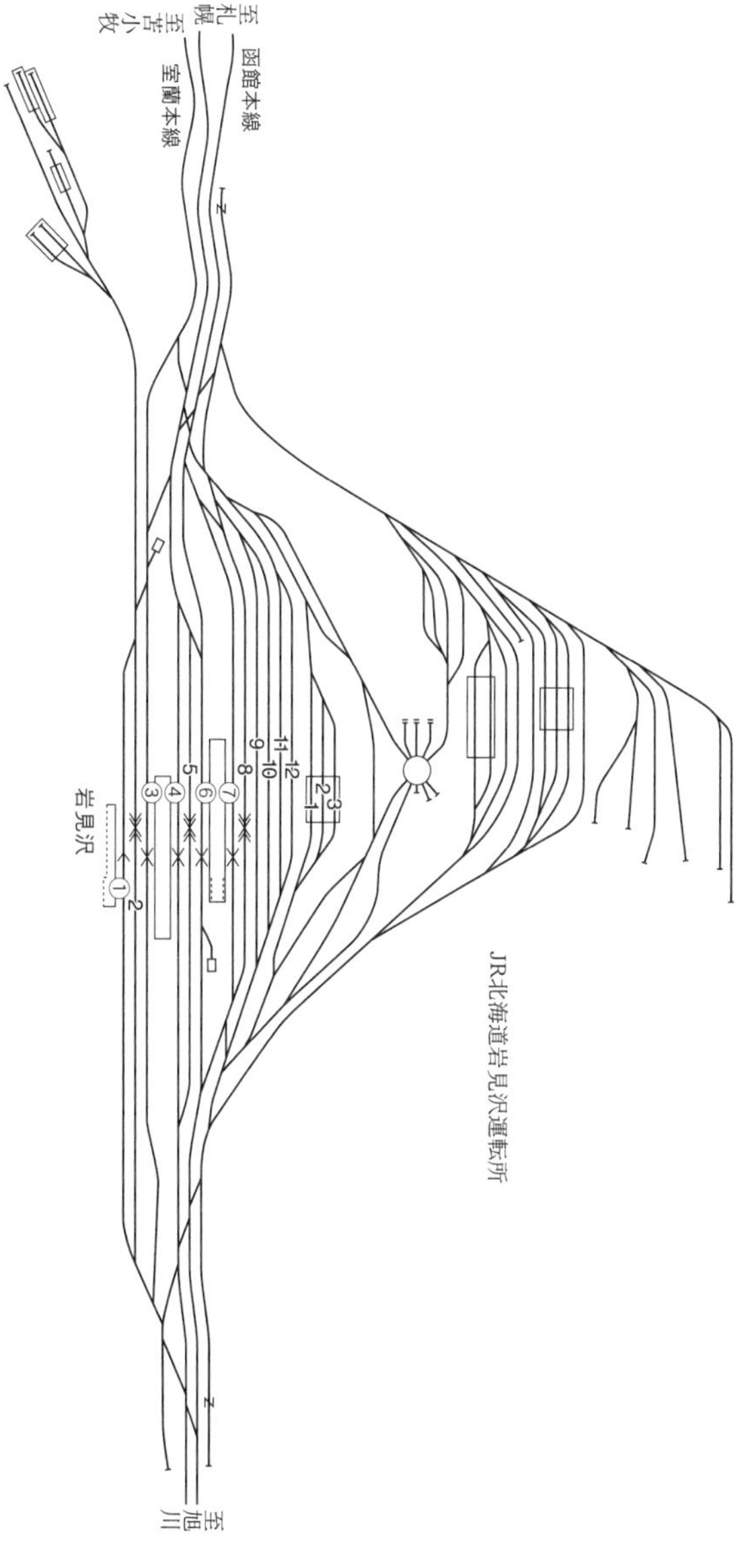

　右手から単線の室蘭本線が近づいてきて並行するようになる。かつては岩見沢第2機関区のヤードと石炭積み出しのための広大な岩見沢操車場の貨物ヤードがあったが、現在はほぼすべてのレールが撤去され、広大な空き地が広がっている。函館本線の上下線が広が

り、上り線が室蘭本線と並行する区間があるが、基本的には室蘭本線と函館本線とはやや離れて並行する。

左手に引上線が並行し、右手に室蘭本線が近寄ってくると岩見沢駅の構内に入る。岩見沢駅は室蘭本線との接続駅であるだけでなく、かつては幌内線も分岐していた。さらに岩見沢運転所が隣接していて、現在でも規模の大きな駅である。

片面ホームの1番線は室蘭本線列車用だが、函館本線の上り線の一部の電車も発着する。次に主として上り貨物列車の着発中線の2番線、そして島式ホームの3、4番線がある。その隣は貨物列車の着発中線の5番線、続いて島式ホームの6、7番線、その向こうに主として下り貨物列車用の着発線の8番線がある。

続いて9~12番線の駅留置線があって、その先は機関区の線路となり、3線の機関庫や機回線、機走線、さらに転車台がある。その向こうは岩見沢運転所のヤードとなっている。

幌内線は岩見沢―幾春別間の本線と途中の三笠駅から分かれて幌内駅までの貨物支線があった。国鉄分割民営化後もJRの路線として営業したが、JR化後の昭和62年(１９８７)7月に廃止された。しかし、旧幌内駅は三笠鉄道記念館として保存され、各種車両も展示あるいは動態保存されている。

さらに旧三笠駅は三笠鉄道記念館に含まれてクロフォード公園内で保存されている。クロフォードとは幌内鉄道の建設に深くかかわったお雇い外国人の名前である。クロフォード公園から廃線線路を流用した三笠トロッコ鉄道も走っている。

岩見沢駅の先で半径１１００mで緩く左にカーブし、北北東へ直線で進む。上幾春別川橋梁(川は幾春別川)を渡ると半径８６２mで左にカーブしてから再び直線で進む。

次の峰延《みねのぶ》駅は相対式ホームで、かつては中線があったので上下線は離れている。続く光珠内《こうしゅない》駅は上り線が片面ホームに面したJR形配線になっている。

ずっと直線で進む。美唄《びばい》駅では南美唄貨物駅までの貨物支線と美唄炭鉱への三菱炭鉱鉄道が分岐していたが、廃止された。そのために貨物着発用の中線があるだけの簡素な相対式ホームになってしまった。中線は使用可能だが、使用されていないので錆びついてい

函館本線(岩見沢—砂川)
札沼線(北海道医療大学—南下徳富)

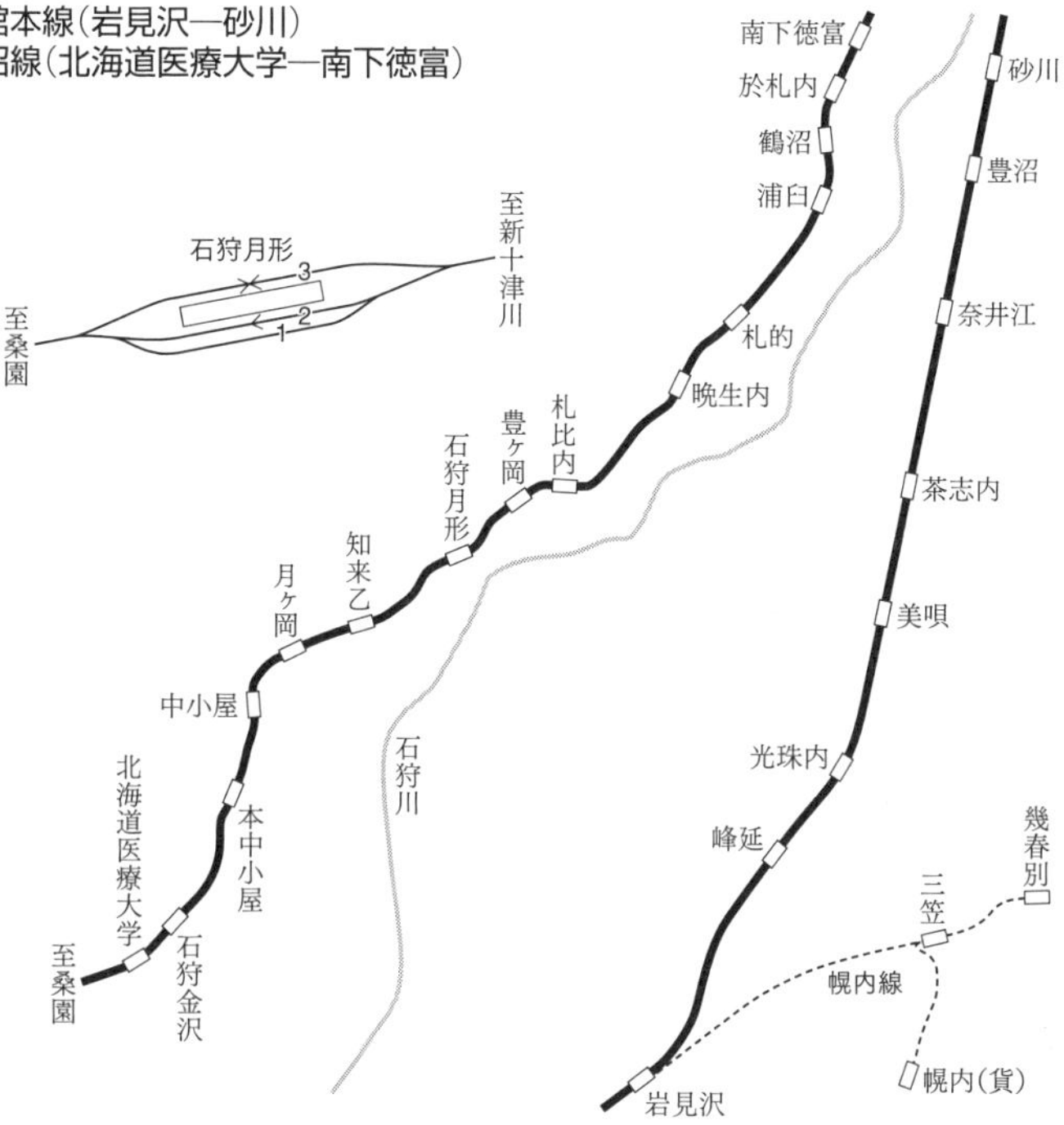

る。

美唄駅を出ると砂川駅まで直線がさらに続く。ただし途中の各駅の構内では配線の都合でカーブがある。茶志《ちゃし》内《ない》駅は上り貨物着発線の1番線、続いて島式ホームに面した上り本線の2番線、そして下り本線の3番線があり、その向こうに片面ホームに面した下り待避線の4番線がある。1番線は使用可能だが、レールが錆びついており、貨物列車はほとんど通っていない。また、1番線の外側に側線が3線あるが、一部レールが撤去されたりして雑草に覆われている。

次の奈《な》井《い》江《え》駅は下り本線が片面ホームに面したJR形配線となっているが、島式ホームの内側の2番線が上り本線で、3番線は上り待避線となっている。また、下り本線の1番線と上り本線の2番線のあいだには中線があったが、現在、札幌寄りは本線とつながっておらず、横

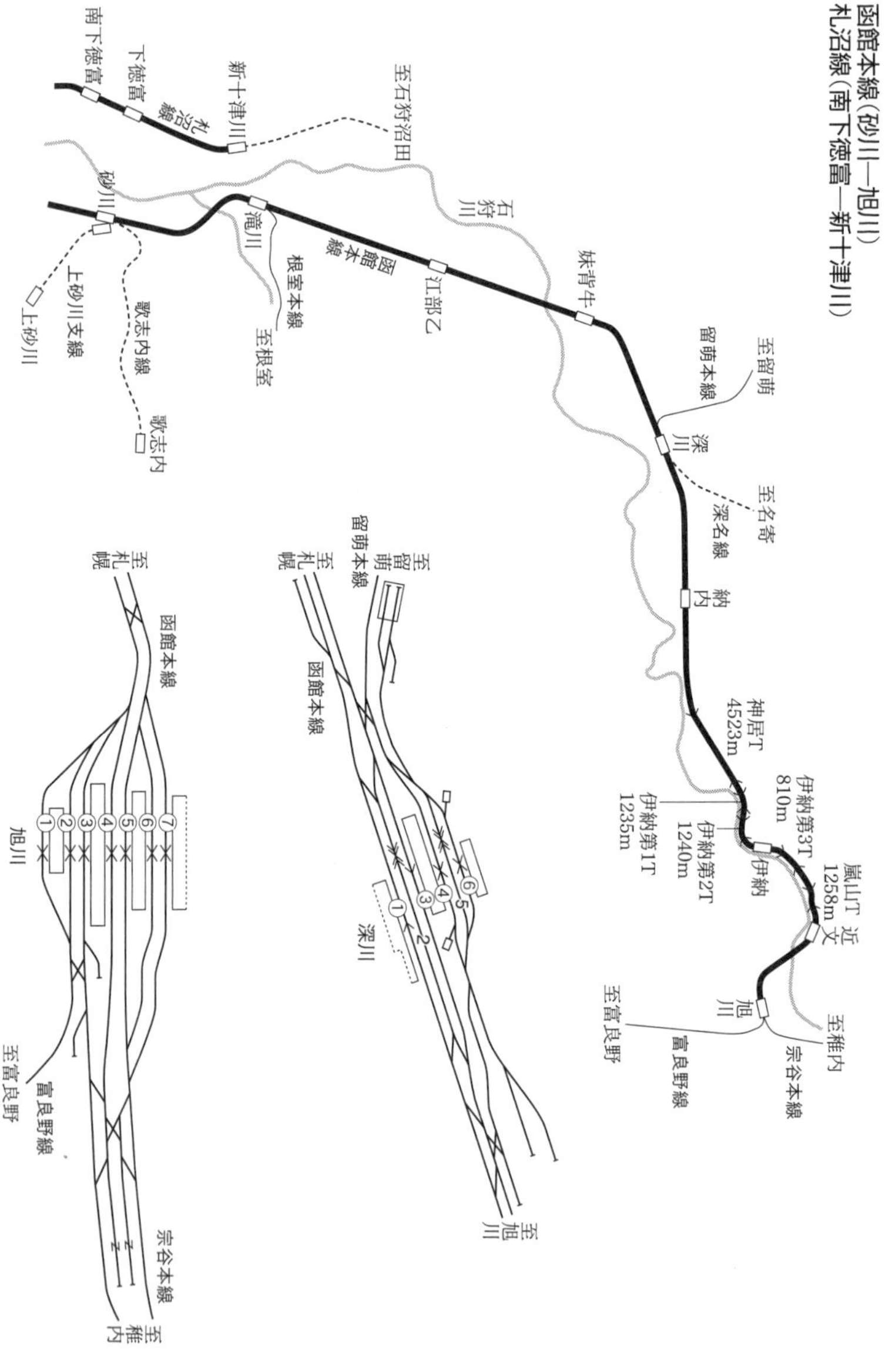
函館本線(砂川—旭川)
札沼線(南下徳富—新十津川)
至石狩沼田
新十津川
札沼線
下徳富
南下徳富
石狩川
砂川
滝川
函館本線
根室本線
至根室
江部乙
妹背牛
上砂川支線
上砂川
歌志内線
歌志内
至留萌
留萌本線
深川
至名寄
深名線
納内
神居T 4523m
伊納第3T 810m
伊納第2T 1240m
伊納第1T 1235m
伊納
嵐山T 1258m
近文
旭川
至稚内
宗谷本線
至富良野
富良野線
至留萌
留萌本線
至札幌
函館本線
深川
至旭川
至札幌
函館本線
旭川
至富良野
富良野線
宗谷本線
至稚内

取線として使用されている。

相対式ホームで無人駅の豊沼《とよぬま》駅を過ぎると砂川駅である。同駅からは歌志内への歌志内線と上砂川への上砂川支線が出ていた。歌志内線は昭和63年、上砂川支線は平成4年に廃止された。多数の貨物側線があったが、現在は片面ホームに面した1番線の下り本線、そして中線跡があって島式ホームがあり、内側の2番線が上り本線、外側の3番線が上り1番副本線（上1線）となっている。上1線は上下列車の待避折り返しが可能である。

その隣に貨物ヤードがあって、この貨物ヤードを通り越したところに上砂川支線のホームがあった。このため本線ホームと上砂川支線のホームを結ぶ狭くて長い跨線橋があったが、現在は撤去されている。代わって駅周辺の区画整理事業によって自由通路の跨線橋が新たに設置された。なお、側線の一部は保守用側線として流用され、また1線だけ本線と分離されて残っている。

砂川駅の旭川寄り上り本線側にある引上線がかつての歌志内線の線路である。その先で右にカーブしている歌志内線の路盤跡を見ながらまっすぐ進む。左にカーブして国道12号をくぐり、511mの第1空知川橋梁を渡り、今度は右にカーブすると滝川駅となる。

右カーブの中途から右に引上線が並行し、左手でも引上線が並行する。この左手の引上線から無意味に思われるような線路が分岐して空地で止まっている。この線路は冬期に雪掻きなどで出た雪を集めて投棄する雪捨線《ゆきすてせん》である。

雪捨線を分岐させた引上線は、その先で留置線群につながっている。右側の引上線は貨物引上線で、函館本線を通らずに3番上り貨物着発線と仕訳1、2番線につながっている。仕訳1番線に面してコンテナホームがある。

根室本線との接続駅のために駅本屋側の片面ホームは根室本線用の1番線となっている。次に根室本線の留置側線の2番線、上り貨物着発線の3番線、島式ホームに面した4、5番線と6、7番線がある。さらに下り貨物着発線の8番線、留置線の9〜11番線があって、その向こうは旧滝川運転所だった。そこには5線の留置線が残されている。

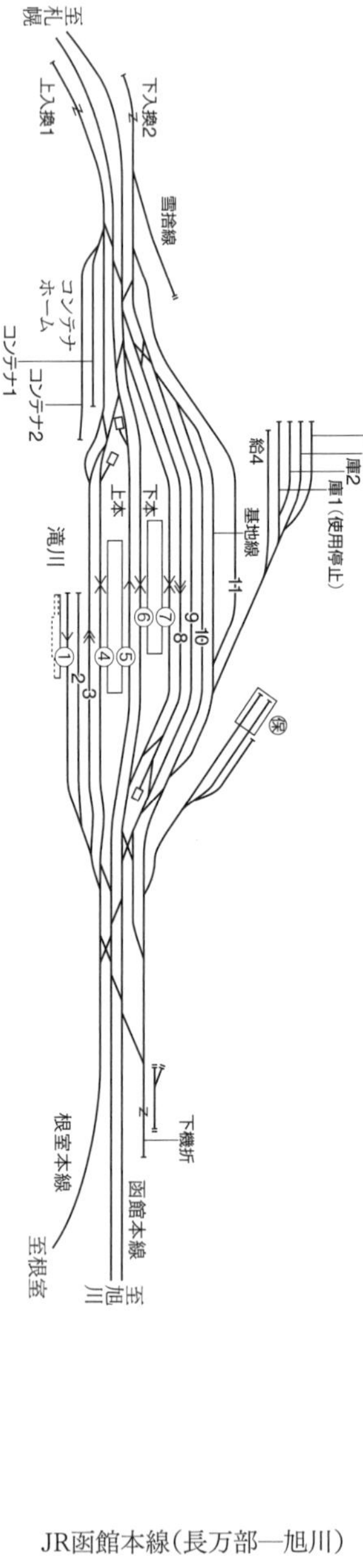

滝川駅を出てすぐに根室本線と分かれ、北上する。半径８００ｍという非常に緩いＳ字カーブがあり、その先は直線で進んで途中に江部乙《えべおつ》駅がある。上り本線の1番線が片面ホームに面し、島式ホームの外側の3番線が下り本線になっている典型的なＪＲ形配線の駅である。

江部乙駅を出てもしばらくは直線で進み、単線並列複線橋梁で４９３ｍの第1石狩川橋梁によって初めて石狩川を渡る。そして妹背牛《もせうし》駅を通る。同駅は元ＪＲ形配線だったが、中線を撤去して複線の棒線駅となった。下り本線が片面ホーム側、上り本線は元島式ホームの外側を通っている。

妹背牛駅の先で半径８７５ｍで右にカーブしてから直線になる。左手から単線の留萌本線が並行して深川駅となる。上り本線の1番線が片面ホームに面しており、次に中線の貨物着発線の2番線、そして島式ホームの内側の3番線が下り本線、外側の4番線が留萌本線の発着線となっている。その向こうの5番線は留萌本線と函館本線の短い編成の貨物列車の着発線だったが、現在は留萌本線の気動車の留置に使用されている。

さらに短い島式ホームがあるものの、線路は内側だけにしか敷かれていない。これが6番線で留萌本線の列車の一部と函館本線の深川駅折返電車が発着する。

反対側には深川—名寄《なよろ》間の深名《しんめい》線用の5番線があった。このときの5番線は中線を数えない旅客案内用の番号で、線路番号でいえば7番である。その向こうに側線があったが、線路番号7番とともに撤去され、その後の深名線は6番線で発着していた。

深川を出ると深名線の線路跡と1・5㌔ほど並行する。その先で半径875mで右にカーブして、ほぼ東向きに進むようになる。次の納内《おさむない》駅は上り本線が片面ホームに面した元JR形配線で中線が撤去されている。

この先は丘陵地帯となり、石狩川はそれを刻んだ渓谷となり、しかも蛇行している。当初の函館本線は急カーブと多数のトンネルで、この丘陵地帯を抜けていた。現在は4523mの神居《かむい》、続いて1235mの伊《い》納《のう》第1、1240mの伊納第2の三つのトンネルで抜けているが、これらのトンネルは複線化時に新たに造られたものである。

トンネルを出ると上下線のあいだが広がって伊納駅となる。伊納駅は上下線とも右側に片面ホームがある構造になっている。

その先で810mの伊納第3トンネルを抜けて石狩川沿いに進み、65mの江丹別川《えたんべつがわ》橋梁を渡る。さらに1258mの嵐山《あらしやま》トンネルを抜けて旭川の市街地に入る。

大きく右カーブしているところに近文《ちかぶみ》駅がある。上下本線に挟まれた島式ホームで右側にあった貨物側線は保守用側線に転用され、左側には上下貨物着発線の3番線があるが、レールは錆びていて使用されていない。4番線は側線である。

この先で盛土になり、292mの第2石狩川橋梁を渡ってから、また盛土高架で進む。途中からは高架橋に代わる。左にカーブした先に旭川駅のシーサスポイントがあり、右にカーブして旭川駅に滑りこむ。旭川駅が高架になったのは平成22年（2010）と比較的新しい。島式ホーム3面と片面ホーム1面の7線の発着線があり、次の旭川四条《よじょう》駅寄りに引上線が2線ある。

短い1、2番線が富良野《ふらの》線用、3、4番線が札幌方面発車用と稚内《わっかない》・網走《あばしり》方面からの到着用、5、6番線が稚内・網走方面の発車用と札幌方面からの到着用というのが基本になっている。7番線は貨物列車の着発用、あるいは一部の普通列車の発着用である。

駅の南側には忠別川がほぼ並行して流れており、高架化以前は改札口がなかったが、高架化後、北彩都《きたさいと》あさひかわ整備事業によって、忠別川を渡る氷点橋の駅寄りに南口ロータリーを設置し、忠別川の南側地区からの利便性がよくなった。ロータリーのほかに河川敷と一体化した公園もある。

旭川駅は地上時代に比べると忠別川寄りの南側に移っている。元の駅本屋あたりは駅前広場になり、札幌寄りにはイオンモールやJRのホテルのJRインが建ったが、結構、広い空間が空いている。この北口広場に北海道新幹線の旭川駅が設置されると考えられるが、現状ではまったくの白紙である。

【車両】 **●長万部—小樽間**　普通列車しか走らない非電化区間の長万部—小樽間ではキハ201系とキハ150形、そしてキハ40形が使用される。

キハ201系は3両固定編成の3扉ロングシートのステンレスカーで、1両に出力450PSのエンジンを2基搭載し、加速度は2・2キロ／時／秒、最高速度は130キロと、札幌近郊区間を走る通勤電車の731系とほぼ同じ性能を持っている。

そして朝ラッシュ時に小樽で731系と連結して札幌まで走る。気動車と電車が連結して走ることはさほど珍しくはないが、その場合はいずれかの動力を切るのが一般的である。だが、キハ201形と731系とでは両方とも動力が入ったまま協調運転ができる。さらに空気バネによる車体傾斜装置も付いていてカーブではより速く走行できる。

しかし、高性能すぎてあまりにも製造コストが高く、燃料も多く消費するために3両編成4本12両しか造られず、現在は全車両が倶知安—江別間で走るだけになっている。

キハ150形は450PSのエンジン1基のみとし、柔軟な運用ができるように両運転台付きで1両単独での走行（これを単行という）を可能とし、またワンマン運転が可能なように運賃箱や運賃表示機等を搭載している。

キハ40形は国鉄時代に登場した普通列車用車両で両運転台付きで単行運転が可能である。もちろんワンマン運転対応機器が付いている。鋼製なので車体が重く、出力220PSのエンジンを1基装備しているだけなので加速は悪い。しかし、車体が重いので車輪はレールにしっかりと吸いつく。国鉄が設計した重い台車のため、やはり脱線しにくい構造になっている。保線状態が悪くても脱線しにくいのである。

●小樽―札幌間　ホームライナーとして特急用のキハ261系、キハ281・283系が使用されるが、これらについては特急として走る線区で紹介する。

一般用としては小樽―新千歳空港間を結ぶ快速「エアポート」用の733系または721系6両編成、普通用として733系、735系、731系、721系の3両編成の各電車と小樽以遠に直通するキハ201系とキハ150形気動車も走る。

快速「エアポート」には指定席としたUシート車が連結されている。最新の733系はステンレス車体でレール面から床面までの高さを1050㎜と低くしてホームとの段差を抑え、さらに側板の強度を上げ、正面運転席を限界一杯まで高くし、クラッシャブルゾーンを設置、運転席周りの強度も上げて踏切事故があっても乗客や乗務員の被害を小さくする設計になっている。

一般車は3扉ロングシート、Uシート車も3扉だが、座席は回転リクライニングシートになっている。3両1ユニットとし、うち1両が電動車で出力230kWのモーターを4個搭載している。加速度は2・2キロ／時／秒、最高速度は130キロである。

快速「エアポート」用の721系はモーター、制御機器を733系に準じたものに取り換えた。Uシート車の座席は回転リクライニングシート、一般車の座席は転換クロスシートになっている。3扉でデッキがあるため客室は2室に分かれている。

「エアポート」用車両を普通や区間快速「いしかりライナー」（小樽・手稲―江別・岩見沢）に使用するときはUシート車も一般車として開放する。

普通・区間快速用の3両編成のうち735系は試験的にアルミ車体を採用した車両だが、結局、ステンレス車体にすることになってほぼ同一設計の733系に

銭函駅付近の石狩湾沿いですれ違う上下列車。右の札幌行の先頭から3両がキハ201系気動車

旭川駅付近を走る特急「カムイ」

引き継がれたので3両編成2本しかない。

731系はキハ201系と協調運転が可能な3扉ロングシートで、床の高さは1150㎜と国鉄標準の高さになっている。また、車体傾斜車両のために車体側面上部が斜めになって内側に絞られている。

721系は3扉転換クロスシートで3両編成のうち2両が電動車となっている。このため加速度は2・4㌔/時/秒と他形式よりも若干高くなっている。

快速「エアポート」用6両編成と同様に733系に準じたモーター、制御機器に取り換えたものがある。また、後期に造られた車両はデッキを廃止して扉近くの座席をロングシートにしたものがある。1編成だけ苫小《とまこ》牧《まい》寄り先頭車がUシートになっており、別の3両を連結して予備編成の快速「エアポート」とし、時折「エアポート」で走ることがある。

●札幌—旭川間　同区間には特急「カムイ」、「ライラック」、「宗谷」、「オホーツク」が走る。普通列車は小樽—札幌間を走る電車と共通運用されているが、岩見沢以北ではキハ40形、キハ54形などの気動車も使用されている。

「カムイ」と「ライラック」の違いは、「カムイ」は785系、「ライラック」は789系を使用することだ。「宗谷」用キハ261系は宗谷本線、「オホーツク」用キハ183系は石北本線の項で取り上げる。

789系は青函トンネル内で140キロ運転をする「スーパー白鳥」用として登場した。北海道新幹線の開業で「スーパー白鳥」は廃止されたので札幌—旭川間の「ライラック」用にした。「カムイ」と異なるのは指定席のUシート車はなく、通常の指定席と自由席、それにグリーン席によって構成されている。

旭川寄り1号車の半室がグリーン席、半室が指定席となっており、2号車は指定席、3~6号車が自由席となっているが、宗谷本線と石北本線の特急と接続する「ライラック」は3号車も指定席になる。また、先頭車には北海道ゆかりのデザインを編成ごとに違うラッピングをしている。

「カムイ」用の785系は当初から札幌—旭川間を結ぶ特急用車両として登場した。5両編成のうち2両が電動車で、出力230kWのモーターを4個装備している。

最高速度は130キロだったが、2013年の一連の不祥事以後、120キロに落とした。4号車は指定席のUシートになっている。

【ダイヤ】●長万部—小樽間　過疎運転区間の長万部—小樽間だが、小樽に近づくにつれて運転本数は多くなる。長万部—小樽間を走る列車は1日に下り3本、上り2本だけしかない。これに長万部—倶知安間の区間運転が下り1本、上り3本加わる。この区間運転は早朝の上りを除いて倶知安—小樽間の区間運転に連絡している。倶知安—小樽間の区間運転は8往復と上り1本が設定されている。

区間運転はこのほかに蘭越↑小樽間（上り1本）と蘭越—倶知安間（下り2本、上り1本）、然別—小樽間（2往復と下り1本）、余市—小樽間（1往復）もある。

朝ラッシュ時下りには蘭越発札幌行、夕ラッシュ時上りには札幌発倶知安行の上下各1本の快速「ニセコライナー」が走り、さらに朝ラッシュ時には倶知安発札幌行の普通と札幌発然別行の普通が走る。

快速「ニセコライナー」の停車駅は蘭越—小樽築港間各駅、手稲、琴似で、キハ201系3両編成が使用される。キハ201系は倶知安で夜間滞泊しているので、早朝に蘭越まで回送される。

「ニセコライナー」が走る前に倶知安発札幌行普通が運転される。これもキハ201系が使用され、小樽で731系電車と連結して札幌まで6両編成で走る。さらに札幌でキハ201系を切り離して731系3両編成が苫小牧まで運転される。

朝上りの札幌発然別行はキハ150形2両編成で、然別で折り返して小樽行になる。

夕ラッシュ時に走る上り「ニセコライナー」はキハ201系の6両編成だが、小樽で3両を切り離して倶知安までは3両編成となる。切り離された3両編成は小樽発21時36分の倶知安行となり、先に長万部に行った3両とともに長万部で滞泊する。

他の列車は単行または2両編成で運転されている。長万部始発5時58分の小樽行もキハ150形の2両編成だが、客扱いをしないキハ40形を2両連結して走る。この2両のうち1両は蘭越で切り離し、小樽から来たキハ40形単行に連結して2両編成で倶知安に向かう。もう1両は倶知安で切り離す。

それにしても長万部—蘭越間は下り4本、上り5本しか運転されていない。寂しくなったものである。

●**小樽—札幌間**　同区間では小樽—新千歳空港間運転の快速「エアポート」と区間快速「いしかりライナー」、それに特急車両を使用した定員制の「ホームライナー」が走る。

停車駅は「エアポート」が南小樽、小樽築港、手稲、琴似、区間快速「いしかりライナー」は手稲まで各駅、琴似となっている。妙なのは「いしかりライナー」には2種類あって、小樽—札幌間は区間快速で走り、札幌以遠は江別方面までは各駅に停車するものと、手稲—札幌間は各駅に停車し札幌から区間快速として走るものがある。

しかも手稲―札幌間を快速運転する「いしかりライナー」は30分毎にしているのに、札幌―江別間快速運転の下りは20または40分毎、上りは17～19、41～43分毎になっている。このため札幌駅で7～17分と長時間停車している。札幌駅の発着線をあまりにも塞ぎすぎている。

区間快速を2種類に分けず、1種にまとめ、しかも札幌―江別・岩見沢間でも基本的に30分毎にすればわかりやすい。

特急車両を使う「ホームライナー」は手稲―札幌間をノンストップで運転されている。定員制で乗車整理券は100円である。朝下りに3本運転され、最初の1本はキハ261系5両編成で札幌に到着すると特急「スーパーとかち」1号になる。次の1本はキハ281系8両編成で、札幌到着後には特急「スーパー北斗」6号になる。最終の1本はキハ283系7両編成で、札幌到着後は特急「スーパーおおぞら」3号になる。すべて札幌運転所からの回送列車とするところを「ホームライナー」にしたものである。


琴似→桑園間が最混雑区間である。最混雑時間帯は10本が走り、輸送力は8440人としている。この間、6両編成は9425人で混雑率は112%となっている。輸送量
通過両数は60両なので1両あたりの平均定員は140・7人となっている。国土交通省が定めている定員の算出方法は座席を含む有効床面積を0・35㎡で割ったものである。最混雑時間帯に走っているのは731系、733系である。

731系の中間車の有効床面積は46・9㎡なので定員は134・0人である。通常の通勤電車の中間車の定員は140人だが、731系は車体端部4か所に雪切室や機器室があるから有効床面積が少なくなっている。

雪切室や機器室がなければ53・15㎡で、定員は151・9人となる。通常よりも多くなっているのは車体の長さが、通常のJRの通勤電車が19・5mなのに対して731系は20・6mと1m以上長いからである。

先頭車の有効床面積は46・8㎡で、定員は133・7人となる。乗務員室があっても車体の長さが21・67m

と中間車よりも長くなっているからである。

とはいえ、国土交通省が公表している同区間の1両あたりの定員よりも少ない。さらに2本は札幌から快速「エアポート」になるのでUシート車を1両連結している。

Uシート車のようなクロスシート車を自由席にする場合、国土交通省が定めている計算方法は有効床面積を0・4㎡で割ることになっている。そうするとUシート車の定員は117・3人になってしまう。

「エアポート」用6両編成の総定員は786・7人、他の編成は3＋3両の6両編成だから1編成の定員は802・8人、混雑時の総輸送力は7995・8人となり、正確な混雑率は118％と6ポイント上がっていることになる。

もっともこの間に261系8両編成による「ホームライナー」が1本走っている。通常、「ホームライナー」やグリーン車の輸送力はカウントしない。しかし、輸送人員についてはカウントしている場合が多い。だから輸送力に加えたほうがよりリアルな数値となると言える。キハ261系の8両編成のグリーン車を除く座席定員は406人なので、これを加えると輸送力は8401人となり、混雑率は公表と同じ112％となる。

とはいえ、いずれにしても首都圏などに比べると空《す》いているといえる。

札幌に9時1分に到着する快速「ニセコライナー」は3両編成である。手稲で6両編成の普通を追い抜いており、このままでは混雑するので手稲発8時43分の札幌まで各駅に停車する快速「エアポート」を5分先行させて「ニセコライナー」が混まないようにしている。それでも混んでいるので小樽で3両編成の電車を連結する必要がある。

昼間時は快速「エアポート」と小樽―江別・岩見沢間の区間快速「いしかりライナー」、小樽・ほしみ―札幌以遠間の普通、手稲―江別・岩見沢間の区間快速「いしかりライナー」がそれぞれ30分毎に走る。手稲―江別・岩見沢間の「いしかりライナー」は手稲―札幌間では各駅に停車し、札幌以遠では快速運転をする。

ほしみ駅には折り返し設備がないので、ほしみ―銭函間を回送で走り、銭函駅のホームに面していない中線で折り返している。

快速「エアポート」は手稲で普通を追い越し、区間快速「いしかりライナー」は手稲で同駅発着の普通と接続する。手稲―札幌間では完全な30分サイクルの運転である。

「エアポート」は6両編成、他は3両または6両で、721・731・733・735系が使われる。

夕ラッシュ時上りは快速、区間快速は昼間時と同じ30分毎の運転だが、普通の運転本数が増え、これに快速「ニセコライナー」が1本加わる。

札幌発22時51分の小樽行普通と23時05分の手稲行普通も札幌までは快速「エアポート」である。

最終の小樽行は札幌発23時52分、手稲行は23時59分である。

●札幌―旭川間

特急は札幌―旭川間に「カムイ」と「ライラック」、札幌―稚内間に「宗谷」、札幌―網走間に「オホーツク」が走る。

「カムイ」と「ライラック」は1時間毎または30分毎に運転され、朝を除いて札幌と旭川では毎時0分または30分に発車する。

停車駅は岩見沢、美唄、砂川、滝川、深川で、基本の所要時間は1時間25分、表定速度96・6キロと速い。以前は130キロ運転をして1時間20分で走り、表定速度は102・6キロと100キロを超えていた。安全対策を施して130キロ運転に戻ってほしいものである。

「宗谷」は1往復が運転され、札幌―旭川間での停車駅は上りが岩見沢、滝川、深川と「カムイ」よりも少ないが、所要時間は1時間27分と「カムイ」よりも2分遅い。

使用しているキハ261系の性能は「カムイ」と同じだから2駅少なければ3分程度速くできるが、流して走って「カムイ」とほぼ同じ所要時間にしている。なお、下りは「カムイ」と同じ停車駅であり、朝の普通が多数運転されている時間帯に走るために1時間28分となっている。

2往復走る「オホーツク」の停車駅は「カムイ」と同じになっている。

朝ラッシュ時上りの最混雑区間は白石→苗穂間で、最混雑時間帯は7時35分から1時間となっている。最混雑時間帯に6両編成9本（千歳線からの直通は除く）が運転され、輸送力は７４０３人、輸送量は９５０９人で混雑率は１２８％となっている。

輸送力の数値が７４０３人と中途半端であり、１両あたりの平均定員は１３７・１人となっている。８本は７３１・７３３・７３５系の３＋３の６両編成、残る１本はＵシート付きの「エアポート」用の６両編成である。厳密には琴似→桑園間と同様に輸送力は公表数値よりも少ないのである。

また、この時間帯には「カムイ」６号が運転されている。

昼間時は区間快速「いしかりライナー」が運転される。札幌—江別間で快速運転をするのは１時間に２本、うち１本は札幌—岩見沢間、もう１本は札幌—江別間となっている。停車駅は白石、大麻、野幌である。３両編成が多いが、６両編成もある。

札幌—江別間では、前述したように札幌以西で行なっている完全な30分毎の運転ではない。17～19、41～43分の間隔である。これに札幌—江別間の普通（札幌以西で区間快速になるものを含む）が2本、札幌—岩見沢間が1本運転されている。これらは一応、1時間毎の運転になっているが、発車時分が微妙にずれている。

特急「カムイ」、「ライラック」はほぼ30分毎の運転で、時折1時間毎の運転になっているから区間快速も30分毎に運転したほうがわかりやすい。

なお、特急の待避はあまり多くはないが、待避する駅は厚別駅と江別駅である。

岩見沢—滝川間で普通は約1時間毎に運転される。滝川—旭川間では3時間以上走らないこともある。岩見沢以北では電車ではなく気動車が使用されることもある。主に単行のキハ40形を使用するため所要時間が少し余分にかかっている。

この両区間でも待避はあまり行わないが、茶志内駅と奈井江駅、滝川駅、江部乙駅で行われる。また、朝ラッシュ時に滝川駅から江部乙駅に向かい、折り返して岩見沢行となる電車がある。

ところで高性能のキハ２０１系は札幌到着後、3両編成1本が江別まで回送されて江別—手稲・ほしみ間を2往復（上り1本は札幌以北で区快になる「いしかりライナー」）してから札幌に戻る運用が組まれてい

厚別駅で江別行普通を追い越す特急「宗谷」稚内行

る。電車と同じ性能なので、所要時間は電車と同じである。

夕ラッシュ時の下りはすべて各駅に停車する電車になる。上りは30分毎に「いしかりライナー」が岩見沢・江別―札幌間で運転される。最終の下り岩見沢行は札幌発23時59分である。

【将来】 長万部―小樽間は北海道新幹線が開業すると廃止され、第3セクター鉄道によって再開業することが決まっている。要するにJRから経営を分離することになる。

JRと政府との申し合わせでは、整備新幹線が開業した場合、並行在来線は基本的にすべて第3セクター鉄道に移管することになっている。しかし、小樽―札幌間は札幌―旭川間と千歳線と一体運行している関係でJR北海道の路線として残る。

過去にも北陸新幹線高崎―長野間が開通したときに篠《しの》ノ井《い》―長野間の信越本線はJRのままとし、北陸新幹線金沢開業後の現在でもJRのままとなっている。九州新幹線が開通しても鹿児島本線の博多―八代間と川内《せんだい》―鹿児島中央間はJRの路線となっている。

このため小樽―札幌間が残っても差し支えないということだが、問題は営業キロをどうするかである。篠ノ井駅には新幹線が通らないから、別個の区間としてとらえることができるが、川内駅と鹿児島中央駅は鹿児島本線と九州新幹線の駅が併設されているために、JRとして存続した場合、新幹線は鹿児島本線の線増線とみなされ、鹿児島本線の営業キロが九州新幹線の営業キロとして採用されている。

北海道新幹線では小樽駅に併設するのではなく南小樽駅に近いところに新小樽駅が設置される。だから別個に営業キロを定めてもおかしくはないが、そうすると小樽―札幌間が並行在来線として第3セクター鉄道に移管しないと話は通らない。あくまで小樽―札幌間では函館本線の線増線としないとJRのまま残すことはできない。山陽新幹線では新神戸駅と山陽本線の神戸駅を同一駅とみなして神戸駅の東京起点の営業キロを新神戸駅に適用している。そういうことから新小樽―札幌間の営業キロは小樽―札幌間の営業キロと同一にすることになる。

平成29年春の改正で石北本線と宗谷本線の特急の多くが旭川始発となって札幌まで直通しなくなった。利用客の多くは札幌まで乗り降りしている。これだけ不便になれば確実に利用客が減ってしまう。そして残る札幌発着も旭川発着に短縮することもありうる。そして、やがては旭川以北は廃止という悪循環を繰り返すことになる。

これを防ぐにはキハ261系を増備し、すべてを札幌発着とする。さらに宗谷本線も石北本線も重軌条化してスピードアップする。

これくらいはする必要があるけれども、現在のJR北海道は予算的に余裕がなく、経費を抑える方向にシフトしている。しかも、国もその方向で運営をせよとしている。

また、北海道庁など自治体にも、それを行う予算も気持ちも現在のところはない。あまりいい話はないのである。しかし、このまま手をこまねいているのでは、北海道の鉄道は北海道新幹線と札幌近辺しかなくなってしまう。

JRも国も自治体も何とか知恵を働かせて鉄道活性化のための方策を講ずる必要がある。

JR室蘭本線

新幹線連絡の特急がやがて頻繁に運転される

POINT! 室蘭本線は長万部《おしやまんべ》—沼《ぬま》ノ端《はた》間と沼ノ端—岩見沢間で状況が異なる。また、室蘭—東室蘭間の別線がある。長万部—沼ノ端間は一部区間を除いて複線になっており、室蘭—沼ノ端間は電化されている。そして特急が頻繁に運転されている。長万部—室蘭—札幌間の北海道南回り新幹線が基本計画に取り上げられているが、開通の予定は立っていない。そのかわり北海道新幹線が開通すると、長万部駅で連絡する特急が室蘭、苫小牧へ頻繁運転されよう。

沼ノ端—岩見沢間は石炭輸送の幹線だったが、現在は旅客輸送だけで、その輸送密度は500人と非常に少ない。沼ノ端以西に比べて豪雪地帯を通るので除雪費用も莫大である。JRだけで維持するのは難しいとして、関係自治体が維持する上下分離方式をJRは提唱しているが、関係自治体も財政難のため、この提唱はなかなか受け入れられない。

【概要】 室蘭本線は室蘭線の部の本線で、長万部—岩見沢間209・8キロと本線分岐線の室蘭—東室蘭間7・0キロに分かれる。所属する路線として胆振《いぶり》線（伊達紋別《だてもんべつ》—倶知安《くつちやん》）と万字《まんじ》線（志文《しぶん》—万字炭山）があったが、これらは廃止され、本線だけが残っている。

長万部—洞爺《とうや》間、有珠《うす》—長和《ながわ》間、稀府《まれつぷ》—三川《みかわ》間、由仁《ゆに》—栗山間と室蘭—東室蘭間が複線、室蘭—沼ノ端間が電化されている。

長万部駅で函館本線、苫小牧《とまこまい》駅で日高本線、沼ノ端駅で千歳線、追分《おいわけ》駅で石勝《せきしょう》線、岩見沢駅で函館本線と接続する。特急「スーパー北斗」、「北斗」は函館方面から室蘭本線の長万部—沼ノ端間を通って沼ノ端から千歳線に乗り入れて札幌まで走る。室蘭—札幌間の特急「すずらん」と苫小牧—札幌方面間の近郊電車も沼ノ端駅から千歳線に直通する。

苫小牧以西の普通列車は室蘭—苫小牧間が電化されているにもかかわらず気動車が使用されている。

輸送密度は長万部—東室蘭間が５１０６人、平成26年度が５０２２人なので増えている。室蘭—苫小牧間が７２７０人、26年度が７０４７人なので、これも増えているが、沼ノ端—岩見沢間は５００人、26年度が５１６人だったので、同区間は減っている。同区間の沿線は観光施設に乏しく、利用しているのは通学生ばかりであり、少子化だけでなく沿線の人口減少も影響している。

営業収支率は長万部—東室蘭間が１００％、室蘭—苫小牧間が１３５％、沼ノ端—岩見沢間が８５４％となっている。

営業損失は長万部—東室蘭間が１２００万円、１日１キロあたり４２５円、室蘭—苫小牧間が11億８３００万円、１日１キロあたり４万９９００円、分岐線が2億５９００万円、１日1キロあたり10万円、沼ノ端—岩見沢間が９億７３００万円、１日１キロあたり３万９８００円となっている。長万部—東室蘭間と分岐線の損失が少ないのは降雪が少なく除雪費用がそれほどかからないからである。なお、苫小牧—沼ノ端間は札幌近郊都市圏として計算されている。

北海道炭鉱鉄道が室蘭（現東室蘭）—岩見沢間を明治25年（１８９２）８月に開通させたが、室蘭駅は室蘭の街外れにあったため、30年7月に市内まで延長して、新しい室蘭駅を設置、それまでの室蘭駅を輪西《わにし》駅に改称した。

明治39年に北海道炭鉱鉄道は国有化され、42年の国鉄線路名称制定時に室蘭―岩見沢間を室蘭本線とした。

大正時代に入ると、石炭輸送が非常に盛んになり、大形蒸気機関車による700tの定数牽引はもちろん、ときには1200tの牽引を行い、大正12年（1923）には9600形蒸機による2000t牽引を行う宣伝用写真も撮られた。2000t牽引の貨物列車は21tの石炭を積む貨車（貨車の自重は5t）にして75両編成、約1200mの長さになる。

大正8年（1919）に北海道鉄道敷設法の予定線に長万部―輪西間の長輪《おさわ》線が追加された。10年11月に長万部側から長輪西線として、11年2月に輪西側から長輪東線として着工、12年12月に長輪西線の長万部―静狩《しずかり》間、14年8月に長輪東線の伊達紋別―輪西間が開通。昭和に入って3年（1928）9月に静狩―伊達紋別間が開通した。

このとき輪西駅を長輪線分岐地点の北東に移設して東輪西駅とし、それまでの輪西駅の室蘭寄りに新しい輪西駅を設置した。しかし、東輪西は「ヒガシワニシ」つまり「東は西」と聞こえるために昭和6年に長輪線を室蘭本線に編入したときに東室蘭駅と改称した。

昭和40年代になると石炭産業の衰退により、45年（1970）に室蘭駅での貨物取り扱いを中止、平成9年（1997）に室蘭駅を移設して簡素な駅になった。かつての貨物ヤードや貨物支線は跡形もなくなってしまった。

反面、長万部―苫小牧間では線形の改良と複線化が進み、昭和55年（1980）に室蘭―沼ノ端間が電化され、室蘭―札幌間で特急「ライラック」（現在の列車愛称は「すずらん」）の運転を開始した。

長万部―沼ノ端間は千歳線とともに海線と呼ばれて特急が頻繁に運転されているが、沼ノ端―岩見沢間は石炭産業の滅亡でローカル線化している。

【沿線風景】●長万部―東室蘭間　長万部駅を出ると上下線は広がって１０２ｍ（下り橋梁）の単線並列複線橋梁の長万部川橋梁、続いて複線一体のコンクリート橋梁で１４８ｍの新長万部川橋梁を渡る。半径８００ｍのＳ字カーブで海岸近くに出て噴火湾（内浦湾）に沿って進む。なだらかな地形のために最小曲線半径は２０００ｍと緩い。

ところが海側の片面ホームが１番線になっているＪＲ形配線の静狩駅を過ぎると、山が海まで迫る断崖を通り抜けなくてはならない。当初は現上り線である１０５ｍの第１静狩、１５４７ｍの第２静狩、１１９６ｍの鼠の花、８３２ｍの第１辺加牛《へかうし》、86ｍの第２辺加牛、美利加浜、３１８ｍの幌内の七つのトンネルを抜けて相対式ホームの小幌《こぼろ》駅に達していた。美利加浜トンネルがサミットで標高は48・３ｍである。ここまで10‰の勾配で上っていっている。現在は上り線になっているので下っていく。

線増線の下り線は１９２４ｍの新静狩、１９２４ｍの新鼠の花、１９７８ｍの新辺加牛の三つのトンネルを通って小幌駅に達する。やはり10‰の上り勾配である。

小幌駅付近には民家はないが、行き違いのための信号場として開設したものを駅に昇格させた。輸送力増強のために行き違い用の信号場として昭和18年（１９４３）に開設、42年に仮乗降場、62年に正式な駅に昇格した。

開設時は沼ノ端寄りにある下り線の礼文華山《れぶんげさん》トンネルの小幌駅側の一部を複線にして行き違えるようにしていた。

たすき掛け線増によって複線化されたので、沼ノ端寄りでは上り線が線増線になる。だから下り線の礼文華山トンネル（２７２７ｍ）が旧線、上り線の新礼文

室蘭本線（長万部―東室蘭／東室蘭―室蘭）

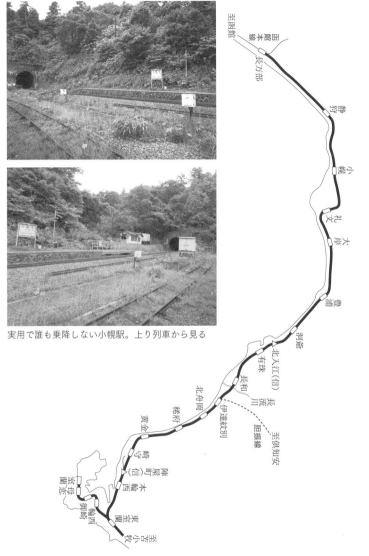

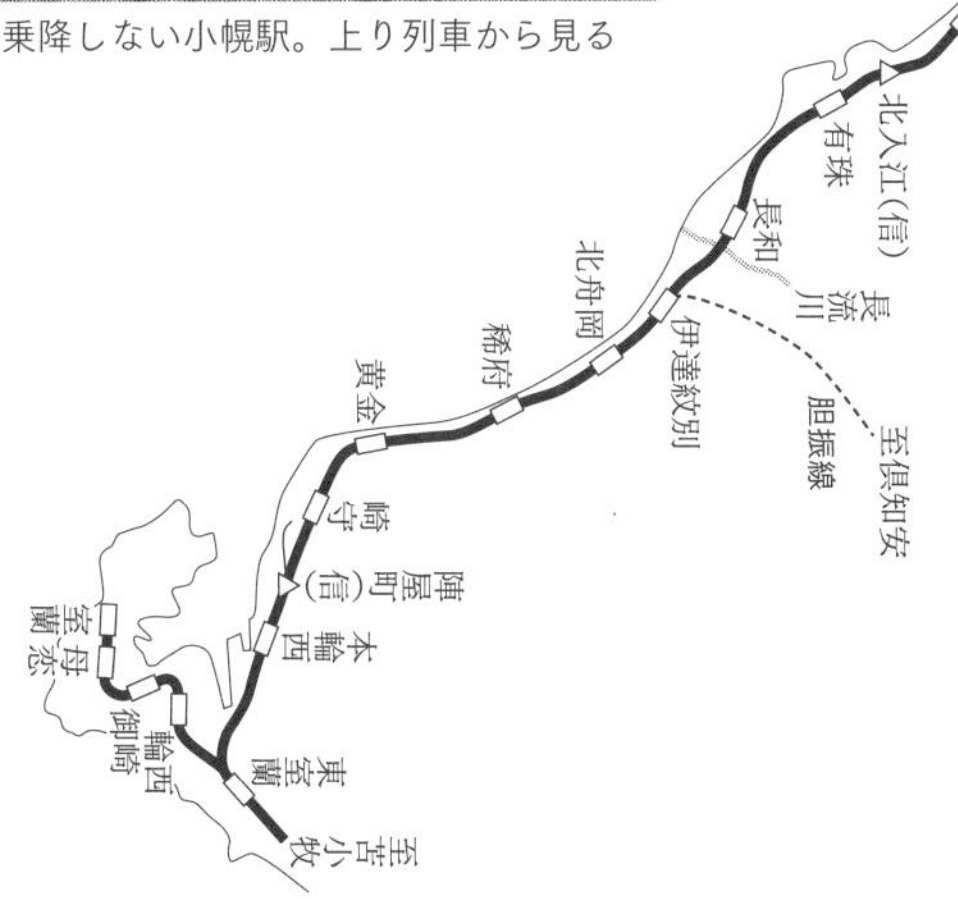

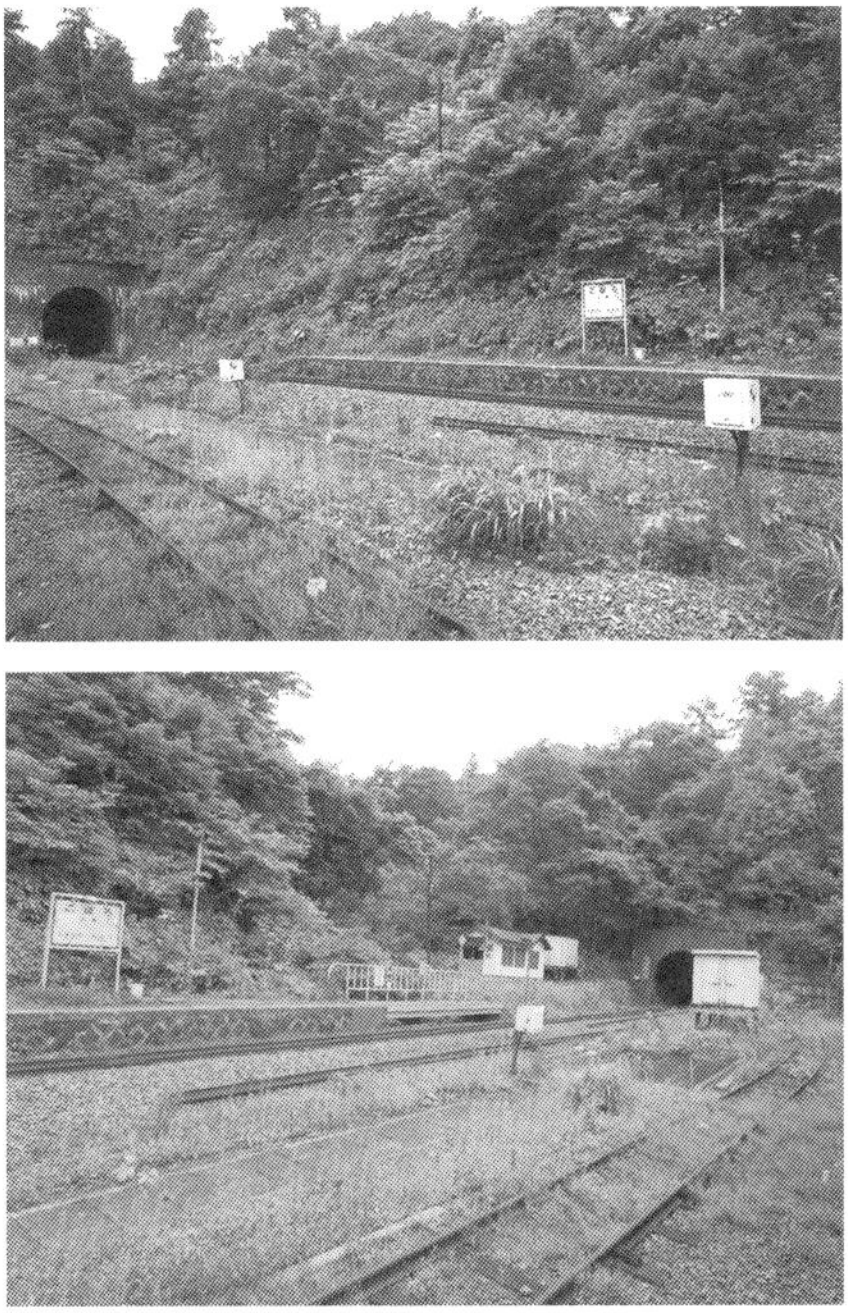

実用で誰も乗降しない小幌駅。上り列車から見る

華山トンネル（２７５９ｍ）が新線である。

　小幌駅の沼ノ端寄りの上下線間にある閉鎖されたトンネル坑口が行き違い時の上り線のトンネルで、礼文華山トンネルにつながっていた。そして上り行き違い線の明かり区間にあった線路は上り線につながる横取線として流用されている。

　民家はなく、乗降しても何ら設備もないために、秘境駅として脚光を浴びているが、駅の維持管理に費用がかかるためにＪＲ北海道は廃止しようとした。だが豊浦町は観光資源として役立つとして廃止に反対し、町が維持管理費の一部を出して、今後は1年ごとに存廃を検討することにしている。

　しかし、観光資源として役立つから残すといっても、経済効果は何もない。売店など設置して収入を得ようとしても、そうなると秘境駅でなくなり、観光客は見向きもしなくなってしまう。痛し痒しの駅存続である。

　ともあれ、新旧礼文華山トンネルを10‰の勾配で上下する。半径６００ｍで大きく右にカーブして、上り線が片面ホームでＪＲ形配線の礼文駅となる。


礼文駅の先で少し海岸が見えるが、すぐに左カーブして山に入る。複線化前は海岸沿いを通っていた。この線路を放棄して別線線増で山側をトンネルで貫くルートに変更したのである。

　１２３２ｍの礼文華浜トンネルと97ｍの新達古武《しんたっこぶ》トンネルを抜けてしばらくすると中線を撤去した元ＪＲ形配線の大岸《おおきし》駅となる。その先で２１４５ｍの大岸、弁辺《べんべ》の二つのトンネルを抜けて豊浦駅に達する。

　豊浦駅は元島式ホーム2面4線だった。下り線の副本線を保守用の横取線に変更して、ＪＲ形配線と同等の配線になった。駅構内はS字カーブになっている。豊浦駅のホームを出てすぐに左にカーブする。

　上下線は離れたまま中線が合流して単線並列の第2茶志内トンネルに入る。この先は基本的に上下線が離れて別線線増で複線化されたものの、上り線の一部は旧線を利用している半たすき掛け線増である。下りは第1、第2のチャス、クリヤの各トンネルを抜ける。上り線は第3茶志内、新チャス、新クリヤ、黒岩の各トンネルが並ぶ。新クリヤトンネルや黒岩トンネルの海側には旧線のトンネルが残っている。

上下線が合流して並ぶようになると１２５ｍの洞爺トンネルを抜けて洞爺駅に滑りこむ。洞爺駅は長万部寄りが右カーブし、上り本線が片面ホームのＪＲ形配線になっており、その上り本線が１番線である。１番線では中線の2番線とともに両方向に発車できる。しかし、現在、１番線から苫小牧方面に発車する列車はない。

洞爺駅の先で単線になり、しばらく平坦地を走るが、その先で10‰の勾配で丘陵を上る。上ったところに北入江信号場がある。洞爺駅寄りで左にカーブしている一線スルー構造で、行き違いがないときには上下列車とも山側の2番線を通る。

勾配を降りると上り線が片面ホームで中線を撤去した元ＪＲ形配線の有珠駅となる。沼ノ端駅寄りは左にカーブしており、中線の一部が上下線と接続するポイントとともに残っている。

有珠駅から複線になる。上下線が広がり、エントモ岬の付け根を下り線は新エントモ、上り線はエントモのトンネルで抜ける。トンネルを出ると左にカーブして一旦、海岸をかすめるが、さらにカーブして海岸から離れた平坦地を進む。

次の長和駅は下り線が片面ホームのＪＲ形配線になっているが、中線は側線扱いになっており、営業列車は発着できない。ここから再び単線になる。

１８８ｍの長流《おさる》川《がわ》橋梁を渡って右にカーブしてから左にカーブすると両側から側線が並行して伊達紋別駅となる。かつて同駅から倶知安まで延びていた胆振線の線路跡は駅構内では引上線として残り、少し離れたところから胆振国道までは遊歩道として残っている。

伊達紋別駅はホームの手前の長万部寄りが左にカーブしていて下り本線の1番線が片面ホーム、島式ホームの外側の3番線が上り1番副本線（上1線）、内側の2番線が上り本線のＪＲ形配線となっており、各線路は非常に長く、１０００ｔ牽引の21両編成の貨物列車同士の行き違いができる。

1番線の長万部寄りの線路の反対側に胆振線用の切欠きホームの4番線があって、長万部寄りに室蘭機関区伊達紋別支区が設置され、転車台もあったが、現在は保守基地として側線が少しあるだけで、切欠き線路も撤去されている。

右手に海岸線が並行して進む。標高は3mほどと低い。途中に相対式ホームの北舟岡《きたふなおか》駅がある。海側の1番線が分岐側となっており、行き違いをしないときは上下線とも直線側の2番線を通る。

海岸からやや離れて走るようになり、海はあまり見えない。やや海岸に近寄ってJR形配線の稀府駅となる。しかし、中線の出発信号機は横に向けられて使用できず、現在は側線にしている。稀府駅の標高は12mなので、駅の前後は10‰以下の勾配になっている。

次の黄金《こがね》駅は下り線が片面ホームで中線を撤去したJR形配線になっている。この先で8‰の上り勾配になりながら左にカーブし、1005mの複線の元室蘭トンネルをくぐると相対式ホームの崎守《さきもり》駅となる。120mの崎守川橋梁と一体化している。

駅を出ると短い第1崎守、続いて971mの第2崎守、陣屋《じんや》の三つのトンネルを抜けた先で右手から陣屋町信号場の線路が合流してくる。室蘭本線の黄金からこの合流点までは別線線増で複線化された。

旧線のうち旧陣屋町貨物駅―合流点間は貨物線として残り、全体を陣屋町信号場としている。旧陣屋町貨物駅から黄金寄りの旧線は室蘭市崎守埠頭公共専用線の山手線として転用されたが、同じ専用線で元臨港線の海手線とともに廃止されている。

陣屋町信号場の先で第1陣屋トンネルを抜ける。第1陣屋トンネルは陣屋町信号場内にある。その先で右手にヤード群が見えるようになる。これは平成26年(2014)に廃止されたJX日鉱日石専用線(元日本石油専用線)で、この先の本輪西《もとわにし》駅の貨物側線につながっている。本輪西駅は島式ホームで下り線には貨物待避線がある。そこから1線だけ側線が使用されていない貨物ホームまで延びている。上り線側には貨物ヤードがあるが、JX専用線が廃止されたので使用されていない。

右にカーブして新日鉄住金の工場の端部に沿って進み、左に大きくカーブすると東室蘭駅である。東室蘭駅は島式ホームが2面しかないが、本線路は4番を除く2番から8番までの6線がある。

1番は沼ノ端寄りにある貨物駅(これも東室蘭駅)からの上下貨物本線としていたが、東室蘭旅客駅の沼ノ端寄りで切断されて東室蘭旅客駅構内のほうは室蘭寄りに出発信号機があり、貨物本線路のまま留置線扱いとなっている。2番は主として室蘭方面の発着線、3番は室蘭方面発着線と苫小牧方面、4番は留置用中線（側線）、5番は長万部方面貨物着発線、6番は長万部方面の主として特急用、7番は苫小牧方面の主として特急用、8番は苫小牧方面貨物列車用着発線、そして9番は側線となっている。

JR貨物の苗穂車両所輪西派出の出入り線から分岐する引上線が1線ある。これだけでは足りないので室蘭方面の本線を引上線として使用している。

●室蘭—東室蘭間　室蘭は頭端島式ホーム1面2線の簡素な駅になっている。元の室蘭駅は1・1キロ西北に進んだところにあって、貨物ヤードや室蘭機関区等が港側に広がっていた。平成9年（1997）に現在の位置に移設した。旧駅舎は準鉄道記念物として保存展示されている。

室蘭駅を出るとすぐに複線の仏坂トンネルを抜ける。左手にも複線トンネルが並行する。かつての貨物

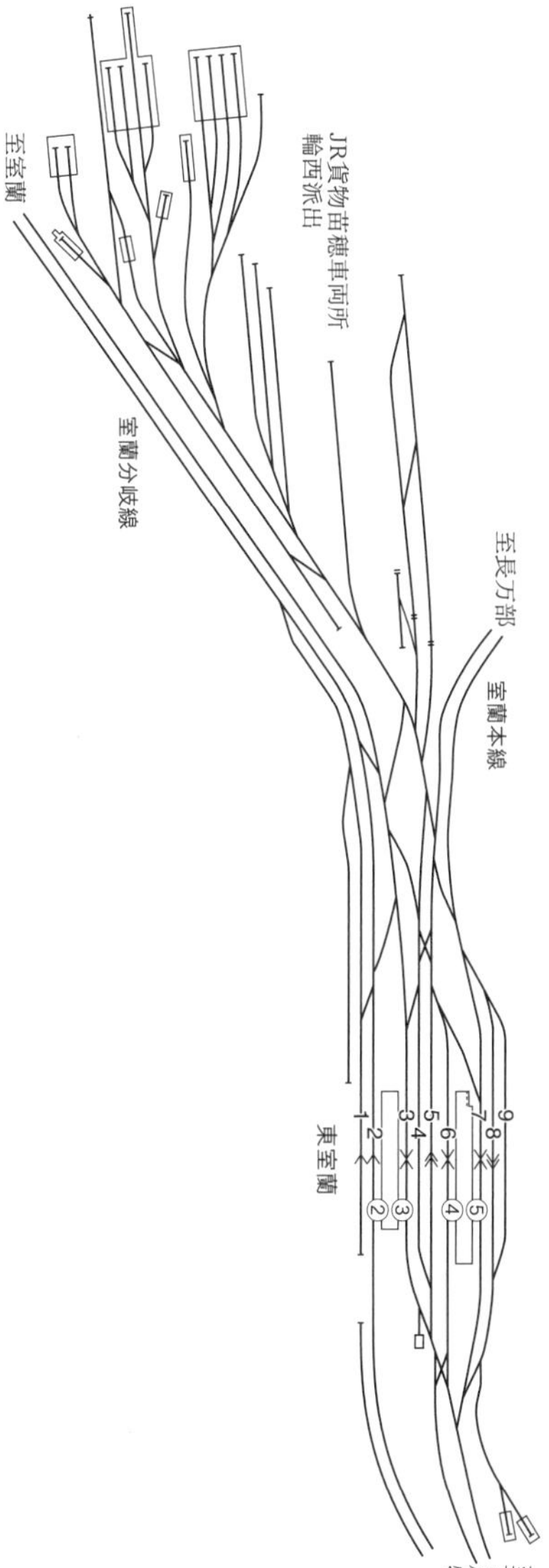

東室蘭駅の西側を見る。右下の列車が長万部方面、左側が室蘭方面の複線線路

東室蘭駅に進入する789系使用の特急「すずらん」札幌行

室蘭駅に停車中の東室蘭行

側線が通っていたトンネルである。

仏坂トンネルを出た先に相対式ホームで東室蘭寄りで左にカーブしている母恋《ぼこい》駅がある。貝殻に入ったホッキ貝の炊き込みご飯のおにぎりとおかずの入った駅弁の「母恋めし」が有名だが、少量生産で同駅ではすぐに売り切れてしまう。室蘭駅や東室蘭駅、近くの道の駅などでも販売しているが、やはりなかなか手に入れられない。

大きく左にカーブしながら日本製鋼所の工場の端に沿って進む。同工場にも専用線があるが、室蘭本線とはつながっていない。相対式ホームで下りホームが室蘭寄りにずれている御崎《みさき》駅があり、同駅を過ぎると、今度は右に大きくカーブする。左手に新日鐵住金の専用線で使用されていた蒸気機関車のS—205号が保存されているのが列車から見える。

その先で右にカーブし、次に左にカーブしたところに相対式ホームの輪西駅がある。さらに左にカーブしてから直線になると左手にJR貨物の苗穂車両所輪西派出の線路や貨車を見ることができる。そして左手に長万部からの線路が合流して東室蘭駅となる。

●東室蘭―沼ノ端間　東室蘭旅客駅を出てすぐ右手に東室蘭貨物駅がある。6線の着発線が室蘭上下本線と並行し、その向こうはコンテナホーム、そして3線の仕訳線がある。また苫小牧寄りで途切れたコンテナホームの向こうに7線の短い仕訳線がある。着発線が上下本線に合流すると相対式ホームの鷲別《わしべつ》駅となるが、着発線と仕訳線群などが収束して下り機待線の通路線と下り引上線の2線の貨物側線が鷲別駅の上りホームの反対側に延びている。

鷲別駅を過ぎたところで、下り引上線は止まり、通路線は2線の機待線になるが、その先で単線に変わって旧JR貨物の鷲別機関区につながっている。同機関区は廃止されたが、この線路は機関車の留置線として現在も使われている。

この先はほぼ直線で進む。半径3400mのカーブが1か所あるだけである。次の幌別《ほろべつ》駅は上り線が片面ホームに面し、島式ホームの内側が下り本線、外側が下1線となったJR形配線だが、上下本線のあいだにはかつて中線があった。また、下1線は東室蘭寄りに渡り線があって東室蘭方面への折り返しはできるが、沼ノ端寄りには渡り線がない。そのため上り列車が転線して特急などを待避することはできない。また、下1線は下り貨物列車が待避できるように苫小牧寄りはホームがなくなっても長く延びている。

幌別駅を過ぎても、まだほぼ直線で進む。山が迫ってくるので、避けるように右にカーブする。相対式ホームの富浦駅を過ぎて左にカーブする。蘭法華岬《らんぼっけみさき》の付け根を322mの蘭法華トンネルで抜け、しばらくすると登別《のぼりべつ》駅となる。

1番線の下り本線に面して片面ホームがあり、続いて中線の2番、島式ホームの内側が3番の上り本線、外側が4番の上1線、そして5、6番の貨物着発線(上2、上3)がある。乗り場案内番号のうち2番線が線路番号3番、3番線が線路番号4番と、線路番号と乗り場案内番号は異なっている。

線路番号4番は室蘭と沼ノ端の両方向に出発できるが、5、6番は貨物列車用に線路を長くしたために上り線から下り本線に転線できず室蘭方向だけに出発が可能である。

すぐに960mの伏古別《ふしこべつ》トンネルに入り、抜けてS

室蘭本線（東室蘭—沼ノ端）

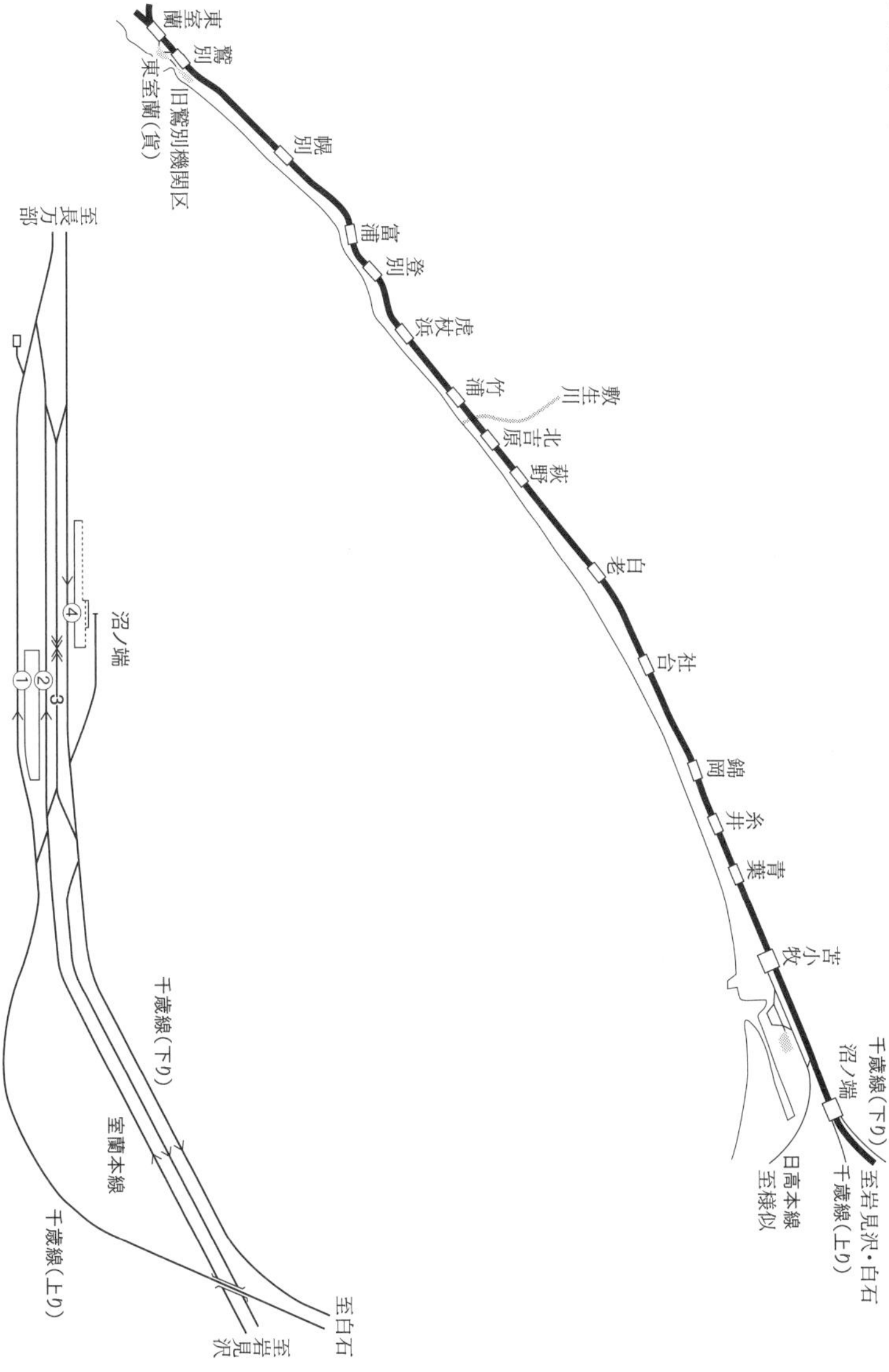

東室蘭
鷲別
東室蘭（貨）
旧鷲別機関区
幌別
富浦
登別
虎杖浜
竹浦
敷生川
北吉原
萩野
白老
社台
錦岡
糸井
青葉
苫小牧
沼ノ端
千歳線（下り）
至岩見沢・白石
千歳線（上り）
日高本線
至様似
至長万部
沼ノ端
4
3
2
1
千歳線（下り）
室蘭本線
千歳線（上り）
至白石
至岩見沢

字カーブを過ぎると虎杖浜《こじょうはま》駅がある。相対式ホームだが、斜向いになっている。虎杖浜駅から先もほぼ直線で進む。

次の竹浦駅は片面ホームが上り線に面していて苫小牧寄りにあり、島式ホームが室蘭寄りにあって斜向かいのJR形配線になっている。島式ホームの内側が下り本線、外側が下1線で上下本線のあいだには中線があったが撤去されている。

この先で107mで単線並列の敷生川《しきふがわ》橋梁を渡り、しばらくすると相対式ホームの北吉原《きたよしはら》駅がある。今は無人駅だが、屋根なしの通路がある橋上駅舎になっている。北吉原駅の山側に日本製紙の工場がある。その工場には専用線があり、室蘭本線と並行して萩野《はぎの》駅まで延びていた。現在も線路は残っているが、萩野駅の左側の貨物ヤードの線路は半ば雑草や木々に埋もれてしまっている。

その萩野駅は上下本線に囲まれて島式ホームがあり、山側に片面ホームに面した下1線がある。前後に上下渡り線があり、下1線の3番線は両方向に出発が可能である。下り普通が特急を待避し、また、別の下り普通が同駅で折り返しているだけでなく、上り普通の折り返しも3番線で行なっている。

ほぼ直線でさらに進んで白老《しらおい》駅となる。上り本線が片面ホームに面した1番線、そして中線の2番、島式ホームの内側に下り本線の3番、外側に下1線の4番がある。中線は室蘭方向、下1線は沼ノ端方向にしか出発できない。旅客案内番線は下り本線が2番線、下1線が3番線で線路番号と合わせていない。

白老駅を出てしばらくすると半径1600mの右カーブがあるが、この先は駅の構内でのカーブは別として沼ノ端駅まで28・7キロもの直線が続く。次の社台駅は島式ホーム、錦岡《にしきおか》駅は中線がある相対式ホームで、中線は上下貨物列車の待避用なので長い。そして相対式ホームの糸井駅、青葉駅があって苫小牧駅となる。苫小牧駅からの糸井駅折返が上り3本、下り2本あるが、糸井駅では折り返しができないために錦岡駅まで回送されて同駅の中線で折り返している。

苫小牧駅は札幌都市圏を走る電車の終端駅であり、追分経由の岩見沢方面の列車の始発駅であり、さらに日高本線と接続し、苫小牧運転所もあるために規模が

苫小牧駅を発車する785系使用の特急「すずらん」

大きい。側線を含めて1〜10番の10線の線路が並び、山側には2線の通路線と引上線がある。1、2番は側線で海側にある王子製紙専用線に接続している。5番は上下貨物着発用中線、8番は下り貨物着発線、9、10番は駅留置線である。

本線になっている2〜8番のうち6番だけが沼ノ端方面にしか発車できない。他はすべて室蘭、沼ノ端の両方面へ発車が可能である。

旅客案内番線は海側から1〜4番線となっていて、線路番号とは異なる。旅客案内番線で1、2番線は札幌方面からの電車の折り返し用と室蘭方面からの普通列車の発着用である。さらに日高本線の普通列車は1番線、室蘭、函館方面の特急は2番線での発着になる。3、4番線は岩見沢方面と札幌方面の電車の折り返し用で、3番線では札幌行特急も発着し、4番線からは室蘭方面の普通も発着する。

苫小牧を出ると室蘭本線の上下線と単線の日高本線の3線が並行して進む。国道36号室蘭街道をくぐると室蘭本線に正方向の上下渡り線、つづいて室蘭本線上り線から日高本線への渡り線、そして苫小牧貨物駅の

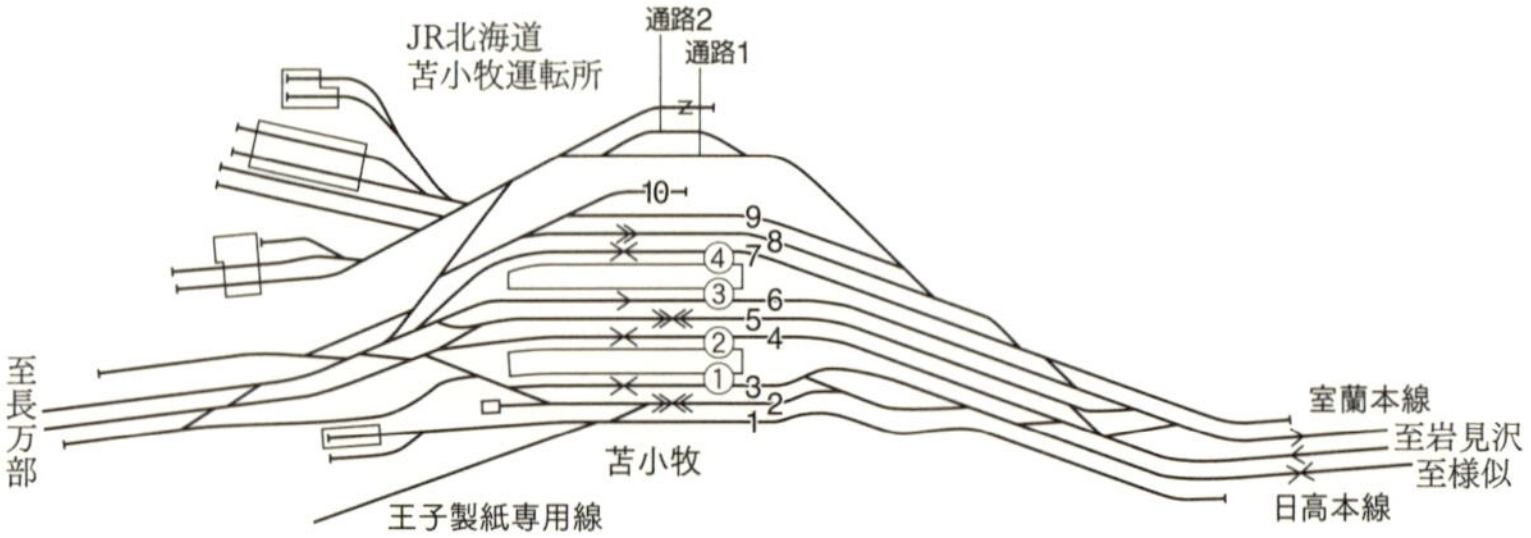

長い荷役線が分岐する。

荷役線の海側には第1コンテナホームがある。その先で着発線が分かれる。着発線は4線、その隣に第2コンテナホーム、そして3線の仕訳線がある。第2コンテナホームに面した着発4番線は荷役線も兼ねている。着発線は沼ノ端寄りで日高本線と室蘭本線につながっている。

第1コンテナホームに面した荷役線は仕訳線にもつながっている。第2コンテナホームがなくなると短い仕訳線が4線と突込線が2線あり、これらは収束して引上線となるが、この引上線は通路線を兼ねていて3線のオイル積載線につながっている。このオイル積載線は札幌貨物駅のオイルターミナルとともに現在、休止中である。

その先で日高本線が右にカーブして分かれ、しばらくすると沼ノ端駅となる。沼ノ端駅は下り線が片面ホームに面しており、反対側に島式ホームがある。島式ホームの外側が上り千歳線の発着線で1番線、内側が上り室蘭本線の2番線となっている。2番線では上り千歳線電車も発車することができるが、現在は使っていない。次に貨物着発線の中線の3番線、そして片面ホームに面した4番線は下り室蘭本線・千歳線の発着線になっている。中線では上下両方向に発車できる。

●沼ノ端―岩見沢間　沼ノ端駅を出ると千歳線の下り線とともに緩く左にカーブする。その先は沼沢地を早来《はやきた》駅の先まで直線で進む。電化している千歳線の下り線と非電化の室蘭本線の上下線の3線が並行しながら左に曲がって北上する。上り千歳線は東側に300mほど離れて北上している。

千歳線の下り線が少し離れて、3線とも勇払川《ゆうふつがわ》橋梁を渡る。室蘭本線は312mの複線橋梁、千歳線の下り線は306mの単線橋梁になっている。勇払川を渡ると再び3線が並んで進む。しばらくして千歳線の下り線は左にカーブして室蘭本線と分かれる。その先で離れて並行していた千歳線の上り線が頭上を斜めに越えていく。

次の相対式ホームの遠《と》浅《あさ》駅も単線時代は直線上にあったが、複線化のとき駅の岩見沢寄りでは上り線を線増線、沼ノ端寄りでは下り線を線増線にしたので、岩見沢寄りで線路が振っている。

室蘭本線（沼ノ端—岩見沢）

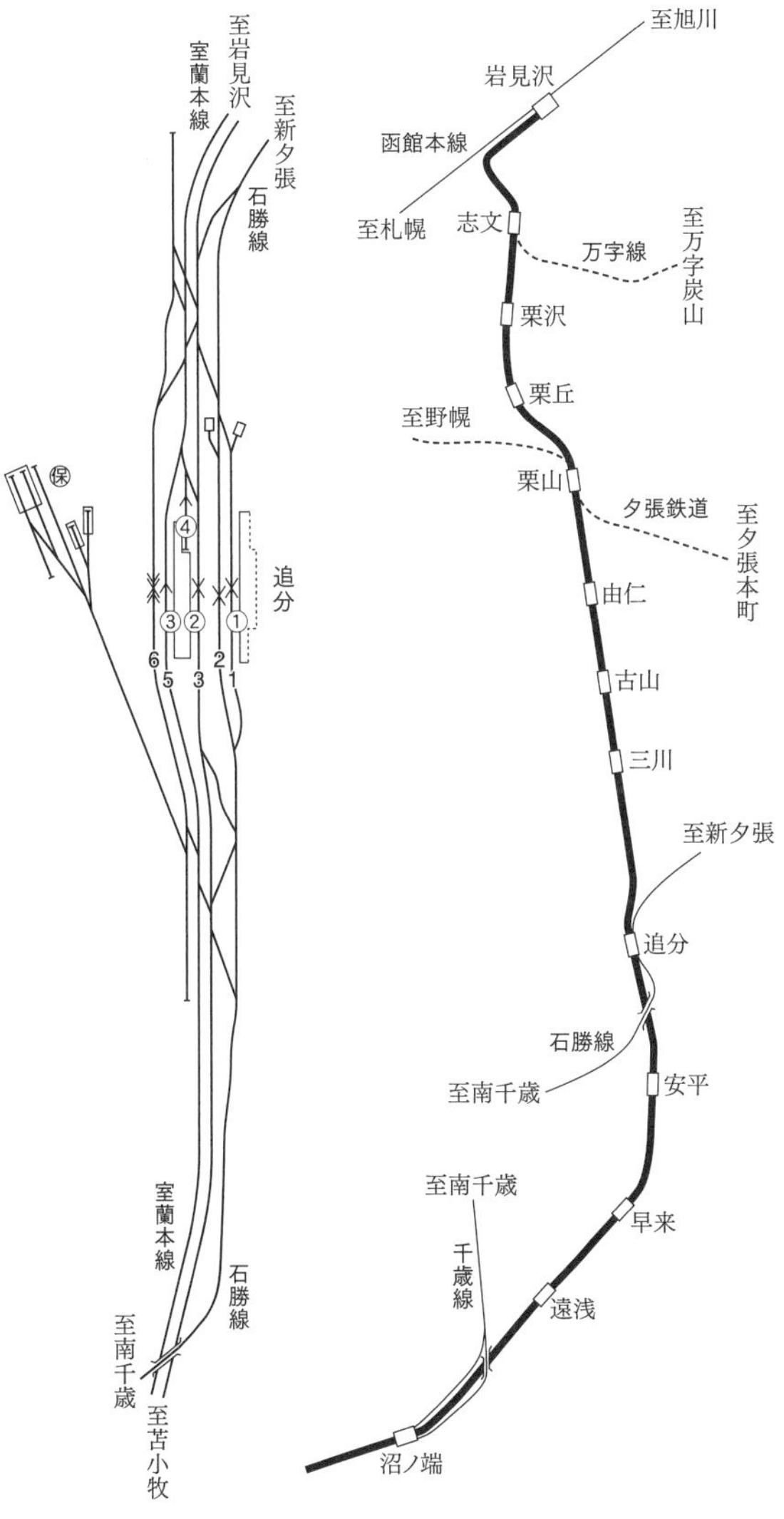

遠浅―早来間を走る岩見沢行。複線非電化路線は珍しい

岩見沢寄りから見た追分駅

岩見沢駅に進入する苫小牧行。車両は日高線色のキハ40形

早来駅の手前でも線路は振っている。相対式ホームの早来駅構内では下り線の2番線から沼ノ端に向かって直線を引くと上り線につながるために振るしかなかったのである。その早来駅には長い中線があった。

早来駅の先で半径890mで左にカーブし、安平《あびら》駅の先まで再び直線で進む。安平駅は斜向かいの相対式ホームで、やはり線路は右に振っている。かつては長い中線があった。

安平駅の先で半径804mで左にカーブしてから再び直線になる。左手から石勝線が斜めに頭上を越えて合流し、複線の室蘭本線と単線の石勝線の3線が並行して北上する。

そして追分駅に滑りこむ。追分駅は夕張炭田と空知炭田からの運炭列車が集まる駅だったので、広い敷地に多数の仕訳線が並んでいた。しかし、保守基地にあった仕訳線はすべて撤去されている。片面ホームに面して1番線、その隣に特急や貨物列車の通過線の2番がある。その隣に中線の3番があったが撤去され、島式ホームの内側に4番（旅客案内番号は2番線）、外側に5番（同3番線）、そして貨物着発線の6番がある。また島式ホームの岩見沢寄りに切欠きホームの4番線（旅客案内番号）がある。

線路番号5番は岩見沢・新得《しんとく》方面にしか発車できないが、他の線路はすべて両方向に発車できる。石勝線とともに右にカーブするが、室蘭本線は途中から直線になって石勝線と分かれる。左にカーブしながら道東自動車道をくぐり、ほぼまっすぐに進む。途中に半径2000mと5000mの右カーブが少しの区間であるだけである。

次の三川駅は下り線が島式ホームの外側で追分寄りにあり、上り線の片面ホームが岩見沢寄りにある斜向かいのJR形配線だったが、中線は撤去されている。

三川駅から単線になるが、まだ直線で進む。次の古《ふる》山《さん》駅は相対式ホームで、その先もずっと直線である。相対式ホームの由仁駅から再び複線になる。由仁駅には中線や貨物ヤードがあったが、横取線に流用した線路以外は撤去されている。

次の栗山駅も相対式ホームで、上下本線とは接続していないが、中線が残っている。同駅で夕張鉄道（野《の》幌《ぽろ》―夕張本町）が接続していたが、同鉄道は昭和50年

（1975）に廃止された。

この先もかつては複線で途中から上下線が離れる、たすき掛け線増区間があり、下り線は栗山トンネル、上り線は新栗山トンネルを抜けていた。しかし、平成2年（1990）に下り線の栗山トンネルが崩壊してしまった。このころには石炭輸送もなく、運転本数は極端に少なくなっているので、新しくトンネルを掘削することはせずに下り線を放棄して栗山—栗丘間を単線化した。

次の栗丘駅は右カーブ上にある片面ホームの駅だが、かつての下り線と下りホームは残っている。片面ホームの栗沢駅を過ぎて直線で北上する。次の志文駅は万字線の分岐駅でJR形配線だったが、島式ホームの内側の中線を下り本線にして外側の線路は撤去した。

かつては志文駅を出ると複線になって上下線で岩見沢操車場を抱き込んでいた。その上り線は通称岩北線《がんぽく》と呼ばれていたが、岩見沢操車場が廃止になって岩北線も撤去された。現在は旧下り線を使って単線になっている。そして右にカーブし、函館本線と合流して岩見沢駅に滑りこむ。

【車両】 使用車両のうち千歳線直通の特急電車と普通電車については千歳線の項で紹介する。

特急「スーパー北斗」用はキハ261系とキハ281系を使用する。キハ261系は空気バネの伸び縮みを利用して車体を傾斜させ、カーブ通過時の基本の速度よりも15〜25キロ高く走ることができる車体傾斜車両である。

振り子式車体傾斜車両の281系があるが、振り子式車体傾斜装置のメンテナンスに手間がかかり、製造コストも高いために、増発用は空気バネ式車体傾斜制御システムを採用した。

車体傾斜角度は振り子式が6度なのに対して空気バネ式は2度と小さいためにカーブ通過速度は振り子式よりも低い。

といっても6度傾けても、それに比例してカーブ通過速度を高めるわけにはいかない。振り子式車両の車体重心は構造上カーブの外側に移動するため、より脱線しやすくなるからである。

空気バネ式では車体の重心がカーブの内側に移動す

るので、かえって脱線しにくくなる。乗り心地は振り子式のほうがいいとしても脱線の危険性が低いのは空気バネ式である。出力４６０ＰＳのエンジンを１両あたり２基装備し、最高速度は１３０キロだが、現在は１２０キロにダウンしている。

　北海道新幹線の開業で「スーパー北斗」が３往復増発されたために、キハ２６１系を24両、さらに平成29年に12両を増備した。２６１系を使用する「スーパー北斗」は下りが、９、11、19、23号、上りが４、６、18、26号である。基本編成は８両で函館寄り１号車がグリーン車になっている。運用本数は３本で１本は予備である。多客期には予備編成をバラして２両の中間車を基本編成に増結し、10両編成になる。２６１系は札幌運転所所属で札幌―帯広間の「スーパーとかち」と共通使用している。

　振り子式車体傾斜車両の２８１系の基本編成は７両編成で３号車がグリーン車となっている。先頭車は８両、中間普通車は15両、グリーン車は４両が函館運輸所に所属して「スーパー北斗」のみに使用されている。多客期には中間普通車を１両増結して８両編成になる。

「北斗」は１８３系を使用、先頭車は国鉄時代に登場した正面貫通式で揃えており、出力５５０ＰＳのエンジンに換装し、ブレーキも１３０キロ運転に対応したものに改造している。しかし、現在は１２０キロしか出さない。

　基本編成は６、７両編成で、３号車は通常より床が高くなっているハイデッカーのグリーン車である。全車両が函館運輸所の所属である。

　車体の傾斜はしないので「スーパー北斗」よりも遅いが、グリーン車からの眺めはいいし、先頭普通車では前面眺望が楽しめる。とはいえ一番新しい車両でも造られてから25年も経っている。古い車両のなかには塗装がはがれて錆が浮き出ているものもある。今後は２６１系などに置き換えられるものと思われるが、そのときには眺望のいい車両にしてほしいものである。

　東室蘭―札幌間の特急「すずらん」には「スーパーカムイ」用だった７８９系・７８５系電車と国鉄設計の７８５系電車が使用されている。

　普通にはキハ40形と１５０形、それに１４３形が使用される。キハ143形は50系客車に250PSのエンジンを搭載し、車両の片側に運転台を設置して気動車に改造した車両である。

札幌近郊の札沼《さっしょう》線では沿線のベッドタウン化で混雑が激しく増結が必要になった。そのために不要となりつつあった客車を気動車に改造すれば経済的ということで登場した車両である。しかもエンジンは廃車になったキハ56系のものを流用している。

札沼線が電化されたのちに苫小牧運転所に転入した。

【ダイヤ】 函館―札幌間の特急「スーパー北斗」が9往復、「北斗」が3往復走る。多客期には2往復の不定期「北斗」が走る。長万部―苫小牧間での停車駅は洞爺、伊達紋別、東室蘭、登別である。

東室蘭―札幌間の「すずらん」は6往復走る。うち5往復は室蘭―東室蘭間で各駅停車の普通として延長運転される。

東室蘭―札幌間の停車駅は鷲別、幌別、登別、白老、苫小牧、沼ノ端、南千歳、千歳、新札幌と多い。国鉄時代の最盛期のころだと、この停車駅の多さでは

白老駅付近を走る281系使用の特急「スーパー北斗」札幌行

急行と言ってもいい。

室蘭―沼ノ端間は電化されているが、特急「すずらん」が室蘭―東室蘭間で普通列車になるのと千歳線直通以外の普通列車のすべてが気動車を使用している。

長万部―東室蘭間は本数が非常に少ない。特に長万部―豊浦間は9～14時台前半には上下とも1本も運転されていない。運転されるのは高校生が通学するとき、あるいは帰宅するときだけと言ってもいいくらいである。

東室蘭発16時17分の長万部行普通はキハ150形の2両編成だが、高校生が各駅に下車して乗客の少なくなった豊浦駅で1両を切り離し、同駅からは単行で長万部駅まで走る。切り離された1両は豊浦発17時28分の室蘭行で東室蘭駅でスイッチバックして終点に向かう。

室蘭―東室蘭間では運転本数が比較的多い。といっても日中は1時間に1、2本程度である。この区間は室蘭市内であり、通勤客も多いため朝ラッシュ時には20～30分毎、夕ラッシュ時には30～40分毎に運転されている。特急「すずらん」が同区間内で普通として走る。

夕夜間に豊浦発室蘭行と長万部から東室蘭に向かい、同駅でスイッチバックして室蘭に向かう普通、その反対の室蘭発長万部行の普通がある。

東室蘭発5時49分の室蘭行はキハ150形2両と東室蘭寄りにキハ40形1両を連結する3両編成だが、キハ40形は回送扱いで乗ることができない。室蘭駅に到着すると今度は同駅終端寄りのキハ150形1両を閉め切って、次のキハ150形とキハ40形の2両が客扱いをして東室蘭駅を通り越して苫小牧駅まで行くが、閉め切っていたキハ150形は登別駅から乗れるようになる。

東室蘭―苫小牧間では、朝の上りは20分または40分程度の間隔で走るが、下りは40分間隔程度である。日中に東室蘭―苫小牧間を走る普通は2時間前後の間隔だが、東室蘭―登別間の区間運転が朝ラッシュ時も含めて4往復、糸井―苫小牧間の区間運転が2往復ある。これらも主として高校生の通学、帰宅時間に合わせて走らせている。

苫小牧以北の札幌方面普通電車については千歳線の

項で述べる。岩見沢方面はキハ40形の単行または2両編成である。非常に過疎運転で、日中の11、12時台は1本も走らない。朝に苫小牧—追分間の区間運転が1往復、午後の下りに1本運転されている。

【将来】

輸送密度が500人になっている沼ノ端—岩見沢間はJR北海道単独では維持できない区間として地元自治体等と協議し、維持に向けて運営方式などを見直すこととしている。

検討項目は複線区間の単線化で、保線経費の節減、運賃値上げ、地元の協力による利用促進、そして最後にインフラを第3セクター鉄道が所有して維持し、運行はJR北海道が行う上下分離方式とすることを模索する。

上下分離方式は有効な手段ではあるが、これは地元の負担が大きい。

とはいえ沼ノ端—追分間は別の活路が見出せる。それは北海道新幹線の札幌延長開業時に長万部駅から沼ノ端駅、追分駅を経て石勝線に入って釧路までの新幹線連絡特急の運転である。

ただし、北海道新幹線の最高速度が260㌔のままでは、首都圏から乗り継いでいくには時間がかかりすぎてしまう。新幹線でせめて現行で実現している320㌔運転、将来的には360㌔運転をしないと、このような新幹線連絡特急の実用としての運転は無意味である。

しかし、観光目的であれば、少しくらい遅くてもかまわない。この場合、ドームカーなどの眺望がいい車両を造って走らせるのがいい。

JR北海道だけでは予算的に無理であるならば、大手ツアー会社が車両を制作して運行させる。つまり、上下分離の上の部分についてはJR北海道だけでなく、客集めに長けた大手ツアー会社などでも運行するのである。

また、長万部—苫小牧間は北海道新幹線が開通すると、長万部で接続して苫小牧までの主要駅が利用しやすくなる。「スーパー北斗」の運転区間が長万部—札幌間に縮小するために現気動車特急の車両数で増発は可能になるが、新幹線が開通する頃には最新のキハ261系であっても経年劣化して置き換えが必要になろう。ここは思い切って電化して電車特急を走らせることである。

しかも、北海道新幹線の基本計画区間である札幌―旭川間について述べたのと同様に狭軌新幹線に改造すればいい。

何度も言うが、基本的に交差している道路のほうを跨線橋にするなり地下化するなりして立体交差をし、各駅も高速で通過できるように改造する。そして最高速度２００キロの狭軌新幹線を走らせるのである。通常の新幹線と異なるのは貨物列車や普通電車も同じ線路で走らせられることである。

札幌―旭川間と異なるのは普通列車の本数が少ないので、狭軌新幹線電車の走行の邪魔にあまりならないこと、白老―沼ノ端間が駅部を除いて完全な直線で、他の区間でも直線が多いことである。

駅部さえ２００キロで通過できるように直線にすればずっと２００キロ走行はできる。さらに交差する道路もさほど多くはないので、踏切の除去も札幌―旭川間よりもやりやすい。

狭軌新幹線化する区間は長万部―静狩間（両駅付近は除く）約10キロ、伊達紋別―崎守間約12キロ、東室蘭―苫小牧間約57キロとし、他の区間でも立体化するとともに線路内に人が立ち入れないようにして最高１６０キロ運転をすると、長万部―苫小牧間の所要時間は50分程度に短縮する。現在が１時間22分だから30分以上の短縮である。

これだけ短縮して東北・北海道新幹線が３６０キロ運転をすれば東京―苫小牧間は４時間30分程度で結ばれる。また狭軌気動車であっても２００キロ走行は可能だから、沼ノ端、追分経由で釧路までの狭軌新幹線気動車を走らせてもいいし、石勝線と根室本線の新得―釧路間を電化してもいい。

少子化で通学生の利用が減り、高速道路の整備でビジネス客が減っている現状をただ手をこまねいて見ているだけでは、やがて室蘭本線全線が廃止になってしまう。

ＪＲ北海道は年々赤字が膨らんできており、新しい投資はまずできないということだろうが、室蘭本線の長万部―苫小牧間を狭軌新幹線化することについては、国も後押しをするべきである。

JR日高本線

DMVによって運行を再開せよ

POINT! 鵡川《むかわ》—東静内間では海岸沿いに線路があり、波浪被害によって数か所で軌道が破壊された。現在は苫小牧《とまこまい》—鵡川間のみの運行で鵡川以遠はバス代行になっている。JR北海道は廃止する方針だが、地元は了承していない。日高本線こそ鉄道と道路の両方を走ることができるDMV（デュアル・モード・ビークル）によって運行を再開すればいい。DMVなら襟裳岬《えりもみさき》まで運転できる。

【概要】 日高本線は苫小牧—様似《さまに》間146・5キロの単線非電化路線だが、海岸に沿った線路で路盤が波にさらわれて流出し、平成27年（2015）2月から大半の区間である鵡川—様似間116・0キロが運休し、苫小牧—鵡川間30・5キロだけしか運転されていない。運休区間では代行バスが運行されている。

復旧するにしても多大な費用がかかるだけでなく、その後も各所で路盤の土砂流出が起こり、JR北海道としては復旧を断念して運転区間も含めて全線の廃止を考えている。

全区間での輸送密度は298人しかない。国も多額な復旧費を補助してまで復旧することはできないとしている。しかし、安価な費用での復旧はできなくはない。それはJR北海道が開発したDMVの投入である。それによって復旧できるのに、DMVの導入による復旧については、不思議なことにJR北海道はだんまりを決めこんでいる。

日高本線と本線になっている。しかし、所属線は現在はない。沼ノ端—富内《とみうち》間の富内線を昭和18年

（1943）に鵡川─富内間に変更して、日高線の部を新設し、日高線に編入した。そして日高線は日高本線になった。富内線は日高町まで延伸したが昭和61年に廃止し、本線の日高本線のみが残った。

平成26年度の日高本線の輸送密度は298人しかなかった。現在、運転している苫小牧─鵡川間の平成27年度の輸送密度は589人である。

バス代行を含む営業収支率は1242％、営業収益は8200万円、1日1キロあたり1500円、営業費は10億2300万円、1日1キロあたりで1万9100円となっている。代行バスの費用が高いこともあるが、公共交通機関として成り立つ数字ではない。

全線で運転されていた平成26年度の営業係数は1022％、営業収益は1億4300万円、1日1キロあたり2700円、営業費は14億6200万円、1日1キロあたり2万7300円で、やはり成り立っていなかった。公共交通として走らせるのではなく、観光目的のDMVを走らせ、運賃のほかに運賃の10倍程度の観光料金を設定して観光路線にするしか存続できない。

明治42年（1909）に鵡川から王子製紙苫小牧工場へパルプ用木材を運び入れるために苫小牧─鵡川間の馬車鉄道を三井物産が開通させた。軌間は762㎜である。44年には動力を馬から蒸気（機関車）に変更して専用鉄道になり、佐瑠太《さるふと》（現富川《とみかわ》）まで延伸した。

大正2年（1913）に苫小牧軽便鉄道が設立され、貨客の両方を輸送するようになった。大正13年には軌間762㎜の日高拓殖鉄道が佐瑠太─厚賀《あつが》間で開業し、15年に厚賀から静内《しずない》まで延伸した。

大正11年に（改正）鉄道敷設法が公布され、その別表140に「日高国高江付近ヨリ十勝国帯広ニ至ル鉄道」が予定線として取り上げられた。高江は静内とほぼ同じ位置で、ここから襟裳岬、広尾を経て帯広までの路線である。このためには苫小牧軽便鉄道と日高拓殖鉄道を買収する必要があった。両鉄道も運営に手間と費用がかかる鉄道を国鉄に売却して引き継いでもらうことは大歓迎である。

昭和2年（1927）に苫小牧軽便鉄道と日高拓殖鉄道は国に買収されて室蘭線の所属線としての日高線となり、4年に苫小牧―佐瑠太間、6年に佐瑠太―静内間を軌間1067㎜に改軌して室蘭本線との直通ができるようにした。

静内駅からは昭和8年に日高三石《みついし》駅まで、10年に浦河《うらかわ》駅まで、12年に様似駅まで開通させ、そして富内線を鵡川駅分岐にして日高線の部を新設、日高線はその本線となった。

昭和29年にクラッチによる手動変速式である機械式気動車を導入、その後、トルクコンバータによる自動変速式の気動車が投入され、34年には札幌―様似間に臨時準急「えりも」が走るようになった。「えりも」は定期化され、その後、急行に昇格したが、昭和61年に廃止した。このとき富内線も廃止され、全線が特殊自動閉塞となり、通票の交換はしなくなった。

ＪＲ北海道になってから、前述のＤＭＶの試験を日高本線で行なったりした。そして平成27年1月8日に厚賀―大狩部《おおかりべ》間で高波によって一部の路盤が流出し、鵡川―様似間が不通となった。1月27日には流出区間を簡易修復して回送列車が走れるようにして静内―様似間の運転を再開したが、2月28日には波による浸食が進んで回送列車も走れなくなり、再び鵡川―様似間が運休となった。

9月には台風によって豊郷《とよさと》―清畠《きよはた》間でも路盤が流出し、平成28年7月に豪雨による土砂崩れで本桐《ほんきり》―荻伏《おぎふし》間、8月に清畠―厚賀間の路盤も流出してしまった。

前述したようにＤＭＶによって不通区間を道路走行して運転を再開すればいいが、ＪＲ北海道はその気がまったくない。というよりもＪＲ北海道はＤＭＶの開発は予算の無駄だということで、完全に断念してしまった。実に残念である。ただし、開発した技術は必要とする鉄道があれば付与することはやぶさかでないとしている。

【沿線風景】●苫小牧―鵡川間　苫小牧駅を出ても、ずっと室蘭本線と並行する。苫小牧貨物駅を過ぎてもまだ並行し、明野川《あけのがわ》橋梁を渡った先で半径８００ｍで右にカーブしてから直線で進む。左手は住宅街、右手は工場街である。

さらに右にカーブして南東に進むようになると勇払《ゆうふつ》駅がある。苫小牧寄りに横取線があり、元は島式ホームの行き違い駅で、山陽国策パルプの工場への専用線が分岐していたが、専用線は廃止され、上り線は撤去されて棒線駅になっている。

左手には勇払中学校が隣接しているが、直接、駅に通じている道はない。駅舎は線路から離れて左手の様似寄りにポツンと置かれている。もちろん無人駅だが、待合室に入ることはできる。

右手に市街地、左手に日本ヒューム管の工場を見ながら左にカーブする。海岸線に並行しながら80ｍの勇払川橋梁を渡ると原野のなかを走るようになる。ところどころに湿地帯がある。海岸線が並行し、ほとんど直線で進む。

しばらくして右手に工場や火力発電所が見え、その先で右にカーブして２５５ｍの厚真川《あつまがわ》橋梁を渡ってから左にカーブして少し進むと片面ホームの浜厚真駅がある。かつては相対式ホームで貨物側線もあったが、撤去されている。ホームには貨車の緩急車（車掌車）を流用した駅舎が置かれている。周囲に民家は見当たらない。

国道２３５号浦河国道が右手で並行するようになって片面ホームの浜田浦駅となる。原野にポツンと片面ホームがある。物置と見誤るような待合室が南側の国道寄りに離れて置かれている。

そして市街地に入って鵡川駅となる。相対式ホームで駅舎は南側にあって上り線が１番線となっている。

日高本線

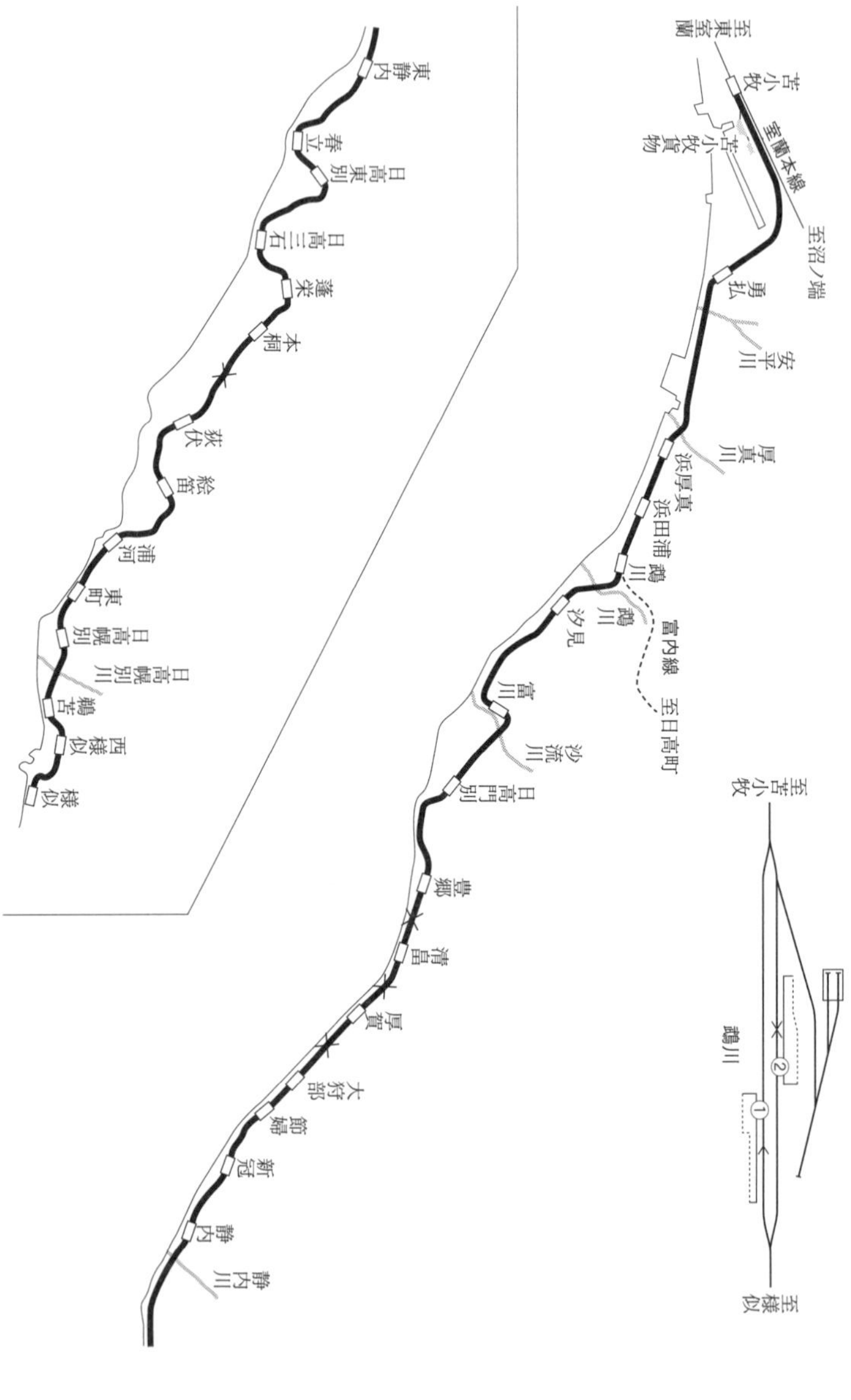
至東室蘭
苫小牧
苫小牧貨物
室蘭本線
至沼ノ端
勇払
安平川
厚真川
浜厚真
浜田浦
鵡川
鵡川
汐見
富内線
至日高町
富川
沙流川
日高門別
豊郷
清畠
厚賀
大狩部
節婦
新冠
静内
静内川
東静内
春立
日高東別
日高三石
蓬栄
本桐
荻伏
絵笛
浦河
東町
日高幌別
日高幌別川
鵜苫
西様似
様似
至苫小牧
鵡川
①
②
至様似

浜厚真駅を出発した苫小牧行

下り線の2番線では苫小牧方向への折り返しが可能なので、現在は2番線で折り返しをしている。1番線はレールが錆びついている。前後のポイントは左側通行のスプリング式になっている。相対式ホームだが、下りホームが苫小牧寄りにあって斜向かいに配置され、1番ホームの苫小牧寄り端部にある構内踏切で線路を渡って2番ホームに出入りする。

2番ホームの反対側に富内線の発着線である3番線があったが、撤去されている。その向こうに保守基地と保守車庫が置かれている。

●鵡川―静内間　鵡川から先は運休のため代行バスが走る。路盤流出区間は豊郷―大狩部間と本桐―荻伏間であり、その他の区間では線路も駅もそのまま残っている。

鵡川駅を出ると半径400mで右にカーブし、鵡川の流れに沿って浜のほうへ向かう。鵡川が蛇行しているので、同川を478mの鵡川橋梁で斜めに渡ってから左にカーブし、海岸線と並行すると片面ホームの汐《しお》見《み》駅がある。

海岸線に沿ってはいても線路はまだ海岸線から離れ

ており、そのあいだに汐見の集落がある。この先で湿地を通り、徐々に海岸線に近寄る。海岸に近い線路の標高は3mほどしかない。その先で大きく左にカーブして沙流川《さるがわ》の右岸沿いに内陸に入り、片面ホームの富川駅となる。

苫小牧軽便鉄道の時代は佐瑠太という駅名の終点駅だった。日高本線となってからは相対式ホームの行き違い駅で貨物ヤードもあったが、旧上り線を残して棒線化された。

右に大きくカーブして495mの沙流川橋梁を渡り、さらに右にカーブして南下し、海岸線に近寄ると左にカーブして東向きに進むようになる。市街地に入ると島式ホームの日高門別駅がある。

日高門別駅はスプリングポイントになっている。信号設備は左側通行ができるようになっているので、折り返しは不可能である。日高町は同駅で折り返すことで開通区間を拡大してほしいとJR北海道に要請したが、同駅で折り返しができるように信号回路を変更するには1億円程度の費用がかかるとの回答で、結局、中止になった。

しかし、なかば手動で行うスタフ閉塞にすれば日高門別駅、さらには豊郷駅まで運転は可能である。ただし特殊自動閉塞を苫小牧—鵡川間で使用するのであれば、やはり信号回路の変更が必要である。

苫小牧—鵡川間の朝の上りは続行運転をしている。このため同区間をスタフ閉塞にするわけにはいかない。そこでできることは苫小牧—日高門別間の運転は諦め、苫小牧—鵡川間と鵡川—日高門別間の2列車にし、鵡川の1番線の信号回路を一時休止にして、1番線で折り返すスタフ閉塞による鵡川—日高門別間の運転を行えばいい。この場合、通票が必要になるが、通票の新規作成はそれほど費用がかからないし、どこかで保存しているものを探し出して使えばいい。

日高門別駅の先で右カーブして94mの門別川橋梁を渡り、左カーブして海岸線に近寄る。徐々に波打ち際を走るようになるが、やや左にカーブして離れ、50mの波恵川《はえがわ》橋梁を渡って片面ホームの豊郷駅となる。

この先でも国道がすぐそばで並行しているのでDMVを投入するとするならモードチェンジする設備を置くのは簡単にできる。

再び線路が波打ち際まで近寄って進む。途中テトラポッドなどを置いて被害を防いでいる個所もあるが、それでも路盤が流されてしまった。この先の84ｍの慶《け》能《の》舞川《まいがわ》橋梁は河口にある。すぐに片面ホームの清畠駅になる。やや海岸線の防波堤から離れていて、駅からは波打ち際は見えない。

その先で、また波打ち際を走るようになるが、この先の賀張川《かばりがわ》橋梁も河口にあって何度も浪害にあった。このため山側を10‰の勾配で登って、賀張川橋梁を移設した。旧橋梁は今でも残っている。

この先はやや内陸を走って片面ホームの厚賀駅となる。厚賀駅の先もやや内陸を進むが、大きく左にカーブして海岸に出て、河口に架けられた２９７ｍの厚別川橋梁を渡り、断崖の下を標高５ｍ以上で波を避けながら進む。最小曲線半径２００ｍで海岸線に沿って右に左にカーブしながら進む。景色は最高だが、この付近で浪害によって路盤が流出したのである。

並行する浦河国道は断崖の上を通って浪害を避けている。その浦河国道が降りてきて日高本線に近づいたところに片面ホームの大狩部駅がある。この先は国道とともに海岸線に沿って進み、片面ホームの節婦《せっぷ》駅となる。今は片面ホームだが、元は島式ホームの行き違い駅だった。

この先で国道から離れ、単独で海岸線に沿って走る。半官館川《はんかんだてがわ》トンネルを抜け、74ｍの新冠古川《にいかっぷふるかわ》橋梁、続いて２３２ｍの新冠川橋梁を渡って市街地に入ると片面ホームの新冠駅となる。

新冠駅を過ぎると、また海岸線に沿い、その先でやや内陸を走って市街地に入ると相対式ホームの静内駅である。かつてはＪＲ形配線に加えて苫小牧機関区静内支区があったが、島式ホームの外側の線路や機関区支区の線路は撤去されている。機関区支区跡には保守用側線などが置かれている。

●静内—様似間　静内駅からは国鉄が建設した区間になる。26ｍの静内古川《しずないふるかわ》橋梁を渡り、右にカーブして今度は３５５ｍの静内川橋梁を渡って再び海岸線に沿うようになる。その先で内陸に入って片面ホームの東静内駅がある。もとは島式ホームの行き違い駅だった。

波浪の被害にあった経験から、この先は内陸を進むようになる。アザミ川の谷に沿って進むが、隣の布辻《ぶし》

休止中の日高本線の蓬栄駅付近を走って点検している軌道自走車

休止中の浦河駅にも軌道自走車が置かれている

川《がわ》の谷に移るために最大25‰の勾配で上り、第1春立《はるたち》トンネルを抜けて一度25‰の勾配で下るが、再び上り勾配になって第2～第4春立トンネルを抜けてから25‰で下る。

そして海岸に近づいて片面ホームの春立駅となる。同駅も元は島式ホームだった。この先は左にカーブしてまた内陸を布辻川に沿って進むようになる。直線で進み、布辻川を第1、第2布辻川橋梁で渡り、右にカーブしたところに片面ホームの日高東別駅がある。日高東別駅を過ぎると、三たび布辻川を第3布辻川橋梁で渡り、右に大きくカーブして山を越え、三石の市街地に向かう。

25‰で上って三石トンネルがサミットになって、この先は下り勾配に転ずる。海岸近くに出て進むと日高三石駅となる。片面ホームだが、元は相対式ホームで、その上り線を使用している。

この先で172mの三石川橋梁を渡るが、海岸線に沿って進まず、三石川に沿ってまた内陸を走るようになる。片面ホームの蓬栄《ほうえい》駅を過ぎて15または20‰の上り勾配となり、途中から25‰の下り勾配に転じて山を越え、鳧舞川《けりまいがわ》の流域を進み、市街地に入ると本桐駅となる。島式ホームの行き違い駅でスプリングポイントによる左側通行になっている。また横取線がある。

この先はなだらかな地形を進むが、元浦川の流域に出るためにまた山を越える。大雨で路盤が3か所流出した。25‰の勾配で登り降りするが、サミットには和《わ》寒別《かんべつ》トンネルがある。集落に入って元島式ホームだった片面ホームの荻伏駅となる。

224mの元浦川橋梁を渡るが、海岸線には出ずに絵《え》笛川《ふえがわ》流域に向かうために山を登り降りする。途中に絵笛トンネルがある。40mの絵笛川橋梁を渡ると片面ホームの絵笛駅となる。絵笛駅を出ても海岸には向かわず、向別川《むこうべつがわ》流域に出るためにまた山を越える。サミットには向別トンネルがある。

73mの向別川橋梁を渡ると浦河駅である。浦河駅は元は相対式ホームで貨物側線もあったが、現在は駅本屋側の下りホームを使う棒線駅となっている。上りホームは残っている。また、貨物側線は保守用側線に転用されている。浦河駅は有人駅で、休止中の現在でも駅員が常駐している。跨線橋があり、上りホームを通じて南側の国道側から下りホームに行けるようになっている。

浦河駅の先で左にカーブして浦河トンネルをくぐる。その先の右にカーブしたところに片面ホームの東《ひがし》町《ちょう》駅がある。その先でようやく海岸線に沿って走るようになる。山が遠のいて平地になると片面ホームの日高幌別駅があり、その先で395mの日高幌別川橋梁を渡る。その先では山が迫ってくるものの、海岸線に沿わず山裾にへばりつきながら進んで片面ホームの鵜《う》苫《とま》駅となる。

鵜苫駅から山中に入って第1様似トンネルを抜け、海辺川《うみべがわ》を渡って元島式ホームだった片面ホームの西様似駅となる。この先も山間部を第2様似トンネルで抜ける。

右にカーブして市街地に入り、築堤で左にカーブすると様似駅がある。かつては日本電工の専用線があり、貨物ヤードと転車台もあったが、現在は片面ホームに面した本線路と側線が1本あるだけである。本線路と側線はホームを通り越しても100mほど奥まで延びている。

【車両】 苫小牧運転所に配置された白色に近いクリーム地に扉部分を除いて窓回りがブルーで窓下に赤色のラインが入ったキハ40形350番台の10両が日高線用として用意されている。正面の運転席側窓ガラスの下には特徴あるエンブレムとともに「優駿浪漫」の文字が書かれており、「優駿浪漫」号の愛称が付いている。

出力250PSから330PSのエンジンに換装されており、静内―様似間の勾配区間で落ち葉や毛虫による空転を防ぐためにレール面に散布する砂《すな》撒《ま》き装置が付いている。

現在、苫小牧―鵡川間だけの運転となっているために2両あれば足りるから、多くは室蘭本線などで使用されている。

【ダイヤ】 苫小牧―鵡川間に下り8本、上り9本が走る。上りが1本多いのは朝の通学時間帯に苫小牧に向かう通学生のために続行運転するからである。同区間は1閉塞なので、1列車が走っていると他の列車は走れない。そのため鵡川発6時25分の列車が苫小牧に到着後に、続行する鵡川発が発車する。先行列車の苫小牧到着時間は6時54分、続行列車の鵡川発は7時12分となっている。

苫小牧発5時47分の始発列車は浜田浦駅を通過する2両編成だが、1両しか乗ることはできず、もう1両は回送扱いである。鵡川駅で切り離して単行2本で続行運転をする。苫小牧発始発列車と鵡川発19時59分は浜田浦駅を通過し、鵡川発21時01分は浜田浦駅と浜厚真駅を通過する。

代行バスは鵡川―静内間と静内―様似間に分けて運行されている。鵡川―静内間は8往復（下りの始発は富川→静内間）、静内―様似間は下り7本と静内→浦河間1本、上り6本となっている。

鵡川―静内間は基本的に下りが1時間48分、上りが1時間44分、静内―様似間は下りが1時間52分、上りが1時間54分である。

運休前の列車による基本の所要時間は、鵡川―静内間が1時間2分、静内―様似間の下りが1時間24分、上りが1時間22分だった。これに比べて代行バスは遅くなってしまった。

【将来】　平成28年12月に鵡川―様似間の復旧をJR北海道は断念すると発表した。そして苫小牧―鵡川間も含めて全線廃止になる可能性が高い。

運転中の苫小牧―鵡川間にある勇払川橋梁は架け替えが必要であり、また、同区間は湿地帯を通っているので軌道保守に手間がかかっている。

このため、JR北海道は地元と協議のうえ全線をバス転換したいとしている。

スタフ閉塞での鵡川―豊郷間の運転や、土砂崩れ区間を復旧し車両を陸送しての新冠―様似間の運転は再開できなくはない。

代行バスよりも所要時間が短くなるものの、一部区間の復旧では利用客はさほど増えない。

そこでJR北海道が開発していたDMVを実用化して、現存区間は鉄道走行、不通区間は道路走行をする。さらに様似駅から襟裳岬まで道路走行で延長運転をすればいい。

DMVは軽いために軌道短絡（左右のレールに流れている電流を車両の車輪によってショートさせて位置を検知したりすること）がしにくく、信号や踏切の作動に不安がある。また乗車定員が少ないために、グループ客などが急に乗ろうとしても対応できなくなる。

こういった問題のあることが理由ではなく、JR北海道としては整備不良などによる一連の事故の対策に人と資金を投入する必要があった。そうしたことから、DMVの開発を平成27年に断念し、試作車も廃車にしてしまった。

線路走行にメリットがほとんどないという意見もあるが、路線バスとして道路走行をする場合、一般道での最高速度は60キロであり、交通信号に従うこともあって所要時間がかかる。また、街中では渋滞にも運行が影響される。しかし、線路走行は最高速度95キロで走れるし、重心が低いために急曲線でも75キロでの走行が可能である。また、線路走行は道路走行よりも燃費がいいし、車体が軽いから軌道を傷めにくい。

定員の少なさについては、DMVを観光列車としてとらえ、指定席列車で苫小牧―襟裳岬間を走らせれば

日高本線浦河駅の様似寄りで2005年に試験走行していたDMV

浦河駅の様似寄り踏切で道路走行モードに切り替えたDMV

様似駅で線路モードに切り替え中のDMV。右のキハ40形に
比べると車体の小ささがわかる

いい。また、通学時の混雑については連結運転をするとともに通学専用列車ということで一般客を乗せなければいい。信号や踏切の動作不安はそれまでの走行試験で払拭されており、さらに連結運転によって軌道短絡は100％行えている。単行運転をするというのなら、電子符号式にすればいい。

とにかくDMVによる復活が望ましい。しかも、通学用は運賃だけで通学生に限定して乗れるようにするが、観光用はDMV乗車料金として苫小牧—襟裳岬間で5000円程度の運賃・料金設定をすれば、赤字にならなくてすむと思われる。

もう一つの案としてはJR東日本が東日本大震災で甚大な被害をこうむった気仙沼線などに採用しているBRT（バス・ラピッド・トランジット）化である。BRTとは鉄道線路を舗装して通常のバスを走らせるものである。このため被害をこうむっていない区間は専用道路として走り、被害が甚大な区間では一般道路を走る。単線線路を専用道路化したために、バスのすれ違いはしにくい。そのためにすれ違いができるよう途中に道幅を広げている。

一応、行き違いなどのための信号機を設置しているが、運転士の目視にも頼るので、スピードが遅いのが欠点である。それまでの鉄道路線として行なっていた信号システムを導入して高速運転をする必要がある。日高本線でいえば各行き違い駅にある特殊自動閉塞の通信ケーブルを利用し、列車位置検知は軌道回路の短絡によってできないことから電子符号式に改める。さらに踏切についても同様にして、高速運転を可能にする。これによって鉄道線時代とほぼ同等の所要時間、あるいはそれ以上のスピードを出して所要時間を短縮することも可能である。

また、混雑時間帯では1列車とみなす続行運転によって緩和すればいいし、鉄道車両に比べて燃費は悪いが、メンテナンスは安価なことから、1列車とみなす続行運転とは別に、列車の増発、つまり頻繁運転をすればいい。

しかし、BRTはどうみても路線バスと変わりはなく、鉄道に乗るという楽しみは殺《そ》がれている。やはり線路走行ができるDMVがいいし、これに乗るために観光客がやって来るのは間違いのないことである。

JR札沼線

北海道医療大学以遠は廃止か

POINT! 桑園《そうえん》―北海道医療大学間では札幌都市圏として通勤通学輸送を行い、電化されている。このため管理費を除くと黒字である。北海道医療大学―新十津川《しんとつかわ》間の輸送密度は79人で、この数値では公共交通機関として成り立たず、バスに転換してもやっていけない。浦臼《うらうす》―新十津川間は1日1往復しか走っておらず、すでに廃止になったのと同然である。

【概要】 札沼線《さつしょう》は桑園―新十津川間76・5キロの路線で、函館線の部に所属している。桑園―北海道医療大学間が電化され、八軒《はちけん》―あいの里教育大間が複線になっている。なお、札沼線の「札」は札幌だが、「沼」は留萌《るもい》本線の石狩沼田駅である。もともとは新十津川駅から石狩沼田駅まで路線があったのである。札沼線には学園都市線という愛称がついている。

桑園―北海道医療大学間は札幌近郊区間としてフリークェント運転されているが、北海道医療大学―新十津川間は過疎ダイヤである。

特に浦臼―新十津川間は1日1往復しか走らず、北海道医療大学―浦臼間でも5往復、これに石狩当別―石狩月形間の区間運転が1往復と下り1本が加わるだけである。

このため北海道医療大学―新十津川間の営業収支率は1948%にもなっている。輸送密度は桑園―北海道医療大学間が1万人に対して北海道医療大学―新十津川間は79人と極端に少ない。1列車の平均乗車人数はわずか7人である。しかし、これは切符を買った乗客での統計であり、まもなく廃止ということで各地から乗車体験のため乗りに来る人はカウントされていない。多くの人は各種フリー切符や青春18きっぷを利用して乗っている。夏期の観光シーズンには満員になることさえある。また石狩月形駅近くに月形高校があり、北海道医療大学―石狩月形間での輸送密度は結構あると考えられる。

とは言え統計上では北海道医療大学―新十津川間の営業収益は7900万円、1日1キロあたりでは979円にしかならない。それに引き換え経費は3億2300万円、1日1キロあたり1万8591円にもなっている。

青春18きっぷは各線の統計上の利用者数によって按分される。だから、これを含めたとしても微々たるものだが、他のフリーきっぷも含めて実際の乗車人数をカウントして、これを収益として計上すれば、営業収支率は下がるはずである。もっとも、現実に乗っている人数をどのようにして統計上でカウントするのか、また、これらトクトクきっぷの売り上げの何パーセントを札沼線に引き当てるのかは、まずできない話ではある。

反面、桑園側は最混雑区間の八軒→桑園間でピーク1時間の輸送量が6133人、混雑率は札幌都市圏で一番の125%の混みようである。桑園側の全電車は札幌駅まで乗り入れ、朝の上り1本と夜の下り1本は札幌―新千歳空港間で快速「エアポート」になる。

大正11年（1922）の改正鉄道敷設法の別表136の「石狩国札幌ヨリ当別ヲ経テ沼田ニ至ル鉄道」として予定線に取り上げられた。沼田は留萌本線の石狩沼田駅のことである。札幌から北上して石狩川を渡り、石狩川の右岸に沿って石狩沼田までの路線で、札幌の札と石狩沼田の沼を取って札沼線と称されるようになった。

　北側の石狩沼田と南側の桑園の両方から着工した。昭和6年（1931）に中徳富《なかとっぷ》（現新十津川）—石狩沼田間が札沼北線として開通、9年に浦臼—中徳富間と札沼南線の桑園—石狩当別間が開通した。10年に石狩当別—浦臼間が開通して全通した。

　しかし、人口希薄地帯を走っているため、貨客とも利用は少なく、昭和18年に戦時の不要不急路線として石狩当別—石狩沼田間が休止された。

　戦後の昭和21年に石狩当別—浦臼間、28年に浦臼—雨竜間の運転を再開して中徳富駅を新十津川駅に改称し、31年に残る休止区間の運転を再開した。

　そして昭和43年に新十津川—石狩沼田間が赤字路線83線の一つに指定されて、47年に廃止された。

　昭和50年代後半のバブル景気に支えられて、札幌寄りは市街化して乗客が急増した。分割民営化後も輸送力が増強され、気動車の6両編成化、四つの新駅の開設がなされ、平成6年（1994）には函館本線の札幌—桑園間に札沼線列車用の単線線路が増設された。複線化は7年に太平《たいへい》—篠路《しのろ》間、9年に篠路—あいの里教育大間、12年に八軒—太平間で行われた。そして平成24年に桑園—北海道医療大学間が交流50Hz20kVで電化された。

【沿線風景】　桑園駅の北側の島式ホームが札沼線用になっている。桑園駅を出て単線になり、右にカーブして北上する。新琴似《しんことに》駅の先まで連続立体交差事業で高架化されている。次の八軒駅から複線になる。八軒駅は相対式ホームで新十津川寄りに2両分のホームが延伸できるようになっている。
　右にカーブして直線になると相対式ホームの新川《しんかわ》駅がある。その先で札樽自動車道を越えて相対式ホーム

札沼線（札幌—北海道医療大学）

＊北海道医療大学駅以遠は
P.51、P.52を参照

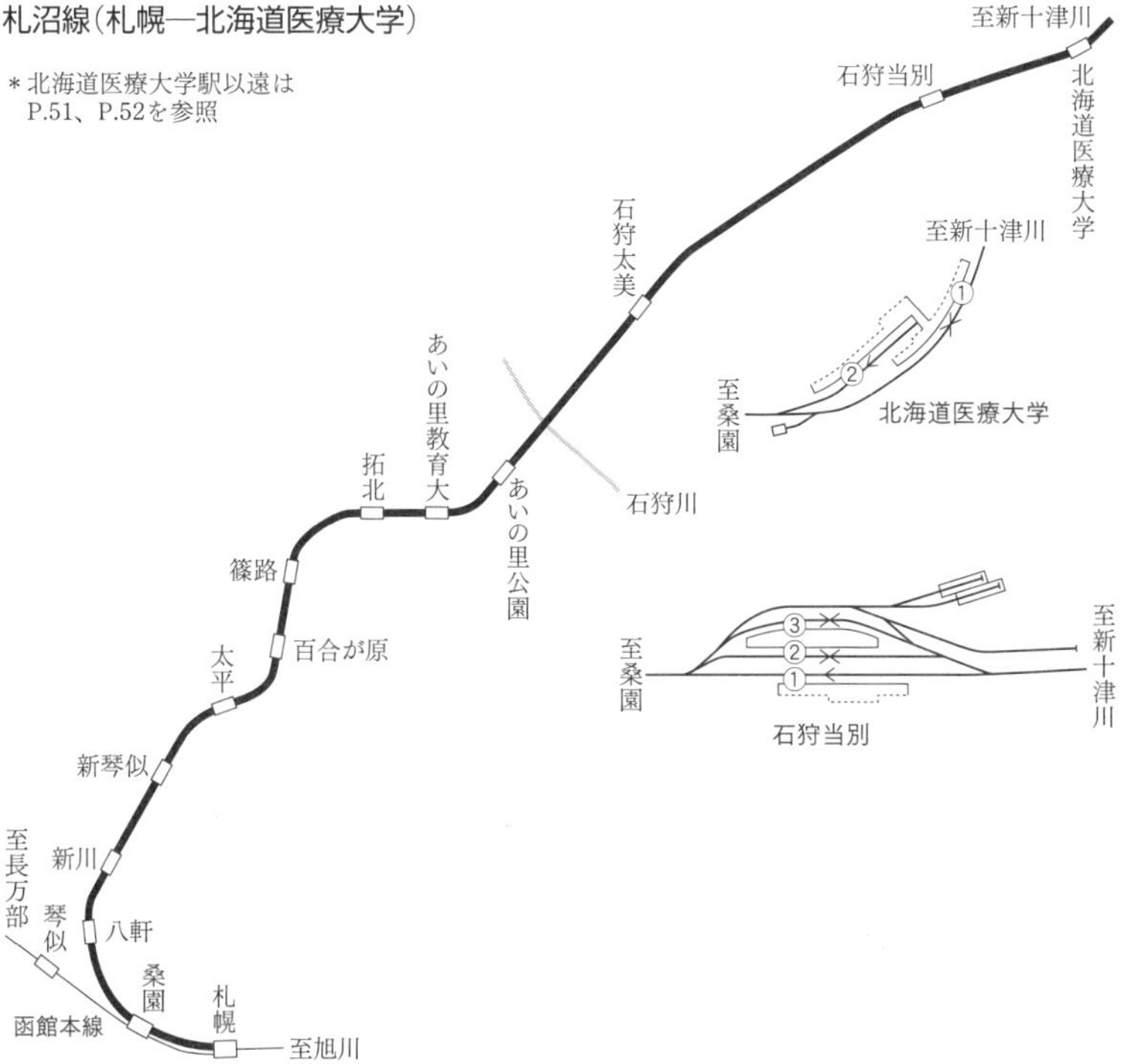

太平駅を出発した札幌行

の新琴似駅となる。ホームの札幌寄りは緩く右にカーブし、新十津川寄りはホームがなくなったところで左にカーブしている。新琴似駅から南東の少し離れたところに札幌地下鉄南北線の終点麻生《あさぶ》駅がある。

新琴似駅の先で右にカーブしながら地上に降り、国道２３１号をくぐってしばらくすると相対式ホームの太平駅がある。桑園寄りに順方向の渡り線があるが、架線はない。保守車両のための転線用渡り線である。

左にカーブしてニュータウンのなかを直線で北上する。途中に相対式ホームの百合《ゆり》が原《はら》駅と篠路駅がある。篠路駅の新十津川寄りにも渡り線と下り線側に横取線がある。この渡り線にも架線がない。右にカーブして71ｍの伏篭《ふしこ》札幌川橋梁を渡り、さらに右にカーブして東向きになって相対式ホームの拓北《たくほく》駅、続いてあいの里教育大駅がある。

あいの里教育大駅の札幌寄りにシーサスポイントがあり、上下線とも折り返しができるが、現在は同駅折返の設定はない。

同駅から単線になる。左にカーブすると相対式ホームのあいの里公園駅がある。同駅でも札幌方面からの電車が1番線に進入することができて折り返しが可能であり、通常の2番線での折り返しもできる。現在、同駅折返は設定されている。

この先で１０６４ｍの石狩川橋梁を渡る。河川改修によって平成13年に架け替えられた。北海道の鉄道橋梁で一番長いが、架け替え前の旧橋梁は１０７４ｍで10ｍ長かった。旧橋梁の南側に新橋梁を建設したため、橋の前後で線路は南に振っている。

直線で進み、相対式ホームで上り線側に横取線がある石狩太美《いしかりふとみ》駅を過ぎてしばらくすると市街地に入って石狩当別駅となる。

石狩当別駅は上り線側が片面ホームのＪＲ形配線に加えて島式ホームの外側の3番線の隣に側線がある。3番線では新十津川方面の列車が発着する。札幌方面からの折り返し電車は1～3番線のすべての発着線で折り返しが可能である。側線は新十津川寄りにある保守用側線と架線がない引上線につながっている。

石狩当別駅を出て１４０ｍの当別川橋梁を渡り、右にカーブすると北海道医療大学駅となる。南側に向いて線路に面している片面ホームが2面あり、新十津川

石狩当別駅に到着した札幌発の6両編成。左奥に新十津川行の単行が停車している

方面に向かえるのは南側の1番線である。北側の2番線は行き止まりになっていて、1番線よりも桑園寄りにずれている。北側にしか改札口はなく、屋根つきの通路で北海道医療大学のキャンパス建屋とつながっている。1番線の架線は少し進んだ新十津川寄りで終了している。

北海道医療大学のキャンパス以外はほとんど畑地か森林である。北海道医療大学がなければ石狩当別駅まででしか電化されなかっただろう。

国道275号と並行して進む。次の石狩金沢駅は左側に片面ホームがあるが、元は島式ホームで左手の駅裏側に片面ホームがある元JR形配線の駅だった。それが棒線化された。その旧上り線を使用している。桑園寄りには車掌車を流用した待合室がある。

左にカーブして右側に片面ホームがある本中小屋《もとなかごや》駅、続いて同様に右側に片面ホームがある中小屋駅と進む。同駅には貨物用側線がなかば朽ち果てながら残っている。

中小屋駅の先で右にカーブして丘を登る。右側に鉄骨コンクリート造りの片面ホームがある月ヶ岡駅とな

北海道医療大学駅を発車する札幌行

石狩月形駅で行き違う上下列車

る。本中小屋駅と中小屋駅にも石狩金沢駅と同様に車掌車を流用した待合室があるが、月ヶ岡駅にはログハウス風の小さな待合室がホームから離れたところにある。ログハウス風といっても丸太の柱はあっても壁があまりない吹きさらしの待合室である。

丘を下ると右側に片面ホームがある知来乙《ちらいおつ》駅となる。鉄骨コンクリートのホームからやや離れたところに木造の待合室がある。こちらの待合室は壁で囲まれている。

街中に入ると石狩月形《いしかりつきがた》駅がある。島式ホームの行き違い駅で、駅本屋は右側にあり、上り線の外側に側線が1線ある。この側線が線路番号1番、上り本線が2番、下り本線が3番となっている。ポイントはスプリング式である。

石狩月形駅での折り返しは3番で行われる。このため3番に桑園方向への出発信号機がある。石狩月形―新十津川間はスタフ閉塞となっており、スタフの保管と交換のために駅助役が配置されている。しかし、運賃収受等の駅業務はワンマン運転のために行わない。月形高校があって高校生が乗降する。

鉄道防風林に囲まれながら美唄山の麓を走る。このため最大14‰の勾配で上っていく。次の豊ヶ岡駅は左側に鉄骨コンクリートの片面ホームがあって、やはり木造の待合室がホームから離れたところにある。駅の標高は47・4mで札沼線で一番高いところにある駅である。

駅を出て少し上るとサミットになる。標高は49・6m、もちろん札沼線で一番高いところである。14‰の連続下り勾配で進んで右側に片面ホームがある札比内《さっぴない》駅となる。元は島式ホームで右側にある駅舎とはホームの切欠き階段で行き来する。駅舎側の線路は貨物側線なので同駅では行き違いをしなかった。

国道275号と並行し、一度下がってまた上る。次の晩生内《おそきない》駅は左側に片面ホームがある。やはり元は島式ホームだったが、札比内駅と同様に左手の駅舎側は貨物側線だったので行き違いは行なっていなかった。

この先もアップダウンを繰り返して進む。札的《さってき》駅は右側に片面ホームがある。そして浦臼駅となる。片面ホームの棒線駅だが、かつては相対式ホームで行き違いができた。また、留置線や転車台もあったが、旧上り線だけを残してすべて撤去した。現在、浦臼駅折返があるが、出発信号機はない。通票が一つしかないスタフ閉塞なので対向列車が来ることはなく、時間となれば発車していく。アップダウンを繰り返してから14‰の上り勾配になり、上り切ったところの右側に片面ホームのある鶴沼駅があり、その先は10‰の下り勾配になる。次の於札内《おさつない》駅も右側に片面ホームがある。待合室はホームと一体化している。

この先は平野のなかをほぼ直線で進む。途中に半径1200mの右カーブが1か所あるだけである。次の南下徳富《みなみしもとっぷ》駅は右側に片面ホームがあるが、待合室は取り壊されてなくなっている。さらに直線で進み、半径2000mで少し左にカーブした先に下徳富駅がある。元島式ホームの下り線を残して棒線化された。元上り線側に切欠き階段があって駅本屋に行くが、駅本屋は半ば朽ち果てている。

この先は直線で進む。途中に右側に片面ホームがある中徳富駅があったが、平成18年（2006）に廃止された。14‰の上り勾配があって、その先で左にカーブすると片面ホームの新十津川駅となる。ホームは右側にあり、その向こうに駅舎がある。側線は撤去されているが、本線はホームを通り越して200mほど先で止まっている。ホームと駅舎の反対側は鉄道防風林になっている。

新十津川駅と函館本線の滝川駅とは石狩川を挟んだ対面にあり、浦臼駅から新十津川駅近くの新十津川町役場を経由して滝川駅とのあいだには路線バスの北海道中央バスが1日5往復運行されている。新十津川に行くのなら滝川駅まで函館本線の特急を使い、北海道中央バスに乗り換えたほうがはるかに速く行ける。浦臼以北も同様である。

【車両】 電化区間は731系、733系の3両編成か3＋3の6両編成が使用されている。札幌—新千歳空港間で快速「エアポート」になる車両はUシート付きの733系6両編成である。

非電化区間はキハ40形が走る。朝の上りに高校生の通学用に2両編成が1本走るが、それ以外は単行運転である。キハ40形は重いためになかなか脱線しにくい。荒れた線路になっている北海道医療大学以遠に適した車両である。

新十津川駅に停車中の石狩当別行

【ダイヤ】　●札幌―北海道医療大学間　最混雑区間は八軒→桑園間で最混雑時間帯は八軒発7時22分から1時間である。この間に6両編成6本が運転され、輸送力は4901人である。輸送量は6133人なので混雑率は125％となっている。1両あたりの平均定員は136人にしている。

朝ラッシュ時の最小運転間隔は8分、混雑時間帯では石狩当別発が4本、あいの里公園発が2本となっている。北海道医療大学発はない。同駅からの通勤客はほとんどいないからである。反対に下りは北海道医療大学に行く通学生があるために、北海道医療大学着7時59分から運転される。同駅の発着線は2線しかないので、7時59分着の折り返しは石狩当別駅まで回送となる。石狩当別駅初発は札幌から快速「エアポート」になる。

昼間時は北海道医療大学とあいの里公園の両駅の折り返しが半々に運転されるのが基本だが、どちらかの折り返しが連続することがあったり、石狩当別折返があったりする。いずれにしても札幌発毎時0、20、40分の20分毎に運転される。

タラッシュ時は札幌発0、15、30、45分の15分毎になる。行き先は北海道医療大学、石狩当別、あいの里公園の3駅である。

最終の北海道医療大学行は札幌発21時20分、石狩当別行は23時37分、あいの里公園行が23時59分である。札幌まで快速「エアポート」で走る石狩当別行は札幌発22時33分である。

●石狩当別—新十津川間　石狩月形初発は2両編成である。札幌方面に通う高校生で混むからである。石狩当別駅で1両ずつになって浦臼行と新十津川行になる。新十津川行は始発にして最終である。その後、石狩当別に戻り、浦臼駅まで1往復する。

午後以降は2運用になって2度石狩月形駅で行き違いをする。そして2運用とも石狩月形行の最終になって同駅で連結して滞泊し、翌日の朝一番の上りになる。

【将来】　非採算区間の北海道医療大学—新十津川間は路線バスに転換することが予定されている。現在、浦臼—新十津川間は1往復しか走らず、地元の利用客はゼロのときも多い。乗っているのは他地方から来た鉄道ファンを主体とした観光客がほとんどである。

それでも北海道医療大学—浦臼間は月形高校への通学生の利用が多く、この区間だけは残してもいいが、輸送量は路線バスでも対応できる程度しかない。

観光用に残す手立てを考えるにしても、沿線には景色がいいところがあるわけでもなく、観光資源に乏しい。地吹雪ツアーとか何かのテーマパークでも造ればいいが、そんな予定はない。結局、廃止しかないと言える。

電化区間は市街地のなかを走っているので地平区間を連続立体交差事業で高架化することになっている。実現しそうなのは篠路駅付近の1キロに渡っての高架化である。

札幌—石狩当別間の所要時間は37分である。この区間に快速がほしいところである。停車駅は新琴似、あいの里教育大以遠各駅とし、現在、1時間2本が札幌折返になっている快速「エアポート」を延長運転すればいい。所要時間は37分から30分に短縮する。この場合、札幌—あいの里教育大間の普通を走らせて快速と接続するのである。

ＪＲ千歳線

空港アクセス線としても利用される優良黒字線

POINT! 千歳線は札幌近郊区間として、また、新千歳空港と札幌を結ぶ空港アクセス鉄道として利用されており、管理費を除いた営業収支は黒字である。各種特急と快速「エアポート」が頻繁に走っている。苫小牧―南千歳間についても堅調である。

【概要】千歳線は沼《ぬま》ノ端《はた》―白石《しろいし》間56・6キロの複線電化区間と支線の南千歳―新千歳空港間２・６キロの単線電化区間からなっている。函館線の部に所属している。沼ノ端駅で室蘭本線、南千歳駅で石勝《せきしょう》線、白石駅で函館本線と接続し、新札幌で地下鉄東西線と連絡する。平和駅の新札幌寄りから白石までは函館本線と方向別複々線で並行している。

室蘭本線の苫小牧《とまこまい》―沼ノ端間を含む白石―苫小牧間の輸送密度は４万４８１２人でＪＲ北海道の路線で一番多い。平成26年度の輸送密度は４万３４３３人なので微増している。新千歳空港―南千歳間では３万６７７０人となっており、新千歳空港の乗降客の大半が札幌まで利用するから、千歳線の輸送密度を押し上げている面もある。また、平成26年度の同区間の輸送密度は２万９０７４人だったので、やはり増えている。営業収支率は札沼《さっしょう》線桑園《そうえん》―北海道医療大学間、函館本線小樽―岩見沢間、室蘭本線苫小牧―沼ノ端間を含む札幌都市圏として計上されている。これらについては函館本線の項を参照していただきたい。

ともあれ札幌都市圏のベッドタウン路線であり、新千歳空港と札幌を結ぶ路線として大いに利用されている。しかし昼間時は快速「エアポート」だけが混んでおり、普通は空いている。

勇払郡《ゆうふつぐん》で産出する石炭や木材などを苫小牧方面に運ぶために金山線（のちの富内線《とみうちせん》）を開通した北海道鉱業鉄道は、室蘭本線の苫小牧―岩見沢間が札幌を素通りしていることから、苫小牧方面と札幌を結ぶ鉄道の建設を思いつき、社名を北海道鉄道に変更して、大正15年（1926）に沼ノ端―苗穂《なえぼ》間の札幌線を開業した。

昭和6年（1931）に定山渓《じょうざんけい》鉄道（定山渓―東札幌―白石）の電車が札幌―東札幌間に乗り入れを開始したため、同区間を直流1500Vで電化した。

昭和18年（1943）に国が戦時買収して函館線の所属線である千歳線となった。

昭和32年に定山渓鉄道の札幌への電車の乗り入れを廃止し、電化設備も撤去した。40年に千歳―恵庭《えにわ》間の複線化が完成。続いて41年に恵庭―北広島間、43年に植苗《うえなえ》―千歳間、44年に沼ノ端―植苗間が複線化され、40年に函館本線の苗穂―札幌間が複単線（3線）となった。交流50Hz25kV電化は55年のことである。

昭和48年に北広島―上野幌《かみのっぽろ》間で分岐し、新札幌駅を経由して白石に至る線路を新設し、旧ルートは廃止した。このとき新札幌の札幌寄りから苗穂駅まで函館本線と方向別複々線で並行するようになった。苗穂―札幌間の複々線化はJR化後の昭和63年のことである。

平成4年（1992）には南千歳―新千歳空港間が開通した。

【沿線風景】　沼ノ端駅を出ると下り線は室蘭本線と並行する。上り線はずっと離れて並行している。上り線がもともとあった線路で、複線化時に下り線を室蘭本線に並行して張付け線増したのである。

上下線とも札幌に向かって左にカーブする。下り線は並行していた室蘭本線と分かれ、上り線は室蘭本線を乗り越す。そして上下線が合流すると植苗駅である。JR形配線をしていたが、中線を撤去している。

直線でほぼ真北に進んでから半径800mでやや左にカーブする。その先はまた直線になるが、その先で半径1000mでさらにやや左にカーブして北北西に進む。そして平成29年3月に駅から信号場に降格された美々《びび》信号場を通過する。

左手から国道36号が近づいてきて並行する。左手に空港が見え、国道とのあいだに線路やポイント、踏切が放置されている。これは保守訓練線だが、今は使われていない。元は千歳基地への燃料輸送のための専用線である。

新千歳空港が見えて右手から石勝線が合流し、千歳線の上下線のあいだに割りこむとともに地下から新千歳空港支線が地上に出てくると南千歳駅である。

新千歳空港支線の新千歳空港駅は頭端島式ホーム1面2線で、基本的に段落としで発着する。

段落としとは電車が到着すると違う番線から発車するというように常に電車が発着線のいずれかに停車している発着の仕方である。新千歳空港駅では15分毎に電車が発着しており、各電車は18分間停車している。

新千歳空港駅を出ると開削式で掘削された単線地下線となる。この地下線の名称は新千歳空港トンネルという。トンネルの延長は2・1キロである。

新千歳空港支線を走る電車は南千歳駅で駅の両端にあるシーサスポイントで転線して右側通行で発着する。両外側で発着する千歳線と石勝線（普通列車は除く）の列車は左側通行で発着する。また、石勝線の普通列車の一部も右側通行をする。

こうすると新千歳空港発の電車から苫小牧・帯広方面の列車に乗り換えるとき、同じホームの対面で乗り換えができる。反対に苫小牧・帯広方面からの列車から新千歳空港行の電車に乗り換えるときも同じホームでの乗り換えができる。

千歳線

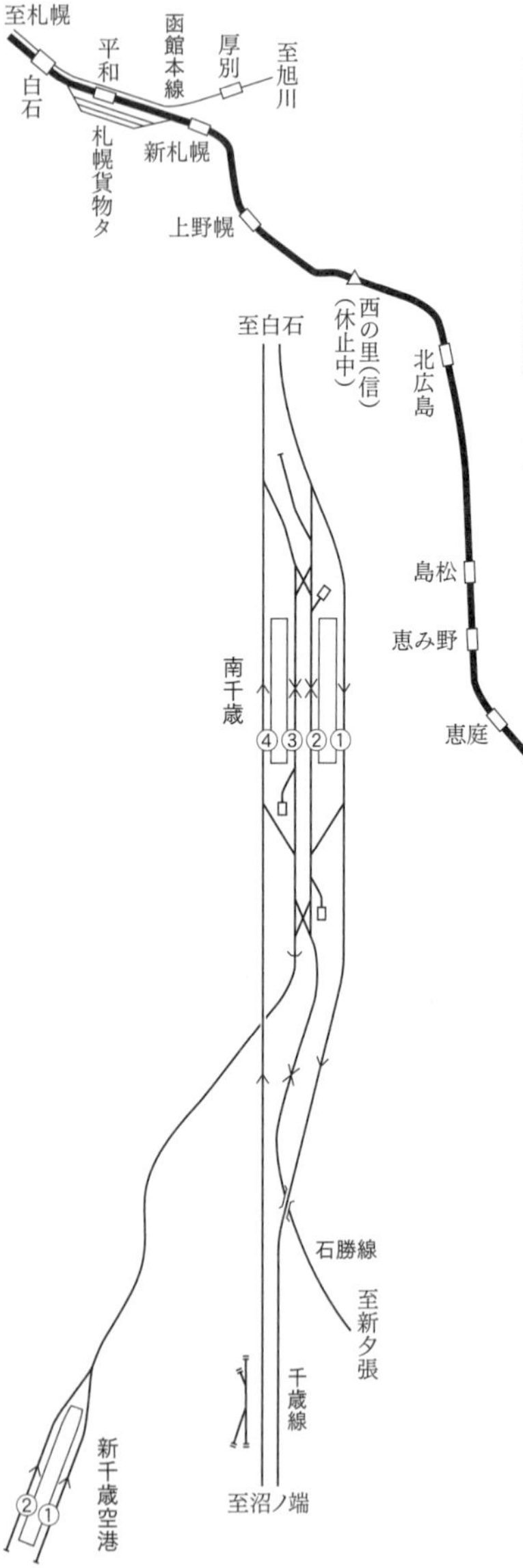
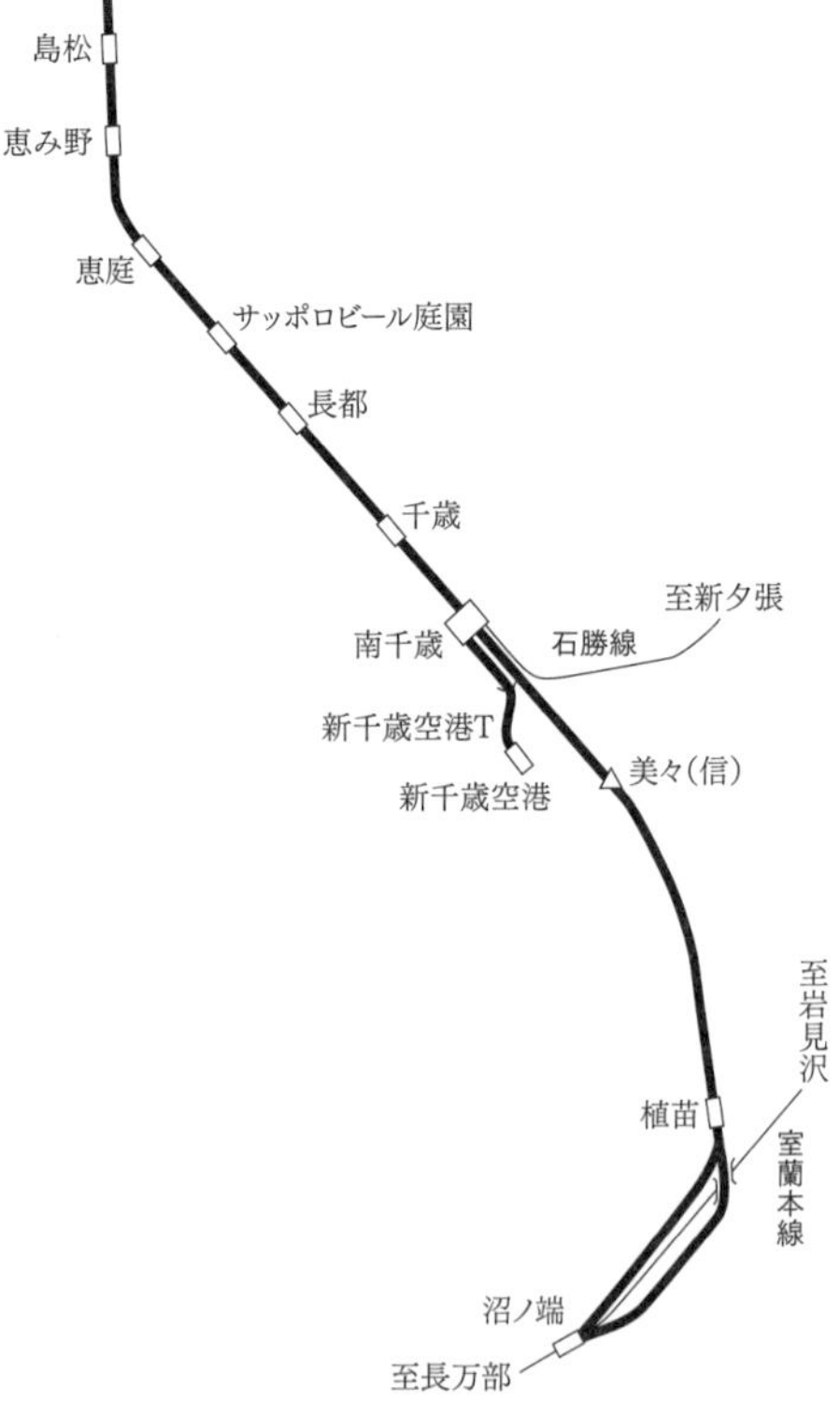

南千歳駅に停車中の特急「北斗」札幌行。右奥に快速「エアポート」新千歳空港行が右側通行で入線し、「北斗」から「エアポート」への乗り換えが同じホームでできるようにしている

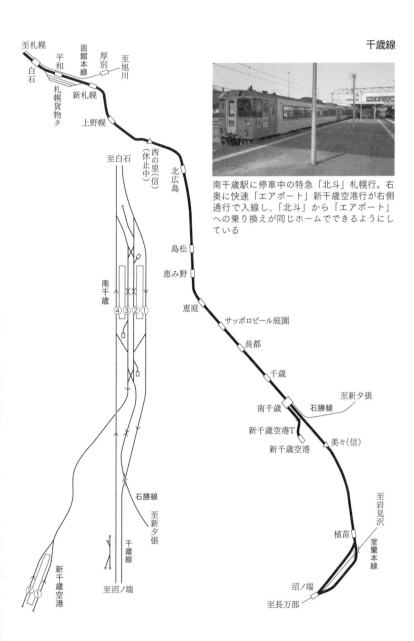

沼ノ端駅に進入する千歳線苫小牧行上り電車。千歳線上り線は
左側の千歳線下り線と室蘭本線から離れて並行している

美々駅は信号場になった

札幌寄りから見た新千歳空港駅

南千歳駅に進入する特急「スーパーおおぞら」釧路行

石勝線の普通列車の一部が右側通行するのは苫小牧方面との乗り換えを便利にするためである。しかし、新千歳空港支線との乗り換えは跨線橋を渡ることになって、この点は不便である。

南千歳駅は空港への乗換駅なので、周囲に何もなかったが、近年になって右側に「千歳アウトレットモール・レラ」が出来て乗降客も結構目にするようになった。

南千歳駅を出て、しばらくすると高架になって、千歳市の市街地に入る。そして島式ホーム2面4線の千歳駅となる。外側が上下本線で内側は中線になっている。中線では札幌方面からの普通電車と石勝線の普通列車が折り返している。

しばらく高架で進んでから地上に降りる。ずっと市街地が続くが、線路の左右には防風防雪林があって市街地は見えず森の中を走っているように思ってしまう。半径1400mの緩いS字カーブを過ぎた先に相対式ホームの長都《おさつ》駅があり、その先で一度下がってから上るとサッポロビール庭園駅がある。

同駅は島式ホーム2面4線の追い越し駅で、一部の普通が特急を待避するほか、貨物列車が特急や快速「エアポート」を待避する。そのため線路は6両編成が停まれるホームよりも苫小牧寄りに長く延びて21両編成の貨物列車が待避できるようになっている。

左手にサッポロビールの工場とビアガーデンがあり、そこへ行くために開設された駅で、工場見学もできる。最寄り駅といっても札幌駅から「エアポート」に乗って北広島駅で普通に乗り換えて40分ほどかかる。しかも同駅を通過する普通もある。多くの人は工場見学はできないけれども札幌市内の苗穂駅近くにあるサッポロビール園に行くだろう。

ずっと直線で進む。次の恵庭駅は上下線間が広がった相対式ホームになっている。中線があったような雰囲気だが、以前は島式ホームと東側に貨物側線があって、その島式ホームへ行く跨線橋があった。橋上駅舎化したときに相対式ホームになり、それまでの島式ホームを撤去したために上下線の間隔が広いままになっているのである。札幌寄りにかつての貨物側線を利用した保守用側線と保守車のための上下渡り線がある。ポイントは通常タイプのものだが、架線がないために一般の電車は渡り線を使って転線できない。

一度、上下線は通常の間隔になるが、すぐに広がって単線並列で50mの漁川《いざりがわ》橋梁を渡る。渡ると半径1000mで右にカーブした先に相対式ホームの恵み野駅がある。

次の島松駅は両外側に片面ホーム、中央に島式ホームがある3面4線の駅である。元は上り本線が片面ホームのJR形配線だったのを新千歳空港乗り入れのときに片面ホームに面した4番線を増設した。4番線は下り普通列車の待避用なので線路は短いが、中線の2番線は貨物列車の待避ができるように長くなっている。なお、1番線ホームは札幌寄りにずれている。かつては左側に日本石油専用線があった。これを流用した保守用側線がある。

次の北広島駅の手前まで直線で進むが、丘陵から下って島松川を渡り、また丘陵を上る。さらに音江別川を渡るために下り、そしてまた上るというアップダウンを繰り返している。

市街地に入って右に大きくカーブすると北広島駅がある。駅名に冠している「北」は北側の意味ではな

白石駅では外側が函館本線、内側が千歳線で、千歳線の上り線には
特急や快速の通過線と停車線がある

く、北海道の「北」である。広島からの移住者が多く、北海道の広島ということで北広島としている。

島式ホーム2面4線だが、元は上り線側が片面ホームのJR形配線だった。その片面ホームを島式ホームにして上下線とも待避ができるようにしたのである。このため通常の島式ホーム2面4線のようにシンメトリーになっていない。同駅で快速「エアポート」は普通を追い越す緩急結合を行なっている。

この先で別線線増された区間に入る。なだらかな丘陵地帯で最小曲線半径800mのカーブと10‰の上り勾配がある。このため掘割や高架、盛土で地形に逆らって進んでいく。

途中に待避用の西の里信号場がある。下り線は貨物列車21両編成分、上り線は6両編成分の長さがあるが、待避線は使用停止になっていて発着はできない。

しばらく進んでから10‰の下り勾配に転じる。築堤のところに上野幌駅がある。上り線が片面ホームで貨物列車が待避できる長い中線のあるJR形配線の駅である。ホームの手前の苫小牧寄りは直線だが、ホームにかかると右にカーブしている。ホームがある個所は

79mの野津幌川《のつぽろがわ》橋梁になっている。
上野幌駅の先で右にカーブし、続いて左にカーブして盛土から高架になると相対式ホームの新札幌駅がある。同駅を出た先は直線の高架線で進む。上下渡り線があり、その先の左手で札幌貨物ターミナルへの出入り線が分岐し、続いて下を函館本線の上り線が横切っていく。

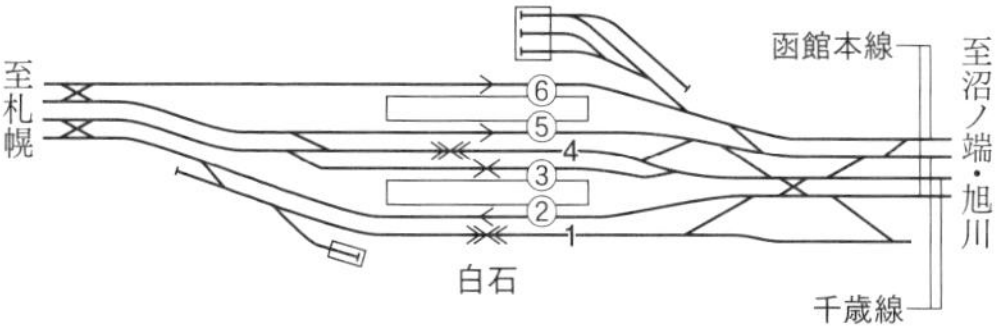

やや左にカーブしてから地上に降りる。札幌貨物ターミナルを左手に眺め、両外側を函館本線に挟まれた方向別複々線になる。札幌貨物ターミナルの中央付近に島式ホームの平和駅がある。函館本線はホームに面しておらず、千歳線だけの駅である。苫小牧寄り端に改札口があり、上ると跨線橋がある。北側はすぐに階段があって地上に出られるが、南側は札幌貨物ターミナルを乗り越す長い跨線橋になっている。

複々線に加え、札幌貨物ターミナルの札幌寄り出入り線も並行して進んで白石駅となる。白石駅は島式ホーム2面6線で、函館本線もホームに面している。2線の貨物着発線があるが、中線にあたる4番線は千歳線の上り特急や快速「エアポート」の通過用になっていて、一部の上り普通は同駅で追い越される。また、やはり一部の上り普通は函館本線に転線して方向別複々線になっている札幌駅までのあいだで快速「エアポート」などをやり過ごすことがある。

【車両】 特急のうち「スーパー北斗」、「北斗」、「すずらん」については室蘭本線、「スーパーおおぞら」、「スーパーとかち」については石勝線と根室本線、快速「エアポート」については函館本線の項で紹介している。

普通列車はラッシュ時や夜間に6両編成が走るが、基本は3両編成である。6両編成のなかには快速「エアポート」用を使う電車もあり、この場合のUシートは無料である。一般車の6両編成は3＋3両になっている。

このほか1往復だが、キハ143形のワンマン2両

平和駅付近を走る快速「エアポート」。右から4両目がUシート車

編成が走る。

【ダイヤ】 特急の千歳線内での停車駅は南千歳駅、新札幌駅だが、「すずらん」は千歳駅にも停車する。快速「エアポート」の停車駅は南千歳、千歳、恵庭、北広島、新札幌だが、朝の新千歳空港行と夜間の札幌行は白石駅にも停車する。

朝ラッシュ時の札幌方面行（下り）の最混雑区間は白石→苗穂間で、混雑時間帯は白石発7時29分から1時間となっている。この間に6両編成の普通（千歳線のみ）が7本走り、輸送力は5717人、輸送量は5714人で、混雑率は100％である。

1両あたりの平均定員が136人と函館本線よりも少ないのはUシート車を連結している快速「エアポート」用車両のためだが、函館本線の項で述べたように、それを考慮したとしても平均定員はやや多い。といっても100％の混雑率なので、さほど混んではいないのも事実である。

混雑時間帯は普通しか走らない平行ダイヤになっている。また2本を除いてサッポロビール庭園駅には停車しない。その前後で特急「すずらん」が走り、「すずらん」3号は上野幌駅で普通を追い越している。

上り苫小牧方面は快速「エアポート」が13～22分間隔で走り、各方面への特急も頻繁に走る。快速「エアポート」は基本的に北広島駅で普通を追い越す緩急結合をしているが、キハ143形気動車による東室蘭行普通は島松駅で快速「エアポート」を待避している。

普通の特急待避は北広島駅で快速「エアポート」とともに行うか、手前の上野幌駅、あるいはサッポロビール庭園駅でも行なっている。

快速「エアポート」は上りが札幌発6時16分から、下りは新千歳空港発8時15分から運転を開始する。羽田発全日空987便の到着が7時50分、成田発ジェットスターGK103便の到着が7時45分で、これに合わせていると言える。

以後、上下ともほぼ15分毎に運転される。普通は15分毎か30分毎で1時間に3本の運転、うち1本が苫小牧駅、2本は千歳駅で折り返すのが基本である。各特急は快速「エアポート」と続行で運転されるときは北広島駅で快速「エアポート」とともに普通を追い越すが、快速「エアポート」と少しずれた時間に走るときは、上野幌、島松、サッポロビール庭園の3駅で追い越すこともある。

また、下り札幌行普通は白石駅で特急や快速「エアポート」を待避することが多いが、並行する函館本線上り線に列車が走っていないときは、白石駅で同線に転線して後続の特急や快速「エアポート」の邪魔をしないようにすることもある。走行中に追い越されはしないが、普通が札幌駅に到着して1、2分後に特急や快速「エアポート」が到着する。札幌駅で17時52分には普通と快速「エアポート」が同時に到着している。

白石駅で待避する普通の一部では、待避中に函館本線の区間快速「いしかりライナー」が走ってきて、これに乗り換えて札幌方面に速く行けることもある。

夕ラッシュ時上りは昼間時とほぼ同じダイヤだが、普通の間隔が30分になることは少なくなっている。快速「エアポート」の最終は下りが新千歳空港発22時53分で、上りが札幌発20時45分となっている。

下り普通の千歳駅発最終は23時12分でサッポロビール庭園駅に停車するが、上りは22時46分がサッポロビール庭園駅停車の最終で、以後は通過する。新千歳空港行最終普通は札幌発21時51分で新千歳空港着は22時44分である。羽田空港行の最終便は24時10分だから、もう少し遅い時間帯に運転してもいいように思う。

最終の苫小牧行は札幌発23時10分、千歳行が23時59分である。

【将来】 特急と快速「エアポート」の最高速度は130キロから120キロにダウンした。南千歳―札幌間で特急は3分、快速「エアポート」は1分遅くなってしまった。最高速度を10キロ下げたからといって安全性が向上するわけではない。安全性の向上は線路と車両の入念な点検と保守をすることが一番の手立てである。

減速運転は保守を開始するまでの期間を伸ばすことについて有効だし、それによってコスト削減ができる。しかし、スピードダウンによる乗客減のほうが収入減につながる。

快速「エアポート」は15分毎というフリークェント運転であり、所要時間の伸びも1分でしかなく、クルマよりも便利だから、即刻130キロ運転に戻す必要はないが、長距離を走る特急では10キロの減速は所要時間を大きく伸ばしてしまう。

新千歳空港の展望デッキから見た千歳線を走る特急「すずらん」室蘭行

札幌地下鉄南北線

全駅にホームドアが設置されているワンマン運転地下鉄

POINT! 日本初の中央案内軌条式の地下鉄で、電車が駅に近づいてくると独特の音がする。札幌市内を南北に貫通する路線で混雑している。全駅にホームドアが設置されて安全性が増したことから車掌の乗務を廃してワンマン電車になっている。

【概要】 札幌地下鉄南北線は麻生《あさぶ》―真駒内《まこまない》間14・3キロの路線である。通常の鉄道とは異なってゴムタイヤ駆動で中央に案内軌条がある案内軌条式鉄道である。

さっぽろ駅で地下鉄東豊《とうほう》線とJR函館本線、大通《おおどおり》駅で東西線と東豊線、札幌市電、すすきの駅で札幌市電と連絡する。なお、さっぽろ駅は漢字ではなく平仮名が正式名称である。

第3軌条式の直流750Vで、現在はボギー台車で全長18mの4扉車の5000形が走っているが、当初の2000形は全長13・8mで2両1ユニットになっていて、1ユニットの連結部には1軸の連接台車、1ユニットの車端にも1軸の先端台車があり、これらには案内装置があって、案内軌条に従って操舵した。そして中央に駆動輪の2軸台車がある。1ユニットで7軸、14本の車輪があった。

2000系は8両編成だったが、車体が長い5000系は6両編成になっている。車体幅は3080mmで新幹線を除くと日本で一番幅が広い車両規格になっている。

輸送密度は7万5102人、輸送密度での定期比率は通勤が19・2%、通学が15・1%と他都市の地下鉄に比べて低い。これは冬期の積雪時でも運休をしなくてすむように高架区間もスノーシェルターで覆われており、冬期にはクルマ利用から地下鉄利用に切り替える定期外客が集中するからである。

定期外が65・7％である。輸送人員は1日平均で26万5000人、運賃収入は1日平均で3344万円である。

東西線と東豊線を含む営業収支率は償却前で46・7％、償却後で84・1％の黒字になっている。1日平均の営業収益は1億1111万円、営業費が8508万円で、利益は1日あたり1603万円にもなっている。年間運賃収入を乗車人数と平均走行キロ、そして365日で割った数字、つまり1日1人1キロあたりの数値を平均運賃という。南北線の平均運賃は31・13円である。平均乗車キロは4・0㌔なので、これをかけた125円が乗客1人あたりが平均して支払う運賃になる。札幌地下鉄の最低運賃は200円だから、それよりも少ないのはおかしいように思えるが、半額になっている小人や割引率が高い定期券や回数券などを含んでの平均して支払う運賃である。

案内軌条式ゴムタイヤ駆動方式の研究は昭和38年（1963）に始まった。当時の交通局長がフランス・パリのゴムタイヤ駆動地下鉄を見学して、ゴムタイヤ式の地下鉄が札幌市にとっては妥当ではないかと考えたのである。

パリのゴムタイヤ駆動地下鉄は鉄レールに代わって木製の駆動用板があり、その上にゴムタイヤが乗る。さらに両側に案内レールがあるが、札幌で構想したのは、小形車体で駅間距離500m前後とし、案内軌条は中央に1本だけとした。すなわち路面電車をゴムタイヤ駆動の案内軌条にしたものをイメージしていたといわれる。というのも、当時の札幌市の人口は80万人、通常の地下鉄では輸送力がありすぎるからである。同時に路面電車を地下化した路下電車も検討した。

これをもとに廃車になったバスを改造して試験を開始した。そんなとき、昭和41年に札幌で冬季オリンピックを開催することが決まり、42年には北24条西4丁目から札幌駅を経由して真駒内までの路線の建設を公表した。札幌駅の前後4・2キロが地下、残る7・8キロは道路上に高架にするとしたが、建設省が道路上に高架線を設置することは不可と特許申請を却下された。

そこで廃止が検討されていた定山渓《じょうざんけい》鉄道の用地を流用することを思いつき、定山渓鉄道に打診すると、定山渓鉄道はあっさりと受け入れた。そして平岸―真駒内間だけが高架になった。雪に関してはいろいろ考えられていたが、全区間をスノーシェルターで覆うことで解決した。

そして昭和46年に南北線北24条―真駒内間が開通、53年に麻生―北24条間が延長開通した。

麻生駅から茨戸《ばらと》を経て花畔《ばんなぐろ》地区、真駒内駅から藤の沢を経て定山渓への延伸構想があった。このため札幌市は定山渓鉄道の線路跡を買収したが、結局は実現せず、線路跡の多くは道路などに転用されている。

しかし、麻生駅から札沼線新琴似駅まで道のりで600m離れている。新琴似駅まで延伸すれば、札沼線から札幌都心部までの利便性がずっとよくなる。せめて麻生―新琴似間の延伸をしてほしいものである。

【沿線風景】　麻生駅は島式ホームで、奥に引上線が2線あって本線につながっている。引上線には逆方向の渡り線があって、上り線につながっている引上線まで行って上り線に転線することができる。これによって下り線側の1番線を乗車用、上り線側の2番線を降車用に分けていたが、平成24年から真駒内寄りのシーサスポイントで転線するようになった。ほぼ同時期に南北線の全駅にホームドアが付いた。

引上線は2編成分の長さがあり、これを利用してJR新琴似駅まで延伸すればいい。線路は標高マイナス5・6mのところにあり、引上線の上も地下通路になっている。地上にはイオンがあり、その1階はバスターミナルになっている。

麻生駅を出ると左にカーブしてから直線になる。その直線上にシーサスポイントがある。従来、案内軌条式はシーサスポイントのように2本の軌道が交差することは構造上できないとされていたが、交差渡り線部分の案内軌条を上昇させ、そうしないほうの軌条は路面内に沈めて可能にしたのである。

やや右にカーブしてから直線になって8‰の勾配で下る。札樽自動車道と交差したところに相対式ホームの北34条駅がある。ホームは緩く左にカーブしている。標高はマイナス7・9mと南北線の駅で一番低い。

北34条駅を出ると18‰、続いて3‰の上り勾配になって逆方向の渡り線がある。その先に島式ホームの北24条駅がある。真駒内駅に向かって地形が上がっているため、南北線も上り勾配基調で進む。それでも線路は2層下にあるため北24条駅の標高はマイナス2・8mである。島式ホームだが、真駒内方面の下り線は直線、上り線はホームの膨らみに沿って駅の両端でカーブしている。

次の北18条駅は相対式ホームで、標高はようやくマイナスから脱して3・6mになる。緩い上り勾配が続いて、北海道大学の最寄り駅で相対式ホームの北12条駅になる。同駅の先では2・0‰の下り勾配になってJR札幌駅の下をくぐると、島式ホームのさっぽろ駅がある。乗降客が多いためにホームの幅は広くなっている。

北12条駅の標高は5・3mで、通常、札幌の地形は南に行くほど高くなっているが、JR札幌駅付近は地形がやや下がっているため、南北線も下がっている。そのためさっぽろ駅の標高は5・4mと北12条駅に比べ10㎝しか高くなっていない。

さっぽろ駅を出て540m進むと相対式ホームの大

札幌地下鉄南北線

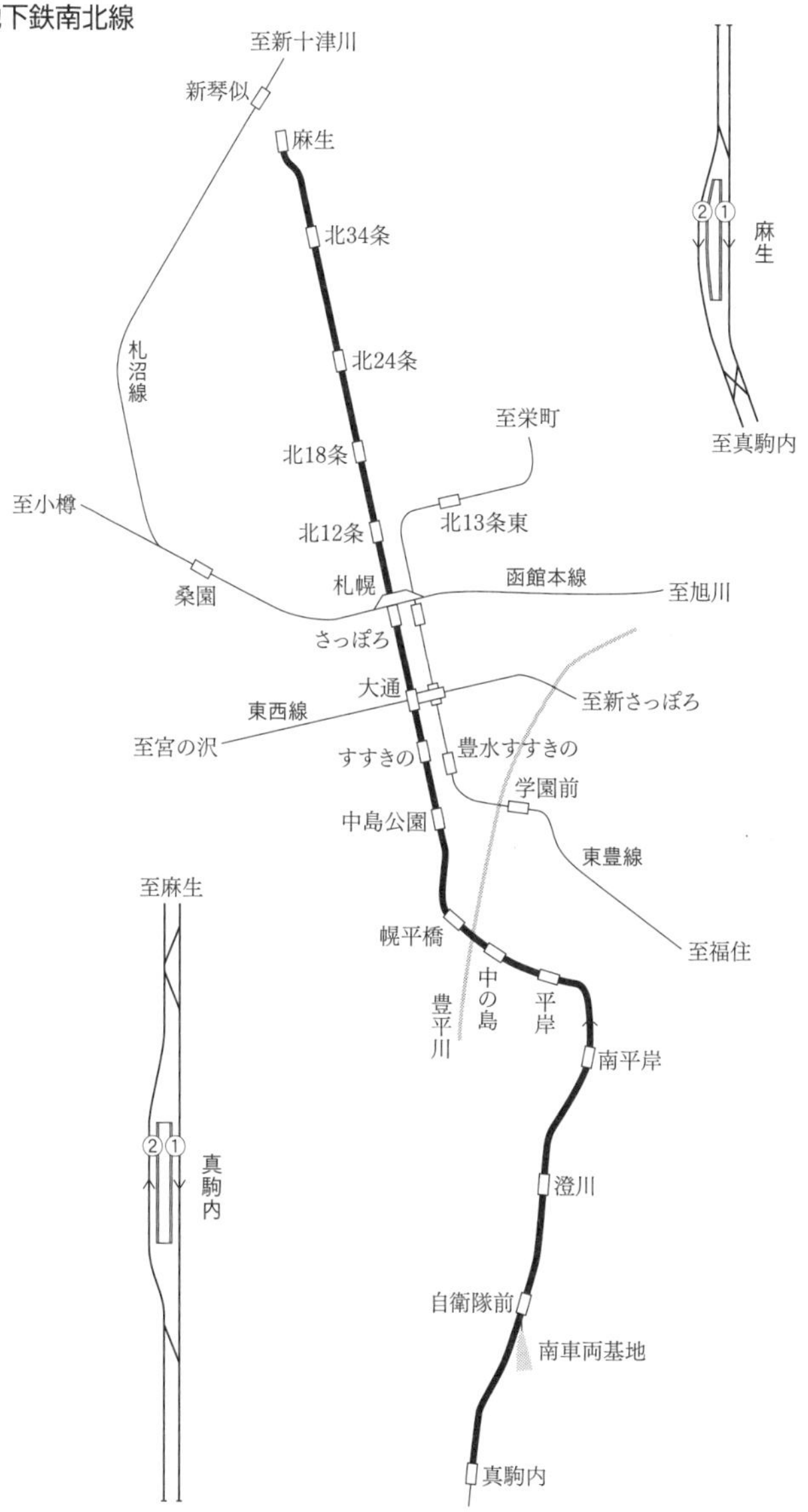
至新十津川
新琴似
麻生
北34条
北24条
北18条
北12条
札沼線
至栄町
北13条東
至小樽
桑園
札幌
函館本線
至旭川
さっぽろ
大通
東西線
至新さっぽろ
至宮の沢
すすきの
豊水すすきの
学園前
中島公園
東豊線
幌平橋
中の島
平岸
豊平川
至福住
南平岸
澄川
自衛隊前
南車両基地
真駒内
至真駒内
麻生
至麻生
真駒内
②
①

さっぽろ駅に停車中の真駒内行

すすきの駅に進入する麻生行。柱の向こうには真駒内行が停車している

通駅となる。駅の前後のそれぞれに逆方向の渡り線がある。次のすすきの駅も相対式ホームである。さっぽろ駅からすすきの駅に向かって地上の道路を歩いても上り坂になっているように思えないが、南北線は地形に合わせて5‰の上り勾配となっている。さっぽろ駅は標高5・4mですすきの駅は11・4mとすすきの駅のほうが6mも高い。

　すすきの駅の先は地形に沿って25‰で上って創成川《そうせいがわ》をくぐる。今度は17‰で下ると相対式ホームの中島公園駅となる。ホームの途中から右にカーブしながら中島公園の地下を通る。地形に合わせて20‰の上り勾配になるが、その先に豊平川があるために左にカーブしながら24・4‰の勾配で下る。そして相対式ホームの幌平橋《ほろひらばし》駅となる。同駅も左カーブ上

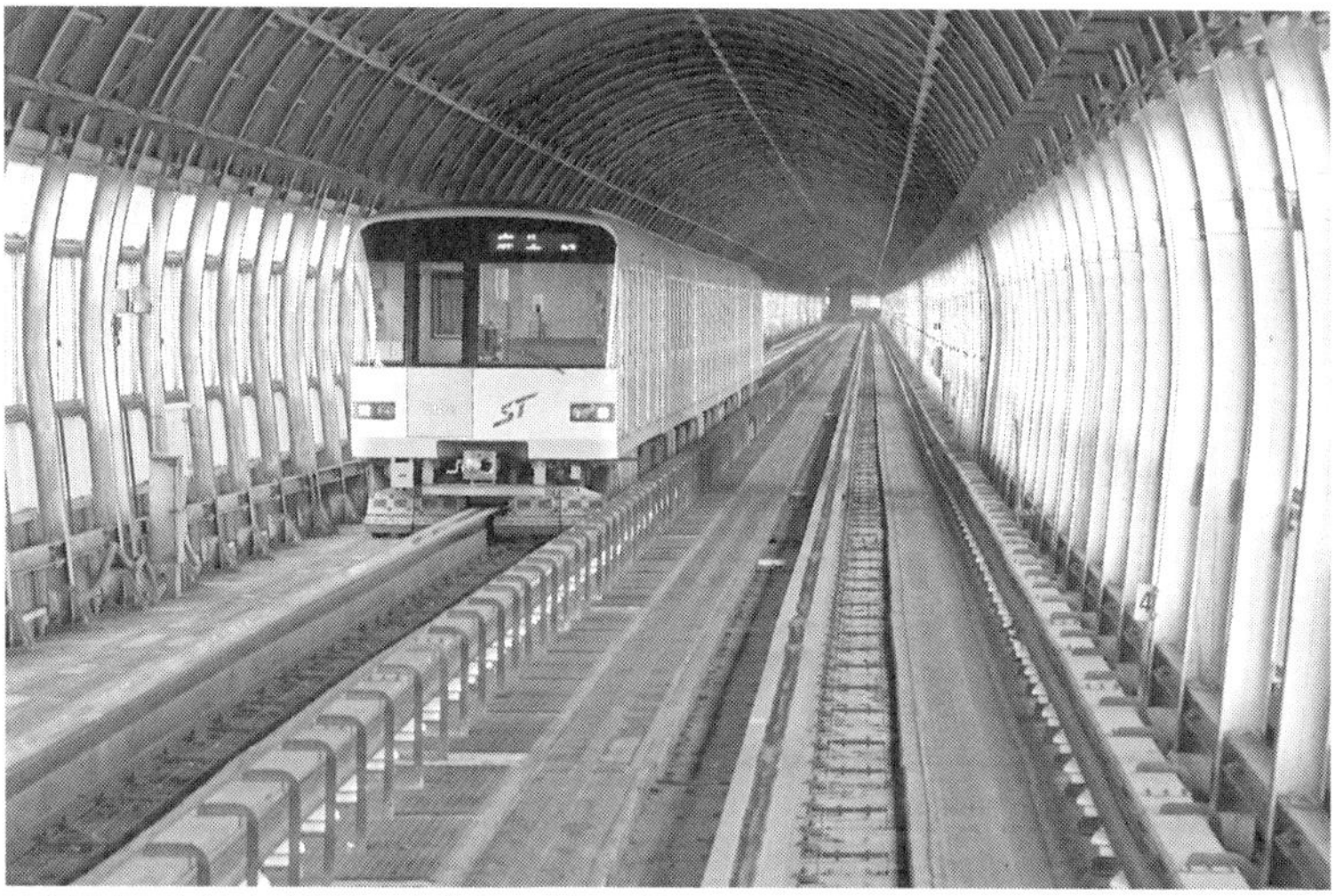

自衛隊前駅付近を走行する麻生行。高架区間はスノーシェルターで覆われている。案内軌条はＩ形鋼、集電は第3軌条方式

にある。

　豊平川をくぐり、35‰の急勾配で上っていくと相対式ホームの中の島駅があり、その先は27‰の上り勾配になる。次の平岸駅も相対式ホームで麻生寄りは左にカーブしている。真駒内寄りに逆方向の渡り線がある。標高は32・7ｍである。

　駅の前後は4‰の緩い上り勾配で、半径205ｍで右にカーブしながら南下する。まず21‰、そしてすぐに43‰の上り急勾配になって地下から高架に変わる。高架になるといっても地上に出たところからずっとスノーシェルターに覆われている。地上区間は旧定山渓鉄道の線路跡を流用している。

　上りきったところに島式ホームの南平岸駅がある。開業時は平岸霊園が近いために霊園前という駅名だったが、東豊線が開業したときに改称した。同駅の真駒内方面の軌道が直線、反対側が外側に膨らんでいる。

　緩いS字カーブがあってから緩く左にカーブしたところに島式ホームの澄川駅、続いて相対式ホームの自衛隊前駅がある。同駅の先に逆方向の渡り線があり、そこから南車両基地への入出庫線が分かれて右カーブ

真駒内駅の終端には渡り線付きの引上線がある

麻生寄りから見た真駒内駅。転線用渡り線の案内軌条は軌道面から上昇、
代わりに直線の案内軌条は軌道面に下降する

しながら並行する。直線になってすぐに入出庫線は左にカーブして車庫に入る。車庫も積雪を避けるためにすべて建屋内に設置されている。

26・5‰の上り勾配の先で、まず順方向、続いて逆方向の渡り線があって、その先に真駒内駅のホームがある。東側の軌道が直線、西側の軌道が膨らんでいる。駅の奥に2線の引上線があり、逆方向の渡り線が設置されている。これを利用して東側の1番線で客を降ろし、東側の引上線で折り返して転線、2番線を乗車ホームにする乗降分離を行なっていたが、平成17年からは麻生寄りの渡り線で転線し、乗降分離を廃止した。

標高は98・9mにもなる。麻生駅との標高差は104・5mである。

【車両】 現在の車両は連結面間の長さが18・4mの4扉車で6両編成になっている。6両編成のうち半分の3両がモーター付きの3M3Tで、電動車は出力150kwのモーターを4個搭載する。1両にインバーター制御機が2機あり、1機あたり2個のモーターを制御する。加速度は4・0キロ/時/秒、減速度も同じである。

車体の長さは先頭車が17・6m、中間車が17・4mである。車内の客室有効長は先頭車が15・34m、中間車が17・2m、有効幅は2・81mなので、客室有効床面積は先頭車が43・105㎡、中間車が48・332㎡で、国交省の規定では客室有効床面積を0・35㎡で割ったものを定員としている。そうすると定員は先頭車が123・2人、中間車が138・1人となり、6両1編成の定員は799人となる。

真駒内寄り先頭車は平日の始発から9時0分まで「女性と子どもの安心車両」となっている。一般的には「女性専用車」とするが、小学生までの男子や身障者とその介護の男性も乗れることから、この名にしている。

【ダイヤ】 最混雑区間は中島公園→すすきの間で、最混雑時間帯は8時0分からの1時間、この間に6両編成15本が走り、輸送力は1万2420人である。輸送量は1万2644人なので混雑率は102%としている。

国交省の公表数字では6両編成1本あたりの定員を

８２８人としているが、車両の項で述べた通り７９９人が混雑率を算出するうえでの正確な数字である。１編成の定員が７９９人とした場合の輸送力は１万１９８５人になるので、混雑率は１０６％と４ポイント上がる。誤差の範囲だと言えなくはないが、統一した基準で計算しないと、他線との比較はできない。

麻生─真駒内間の所要時間は28分で、表定速度は30・6キロである。ホームドア設置前は26分だったが、ホームドアを設置してからワンマン運転となり、各駅でのドア閉め等での安全確認をするために5、10秒停車時間を伸ばしたので全区間では2分ほど遅くなった。

朝ラッシュ時が終わって不要になった電車を入庫させるために麻生→自衛隊前間の区間運転が5本あるが、それ以外は麻生─真駒内間の運転である。麻生駅と真駒内駅に夜間留置があるのと、南車両基地から出庫した電車は自衛隊前駅に停車してから回送で真駒内駅に向かう。入庫はその逆である。運転間隔は朝ラッシュ時4分毎、昼間時7分毎、夕ラッシュ時5分毎、夜間8分毎である。

【将来】 定山渓温泉への延伸は断念した。麻生から先の石狩市方面への延伸についても同様である。しかし、せめて麻生駅から新琴似駅まで延伸すれば、札沼線の都心アクセス線として利用され、札沼線の混雑も緩和される。

理想的なのは新琴似駅ではなく、次の太平駅まで延伸することである。そして太平駅を島式ホーム2面4線にし、その内側に南北線が乗り入れるのである。

南北線はゴムタイヤ駆動の案内軌条式であり、車体幅もJRよりも広い。それでも相互直通運転はできなくはない。相互直通できる車両が設計されたこともあったほどである。しかし、そうは言ってもなかなか大変である。

それよりも方向別発着にして同じホームで乗り換えができるようにすれば簡単である。2面4線化が用地買収などの問題で難しいのであれば南北線を1線にして札沼線の上下線で挟みこむ2面3線にするのでもいい。

そして南北線はさっぽろ駅まで麻生停車の急行運転をすればいい。

札幌地下鉄東西線

延伸してJR線と連絡してはどうか

POINT! 南北線の中央案内軌条式を踏襲しているが、軌道横の第3軌条で集電する方式からパンタグラフ集電の架線式に変更している。南北線とは方式が異なるので同じ軌道を走ることはできない。新さっぽろ駅と宮の沢駅の両方からJR線へ延伸して連絡する構想があるが、実現していない。ホームドアが設置され、ワンマン運転になっている。

【概要】　東西線は宮の沢―新さっぽろ間20・1㌔の路線でゴムタイヤ駆動の案内軌条式鉄道である。南北線と異なるのは中央にある案内軌条がスリムになったことと、集電方式が第3軌条ではなく架線式になったことである。しかも電圧は直流1500Vになり、車体も18m3扉車なので、通常の鉄道車両により近づいている。

昭和48年（1973）に琴似《ことに》―白石《しろいし》間が着工され、51年に開業した。57年には白石―新さっぽろ間、平成11年（1999）に宮の沢―琴似間が延長開通した。

輸送密度は7万5421人、輸送密度での定期比率は通学が19・3％、通勤が15・2％とやはり他都市の地下鉄に比べて低い。定期外が65・5％となっている。輸送人員は1日あたり26万2315人、運輸収入は1日あたり3890万円となっている。平均運賃は25・66円、平均乗車キロは5・8㌔、乗客1人あたりが平均して支払う運賃は149円である。

西18丁目駅と西11丁目駅、大通《おおどおり》駅で札幌市電と連絡する。大通駅では南北線とも連絡し、東豊線とは連絡線で接続している。そして新さっぽろ駅でJR千歳線と連絡する。

【沿線風景】　宮の沢駅は島式ホームで頭端側に発着線をそのまま延ばした2線の引上線がある。渡り線はないので引上線でスイッチバックして転線したりはできず、文字通りの引上線である。現在は7両編成だが、ホームの長さは8両編成分ある。終端側にはホームドアではなく、パイプによる軽量な柵が設置されている。

東西線でもすべての駅のホームにはホームドアが設置されている。宮の沢駅のホームは新さっぽろ駅に向かって右にカーブしているが、ホームを過ぎると上下線はすぼまって直線になる。ここにシーサスポイントが設置されている。

次の発寒南《はっさむみなみ》駅は両端がすぼまった島式ホームになっており、ホームはここも8両分の長さがある。下り側は新さっぽろ寄り、上り側は宮の沢寄りの1両分を空けて停車する。停車しない場所にはやはりパイプによる柵を設置している。

同駅の先で下り勾配になりながら左にカーブして琴似発寒川をくぐる。くぐった先で上り勾配になりながら右にカーブして直進すると島式ホームの琴似駅がある。北側にJRの琴似駅があるが、800mほど離れている。

琴似―新さっぽろ間ではホームの長さは10両編成分になっている。このため琴似駅は新さっぽろ寄りに2両分、宮の沢寄りに1両分の余裕スペースがある。ただしホームと直角に柵がしてあって立ち入ることはできない。

宮の沢まで延伸する前は琴似駅が終端駅だった。このため新さっぽろ寄りに転線用渡り線があるが、シーサスポイントではなく、逆方向と順方向の2組の渡り線が設置されている。南北線と同様に案内軌条で交差ポイントを設置するのは無理ということで、このようにスペースを取る渡り線にしたのである。

琴似駅の標高は8・1m、地上の地形は次の二十四《にじゅうよん》

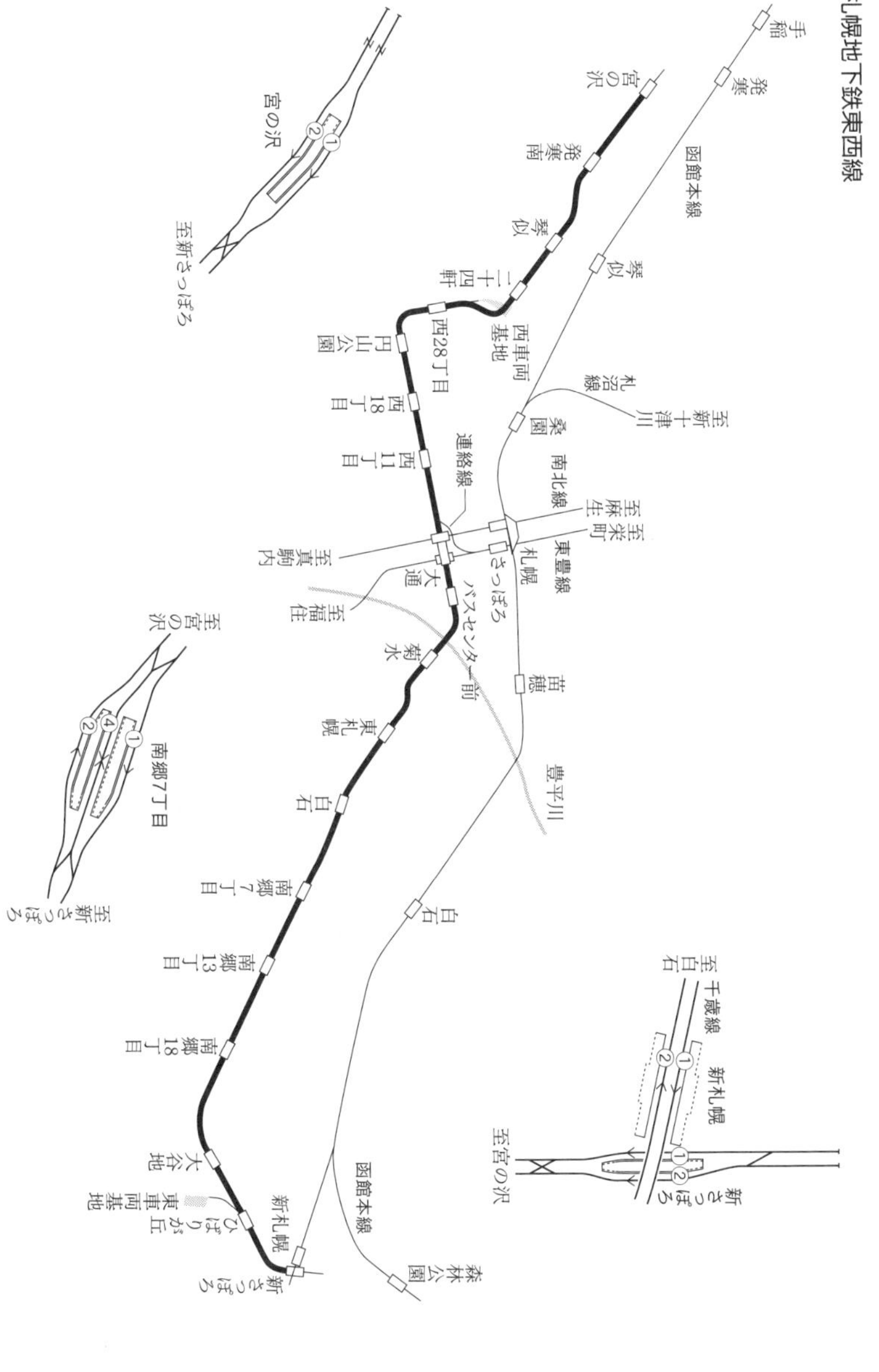
札幌地下鉄東西線
手稲
発寒
函館本線
宮の沢
発寒南
琴似
二十四軒
西車両基地
西28丁目
円山公園
西18丁目
西11丁目
札沼線
至新十津川
桑園
南北線
連絡線
至麻生
至栄町
東豊線
至真駒内
大通
さっぽろ
札幌
至福住
バスセンター前
菊水
苗穂
東札幌
豊平川
白石
南郷7丁目
南郷13丁目
南郷18丁目
大谷地
東車両基地
ひばりが丘
新さっぽろ
新札幌
森林公園
宮の沢
至新さっぽろ
至宮の沢
南郷7丁目
至白石
千歳線
新札幌
至宮の沢
新さっぽろ

軒《けん》駅に向かって下っている。東西線は25‰の勾配で下る。

その二十四軒駅は相対式ホームで、標高は1・6mと低い。ホームは新さっぽろ寄りで右にカーブし、駅を出るとさらに大きく右にカーブするとともに35‰の急勾配で下る。軌道の上にある地下の西車両基地の下を通るからである。

二十四軒駅などの相対式ホームの各駅の地下1階コンコースは中央に通路があって、その両側に下り用と上り用の改札口がある。下りホームに行きたいのに上りホームに行ってしまった人のためにホームの下を通るホーム間の連絡通路がある。

35‰の勾配で下っていき、琴似川の下を通り抜け、今度は35%の上り勾配になりながら左にカーブして直線になると西車両基地からの入出庫線が合流する。入出庫線は2線あり、2線とも上り線に合流して、その先にそれぞれ下り線への渡り線が設置されている。

当初の西車両基地は、当然、東西線用車両の車庫だったが、東車両基地が開設され、東豊線が開通すると東豊線用車両の車庫となった。

入出庫線が合流した先に相対式ホームの西28丁目駅がある。ほぼ直角に左にカーブして東向きになってすぐに円山公園駅、続いて西18丁目駅がある。両駅とも相対式ホームである。次の西11丁目駅は島式ホームになっている。

西11丁目駅を出ると左側に東豊線との連絡線が分岐する。東豊線の開通時に設置したため、通常の鉄道路線でいうシングルスリップポイントと同じ働きをするポイントが設置されている。シーサスポイントとともに東西線開通時には考えられなかったポイントである。

そして島式ホームの大通駅となる。上り線が直線、下り線が北側に膨らんだ先にホームがあり、上下線ともホームにかかる部分は直線になっている。ホームの長さに余裕があるので上り線は1両分ほど宮の沢寄りに停車するようにして、ラッシュ時に上下電車が同時に到着しても、ある程度、階段やエスカレーターの混雑を避けられるようにしている。

東西線は地下3階にホームがあり、地下2階の宮の沢寄りに南北線のホームがある。新さっぽろ寄りで東

西28丁目駅の宮の沢寄りには西車両基地への入出庫線が分岐合流している

宮の沢寄りから見た大通駅。左側に東豊線との連絡線がある。新さっぽろ方面の軌道と東豊線連絡線の軌道とはシングルスリップになっている

新さっぽろ寄りから見た菊水駅。逆方向の上下渡り線がある

豊線が地下4階で交差している。地下2階の新さっぽろ寄りは北側が改札内、南側は改札外のコンコースになっていて、改札内コンコースには東豊線の上下ホームそれぞれに降りる階段、エスカレーター、エレベーターがある。

東豊線との連絡線は単線シールドトンネルになっている。下り勾配で南北線の下をくぐって、東豊線に接続する。

大通駅を出て膨らんだ下り線が上り線と通常の間隔になった先に逆方向の渡り線がある。次のバスセンター前駅も島式ホームで、上り線は直線、下り線が北側に膨らんでから直線になっている。そして大通駅と同様に上り線は1両分ほど宮の沢寄りにずれて停車している。

バスセンター前駅を出ると25‰の勾配で下りながら右にカーブして豊平川をくぐる。14‰の勾配で上って緩く右にカーブして相対式ホームの菊水《きくすい》駅となる。新さっぽろ駅寄りに逆方向の渡り線がある。左にカーブし、次に右にカーブすると相対式ホームの東札幌駅がある。

ひばりが丘駅には旅客用のホーム（右奥）のほかに乗務員用ホーム（左奥）がある

そして白石駅となる。白石駅の宮の沢寄りは左にカーブしており、その手前に順方向、続いて逆方向の渡り線があり、新さっぽろ寄りにも逆方向の渡り線がある。白石駅は島式ホームで、下り線は1両分新さっぽろ駅寄りにずれて停車する。

JR白石駅とは最短コースで2・2$^{キ}_{ロ}$ほど離れている。しかもまっすぐには行けない。東西線の駅名を南白石に変えたほうがいいだろう。

次の南郷《なんごう》7丁目駅は中線の両外側にホームがあり、島式ホーム2面3線になっている。当初は北側の下り本線側が1番ホーム、南側の上り本線側が2番ホーム、中線の北側が3番ホーム、南側が4番ホームになっていた。ホームドア設置後、3番ホームはホームドアではなく、ただの柵にしたために3番ホームは廃止した。

このため中線での営業列車の折り返しはできない。同駅が東西線で一番標高が高い。といっても18・5mである。

中線は夜間に1列車が滞泊して始発の宮の沢行になる。それ以外は常時使用していないが、これを利用し

新さっぽろ駅の引上線からホームに進入する宮の沢行

新さっぽろ駅の宮の沢寄りにはシーサスポイントがある。案内軌条は南北線のものに比べて、ずっとスリムになっている。集電は鋼体架線式である

て急行運転をしてもいいだろう。

相対式ホームの南郷13丁目、南郷18丁目、大谷地《おおやち》と進む。南郷13丁目—南郷18丁目間では月寒川、南郷18丁目—大谷地間では厚別川《あつべつがわ》をくぐるためにアップダウンがあり、南郷18丁目駅では左にカーブしている。

大谷地駅の次のひばりが丘駅も相対式ホームだが、駅の南西側に東車両基地があり、ひばりが丘駅の新さっぽろ寄りに入出庫線がある。さらにひばりが丘駅の旅客ホームに並行する2線の入出庫線にも乗務員用の狭い相対式ホームがある。これは入出庫電車が東車両基地—ひばりが丘（乗務員用ホーム）間ではATO（自動列車運行装置）による無人運転を行なっているため、乗務員はひばりが丘駅の専用ホームで乗り降りするからである。

ひばりが丘駅を出ると直進してから左にカーブして島式ホームの新さっぽろ駅となる。宮の沢寄りにシーサスポイントがあり、終端側に引上線が2線ある。折り返し電車はシーサスポイントで転線せず、1番線に到着後、北側の引上線に一旦入って方向を変え、逆方向の渡り線で2番線に転線する乗降分離方式をとっている。

JR新札幌駅の東側の道路の地下に東西線の新さっぽろ駅がある。JR新札幌駅の改札口は西側にあり、一歩間違うと西側の地下通路のほうに行ってしまって東西線に乗り換えるのに途方に暮れることがあるので注意が必要である。

【車両】 7両固定編成で、新さっぽろ寄りから2、3、6号車が電動車の3M4Tになっている。M車（電動車）は出力70kWのモーターを8個装備し、4個のモーターを一つのインバーター制御器でコントロールする1C4M方式で、電動車1両に2機の制御器を搭載している。

1車輪にそれぞれ1個のモーターを装備、1台車に4個のモーターを持っている。車軸はないためにカーブ通過時に左右車輪の回転数を調整する作動歯車機構は不要である。起動加速度は3・4キロ／時／秒、常用最大減速度は4・0キロ／時／秒である。

18m車体で、先頭車の有効床面積は44・10㎡で、国交省鉄道局の定員算出基準は座席部分も含めた有効床面積を0・35㎡で割ったものを定員とすると定めているので、これによって計算した定員は126人である。中間車での有効床面積は46・87㎡で定員は134人である。7両1編成の定員は922人となる。

しかし、公表では910人で12人少なくしている。なお、座席定員は340人である。座席定員は総定員の3分の1以上という目安（以前は定められていた）にはいずれもクリアしている。

「女性と子どもの安心車両」があるのは中央の4号車で、利用は始発から9時までとしている。9時になるとどこを走っていても解除されて誰でも4号車に乗れるようになる。

【ダイヤ】　最混雑区間は西行の菊水→バスセンター前間で最混雑時間帯は8時から1時間となっている。この間、7両編成15本105両が通過し、輸送力は1万3650人となっている。輸送量は1万6957人なので、混雑率は124％である。

1編成あたりの平均定員は公表通り910人、1両あたりだと130人にしているが、これではアバウトである。1編成の定員を922人にした場合の輸送力は1万3830人で、これをもとに混雑率を計算すると123％になる。1ポイントしか緩和していないが、全国の鉄道と比較するには正確な数字にするべきである。

なお、首都圏や関西圏などの多くの鉄道会社も国交省の定めた定員計算方法に従っているところは少ない。定員が140人のところ150人以上にしている鉄道会社もある。

ほぼ正確に算出しているのはJR東日本の通勤電車である。ちなみにJR東日本の広幅車体の中間車で定員は146人となっている。

新さっぽろ―宮の沢間の所要時間は35分、表定速度34・5キロである。ホームドアの設置とワンマン運転化前は33分だったから2分遅くなった。扉の開閉等での確認のために各駅で5、10秒停車時間を増やしたためである。

運転間隔は朝ラッシュ時4分毎、昼間時7分毎、夕ラッシュ時5分毎が基本である。宮の沢駅と新さっぽろ駅の両者とも0時0分発が最終列車になっている。初発は宮の沢駅と新さっぽろ駅、それに南郷7丁目（西行）がそれぞれ6時0分である。初発が6時というのは他の大都市にくらべて遅い。できれば5時、せめて5時半くらいに初発が出るようにしてほしいものである。

【将来】　宮の沢駅からＪＲ函館本線の手稲《ていね》駅、新さっぽろ駅から同野幌《のっぽろ》駅・森林公園駅方面への延伸構想がある。函館本線の混雑を緩和するために相互直通運転をして都心へのアクセスをよくしようとするものである。

案内軌条式ゴムタイヤ駆動であってもＪＲ線に乗り入れができるように、ＪＲ区間では通常のレールによる案内をしてゴムタイヤで駆動する。要するにＪＲ区間にゴムタイヤ走行の路面を設置する方式、あるいは車両を鉄車輪とゴムタイヤの両方を装備したハイブリッドにするなどが検討され、できなくはないが費用がかかるということで断念した。

これに代わって構想されたのが、島式ホーム2面4線の内側に東西線電車が発着することで、同じホームで乗り換えられることになる。西側は手稲駅が車庫に近く、すでに2面4線になっているので、手前の稲積《いなづみ》公園《こうえん》駅を2面4線化する。東側は森林公園駅か野幌駅を2面4線化することが考えられた。

野幌駅に乗り入れる場合は野幌森林公園、特に開拓村などを経由して、これらのアクセス路線にしようとするものである。だが、距離が長く迂回もするので、距離が短い森林公園駅に乗り入れれば函館本線の都心バイパス線になる。

この場合、森林公園―白石間で新さっぽろ駅だけに停車する快速を運転すれば、都心バイパス線として機能する。

しかし、これらは構想段階に留まっており、免許を取得するどころか都市計画にも組み入れられていない。

東豊線の車庫が東西線の西車両基地にあるため、東豊線の入出庫電車が大通（連絡線接続部）―西28丁目間を回送で走る。これを栄町《さかえまち》―西28丁目間で営業電車として走ってもらうと、それほどの運転本数はないが、あれば大通駅での面倒な乗り換えをしなくてすむ。ただし、東豊線の電車が来たときに東西線のホームドアは4両編成の東豊線電車に対応する扉だけを開閉する装置が必要である。

札幌地下鉄東豊線

丘珠空港への延伸の早期実現を

POINT! 南北線の混雑解消のために建設された。東西線と同じ規格で、車庫は東西線の西車両基地にあり、大通駅近くにある連絡線で東豊線に入線する。南北線では北の石狩市方面への延伸構想があったが、これを東豊線に切り替えるという構想がある。しかし、まったく実現していない。

【概要】 東豊線は栄町《さかえまち》―福住《ふくずみ》間13・6キロの路線で、さっぽろ駅で南北線とJR函館本線に連絡、大通駅《おおどおり》で東西線と接続し、南北線と連絡する。また、大通駅と豊水《ほうすい》すすきの駅は札幌市電の西4丁目、狸小路《たぬきこうじ》、すすきのの各電停と連絡し、乗り継ぎ割引が適用される。

規格は東西線とほぼ同じだが、編成両数は4両である。全駅のホームドアの設置が平成29年3月をもって終了し、4月1日からワンマン運転を開始した。

輸送密度は5万4029人、輸送密度での定期比率は通学が20％、通勤が15％、定期外が65％となっている。平均運賃は29・32円、平均乗車キロは4・7キロ、1人あたりの乗客が平均して支払う運賃は138円で、1日平均の輸送人員は15万6500人、1日あたりの運輸収入は2154万円である。

南北線の混雑が激しくなってきたために、都心部では南北線と少し離れて並行し、都心を離れると札幌の東部方面に路線を延ばして東部方面からの都心へのアクセスを東豊線利用にすることで、南北線の混雑を緩和するようにした。昭和63年（1988）に栄町―豊水すすきの間、平成6年（1994）に豊水すきの―福住間が開業した。

【沿線風景】 栄町駅は島式ホームで8両編成分の長さがある。しかし、4両編成が使用されているため、ホーム中央部の電車が停車する個所にはホームドアがあるが、それ以外の前後の個所には線路に面して柵が設置されている。また、福住寄りの列車が停車しない個所のホームはホームと直角の柵で仕切られていて中に入れない。終端寄りは階段が端部近くにあるため直角の仕切り柵はない。なお、栄町駅から豊水すすきの駅までのホームの長さは8両分になっている。

ホームの前後にシーサスポイントがあり、終端側の奥には8両編成2本が収容できる留置線が3線と検修ピット1線が置かれている。現在は4両編成なので1線につき4本が収容できる長さだが、信号の関係で1線につき2本、全部で6本を収容する。

検修ピットは東西線にある東豊線用の西車両基地からの回送ができなくなったりしたときに備えているもので、栄町検車線と呼ばれている。

栄町駅の島式ホームは2番線が直線、1番線が中央で膨らんでいる。1番線は乗車用、2番線は降車用で、2番線に到着した電車は奥の引上線に進んで折り返して1番線に転線する。

栄町駅を出ると南下し、札樽《さっそん》自動車道と交差した付近に相対式ホームの新道東《しんどうひがし》駅がある。同駅も福住寄りのホームには直角の仕切り柵があって入れない。

次の元町駅は栄町駅寄りにY形引上線、福住寄りに逆方向の渡り線がある。島式ホームで両端は仕切り柵があって入れない。続く環状通《かんじょうどおり》東《ひがし》駅は相対式ホームで両端に仕切り柵がある。

環状通東駅の先で右にほぼ直角にカーブして西向きに進んで島式ホームの東区役所前駅、相対式ホームの北13条東駅となる。両駅とも両端に仕切り柵がある。

左にほぼ直角にカーブして南向きに進むとさっぽろ駅である。幅がやや広い島式ホームで、南北線さっぽろ駅とは結構離れているが、改札内連絡通路があり、その両側には改札外連絡通路がある。

さっぽろ駅を出るとシーサスポイントがあって、そ

札幌地下鉄東豊線

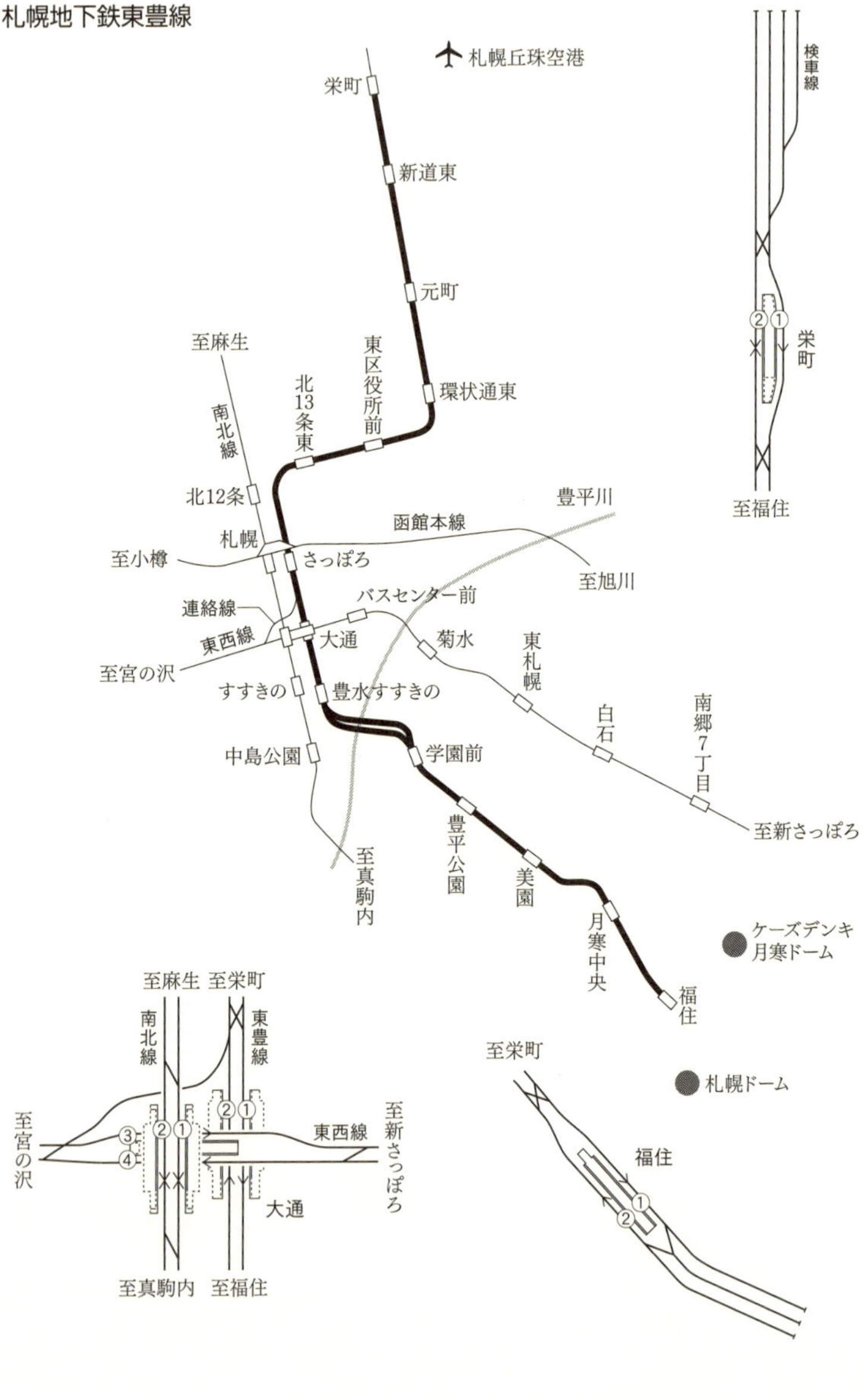
札幌丘珠空港
栄町
新道東
元町
環状通東
東区役所前
北13条東
至麻生
南北線
北12条
札幌
さっぽろ
至小樽
函館本線
豊平川
至旭川
連絡線
東西線
バスセンター前
大通
至宮の沢
菊水
東札幌
すすきの
豊水すすきの
学園前
白石
南郷7丁目
中島公園
至新さっぽろ
至真駒内
豊平公園
美園
月寒中央
福住
ケーズデンキ月寒ドーム
札幌ドーム
検車線
栄町
至福住
至麻生
至栄町
南北線
東豊線
至宮の沢
東西線
至新さっぽろ
大通
至真駒内
至福住
至栄町
福住

栄町駅の終端には3線の留置引上線と検車線（右奥）がある

さっぽろ駅に停車中の栄町行

大通駅のさっぽろ寄りに東西線への連絡線とシーサスポイントがある

の先で上り北行の線路から東西線への連絡線が分岐する。そして相対式ホームの大通駅になる。大通駅では南北線の下に東西線、その下に東豊線が通っている。このため東豊線のホームは非常に深いところにある。手前のさっぽろ駅まで近いこともあり、東豊線のさっぽろ駅のホームも非常に深い。このため地上に出るにはエスカレーターやエレベーターがあるが、階段しかないところもあって出入りするのは大変である。

まっすぐ南下するが、地形が上がっているので、東豊線も32‰の上り勾配になる。次の豊水すすきの駅は島式ホームで、当初は同駅が終点だった。このため栄町駅寄りにシーサスポイントがある。通常、同駅で運転士は交代する。

同駅を出ると左に大きくカーブし、単線並列シールドトンネルになる。下り勾配になって豊平川をくぐり、単線並列シールドトンネルのまま市街地の下を通る。上り勾配で右にカーブしてからまっすぐ進むと上下線間が広がったまま開削トンネルになってすぐに島式ホームの学園前駅がある。

同駅からホームは6両編成分の長さになっている。

ただし、ホームがなくなった先は幅が狭いものの8両分に延伸できるようになっている。

左にややカーブして南東に進むようになる。次の豊平公園駅は下り線が膨らんだ島式ホームだが、ホーム部分は直線で、その前後のホーム延伸が可能な部分でカーブしている。さらに進んで左にカーブしたところに島式ホームの美園《みその》駅がある。

美園駅を出て少し進むと複線シールドトンネルになる。上を通っている豊園通が月寒《つきさむ》公園のところで止まっているので、東豊線はシールドトンネルで月寒公園や私有地の下をS字カーブで抜けて月寒通に出る。

月寒通に出て少し進むと島式ホームの月寒中央駅がある。この先で月寒川をくぐると終点の福住駅になる。島式ホームで栄町寄りにシーサスポイント、終端側に3線の引上線がある。月寒通が左にカーブしているのに合わせて、引上線も途中から左にカーブして止まっている。

中央の引上線はY形になっており、以前は1番線で乗客を降ろした電車がここまで進み、折り返して2番線に転線して乗客を乗せる乗降分離方式をとっていたが、現在は1、2番線とも発着して折り返す。栄町寄りのシーサスポイントで転線している。

月寒通を900mほど進むと札幌ドームがある。ここまで延ばせば便利だが、あまりにもドームの入口に近いと、催し物が引けたとき、あっという間に地下鉄の入口に多くの観客が殺到して危険である。900m程度離れていれば、そのあいだが緩衝空間になって、急には階段やコンコース、ホームに人が溢れない。

もっとも、広い階段やコンコース、そして島式ホームを挟むように片面ホームを設置して、一度にどっと来ても捌けるようにすることはできるが、そのためには相当な費用がかかり、現実的ではないのである。

【車両】 建設費軽減のために断面積が小さい地下線にしている。このため、パンタグラフを小型化した。

開業時からの7000系では古い車両は25年ほど経っている。補修して使いつづけることもできるが、ホームドアの設置に対応するためのTASC(駅停止位置自動制御装置=Train Automatic Stop-position Control)の搭載やワンマン化による機器の装備などを考えると、新しい車両に置き換えたほうが得策とい

福住駅の栄町寄りにあるシーサスポイント。案内軌条式
シーサスポイントの構造がよくわかる

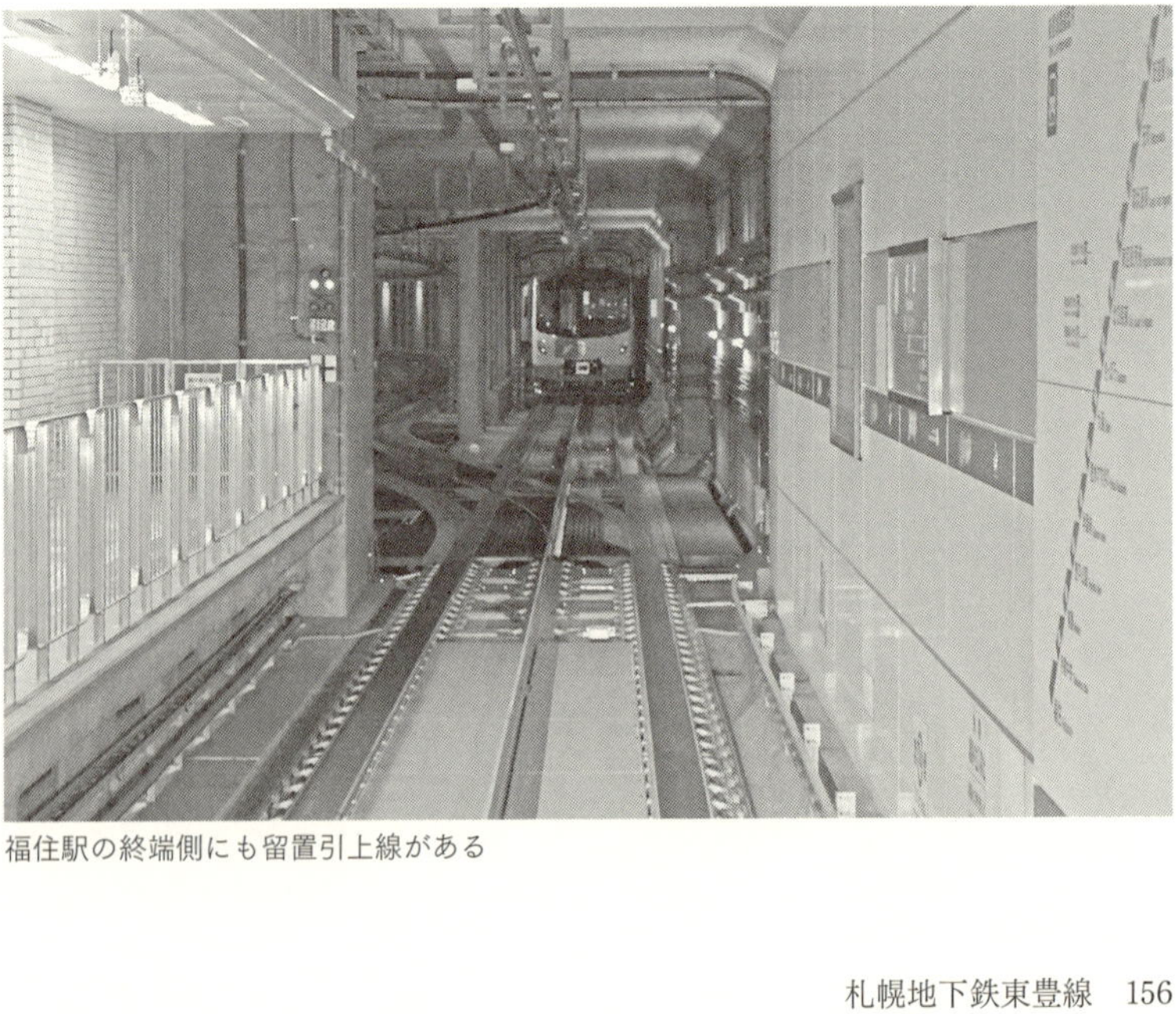

福住駅の終端側にも留置引上線がある

うことで、9000系に置き換えられた。

【ダイヤ】　最混雑区間は北13条東→さっぽろ間で、最混雑時間帯は8時0分から1時間である。この間に4両編成が15本走り、輸送力は7740人となっている。輸送量は9433人で混雑率は122%である。1両あたりの定員は129人、4両編成で516人となっている。筆者の計算では、520人で1ポイント下がった121%になるが、これは誤差の範囲である。

朝ラッシュ時4分毎、昼間時7分毎、夕ラッシュ時5分毎が基本である。

始発は栄町駅も福住駅も6時0分である。両駅の引上線に滞泊していた電車が順次発車していくが、それだけではラッシュ時の運用本数が足りないので、東西線の西車両基地から東豊線さっぽろ駅まで回送されて、さっぽろ→栄町間運転の区間電車が5本走る。

朝のラッシュが終了すると運用電車が余るので、これらの電車は区間運転をせずに全区間回送で走る。また、夕ラッシュ時に入る前に西車両基地発さっぽろ駅から栄町までの区間電車が1本走る。

最終は栄町と福住の両駅とも0時0分発である。

【将来】　福住駅から共進会場や月寒ドームへの延伸構想があったが、現在では月寒通に沿って札幌ドーム前駅、東月寒駅を設置して清田区役所付近の清田までの延伸が有力になっている。この場合、前述したように札幌ドーム前駅での大量の乗客の入出場をどう捌くかを考える必要がある。

栄町駅側では丘珠《おかだま》空港でジェット機が離着陸できるように滑走路が延伸されたときに備えて、丘珠空港への延長が考えられている。この場合、現在の空港ターミナルではなく、北側の「つどーむ」に隣接した場所に空港ターミナルの移設が必要である。新幹線接続のさっぽろ駅から迅速に丘珠空港へアクセスできるようにするため快速の運転も必要になろう。

石狩市と札幌を結ぶ交通機関がいろいろ考えられている。そのなかで有力なのが東豊線の石狩市への延伸である。

しかし、札幌市営なので札幌市域外への延伸は石狩市も関与する必要がある。そういったことでまったく進展していない。

札幌市電

苗穂線、桑園線の復活を

POINT! 札幌市電は都心線の開通により環状運転をしている。札幌駅や桑園駅、苗穂駅への今後の延伸というよりも復活構想が浮上している。

【概要】 札幌市電は札幌中心部で環状運転をしている。西4丁目から反時計回りに西15丁目、電車事業所前、行啓通《ぎょうけいどおり》、すすきのを経て西4丁目に戻る8・9キロの路線である。軌間は1067mm、架線電圧は600Vである。

正式な路線としては4線に分かれる。1条線西4丁目—西15丁目間1・3キロ。山鼻西線西15丁目—中央図書館前間3・3キロ、山鼻線（起点はすすきの）中央図書館前—すすきの間3・9キロ、都心線すすきの—西4丁目間0・4キロである。

市電と地下鉄との乗り継ぎ割引が可能な電停と駅がある。中央区役所前電停と東西線西11丁目駅、西15丁目電停と東西線西18丁目駅、静修《せいしゅう》学園前電停と南北線幌平橋《ほろひらばし》駅、山鼻9条電停と南北線中島公園駅、そしてすすきの、狸小路、西4丁目の3電停のいずれかと地下鉄の大通、すすきの、豊水すすきのの3駅のいずれか相互間で市電と地下鉄との乗り継ぎ割引が適用される。

輸送密度は6073人、輸送密度での定期比率は通勤が8・6％、通学が4・1％、定期外が87・3％と圧倒的に定期外が多い。平均運賃は53・24円と高いのは平均乗車距離が2・5キロと短距離利用が多いからである。1日平均の輸送人員は2万400人、1日平均の旅客運輸収入は274万9千円、一人1日平均の旅客収入は135円である。

営業収支率は償却前が105・0％、償却後が120・5％、1日平均の営業収益は287万6731円、同営業費は346万5416円で1日あたりの赤字額は58万8685円となっている。

乗客一人あたりでは28・9円の赤字だから、運賃を30円値上げするか輸送人員が1万1千人増えれば黒字になる。

各数字は年平均だが、冬の札幌は天候が厳しくクルマや徒歩、自転車での外出ははばかられ、また、路線バスも遅れがちになる。しかし、札幌市電には除雪で強力なササラ電車があり、輸送障害による遅れは少ない。このため冬期の輸送人員は年平均の25％増しの2万5千人になる。

明治43年（1910）に札幌石材馬車鉄道が平岸《ひらぎし》―藻岩《もいわ》間で軌間762㎜の馬車鉄道を開業し、44年に札幌市街鉄道に改称し、札幌市街に各種路線を開通させた。

その後、電化することになって大正5年（1916）に札幌電気鉄道に改称し、7年に軌間1067㎜への改軌と電化を果たした。

路線は新設や廃止、あるいは変更を繰り返しており、改軌電化時は停公線札幌停車場―中島公園通間、南四条線南4条西3丁目―南4条東3丁目間、一条線南1条西14丁目―南1条東2丁目間の3路線が設置された。

昭和2年（1927）に札幌市が買収して札幌市電になった。最盛期の昭和40年には8路線もあった。一条線一条橋―円山公園間、山鼻線すすきの―中央図書館前間、山鼻西線西15丁目―中央図書館前間、豊平線すすきの—豊平駅前間、苗穂《なえぼ》線道庁前—苗穂駅前間、北5条線札幌駅前—中央市場通間、西20丁目線中央市場通—長生園前間、鉄北《てつほく》線札幌駅前—新琴似駅前間である。

運転系統は1系統が円山公園—一条橋間、2系統が北24条—教育大学前間、3系統が医大病院前—豊平駅前間、4系統が苗穂駅前—静修学園前間、5系統が桑園駅前—豊平駅前間、6系統が丸井前—学芸大学前間、7系統が新琴似駅前—三越前間、8系統が苗穂駅前—丸井前間だった。

地下鉄の開通で次々に廃止され、昭和49年からは西4丁目—すすきの間のC字状路線が残るだけになってしまった。

しかし、平成22年（2010）に札幌市は「札幌市路面電車活用方針」を策定、これに則《のっと》って西4丁目—すすきの間の駅前通に新線を建設してループ化することがまずなされ、平成27年12月に完成した。これによって乗客は大幅に増えている。

このほかの新線計画としては札幌駅前への延伸、北3条通を中心とした東方への延伸、西15丁目から桑園駅と市立病院への延伸もある。

【沿線風景】 内回りの西4丁目電停はループ化したときに、サイドリザベーションで駅前通に新設した都心線の北端部、南1西4交差点の4丁目プラザ前に新規に設置された。外回りの電停は従来の南1条通にある。

なお、渡り線は逆方向のスプリング式になっていて、ポイントを越えてからバックすると反対側の線路に転線できる。以下、特記がない上下渡り線はスプリング式で逆方向の渡り線である。

西4丁目から狸小路《たぬきこうじ》に行く場合、南1西4交差点の交通信号によって市電の信号を制御しているために停車時間が長くなる。具体的には黄色の右矢印を現示さ

札幌市電

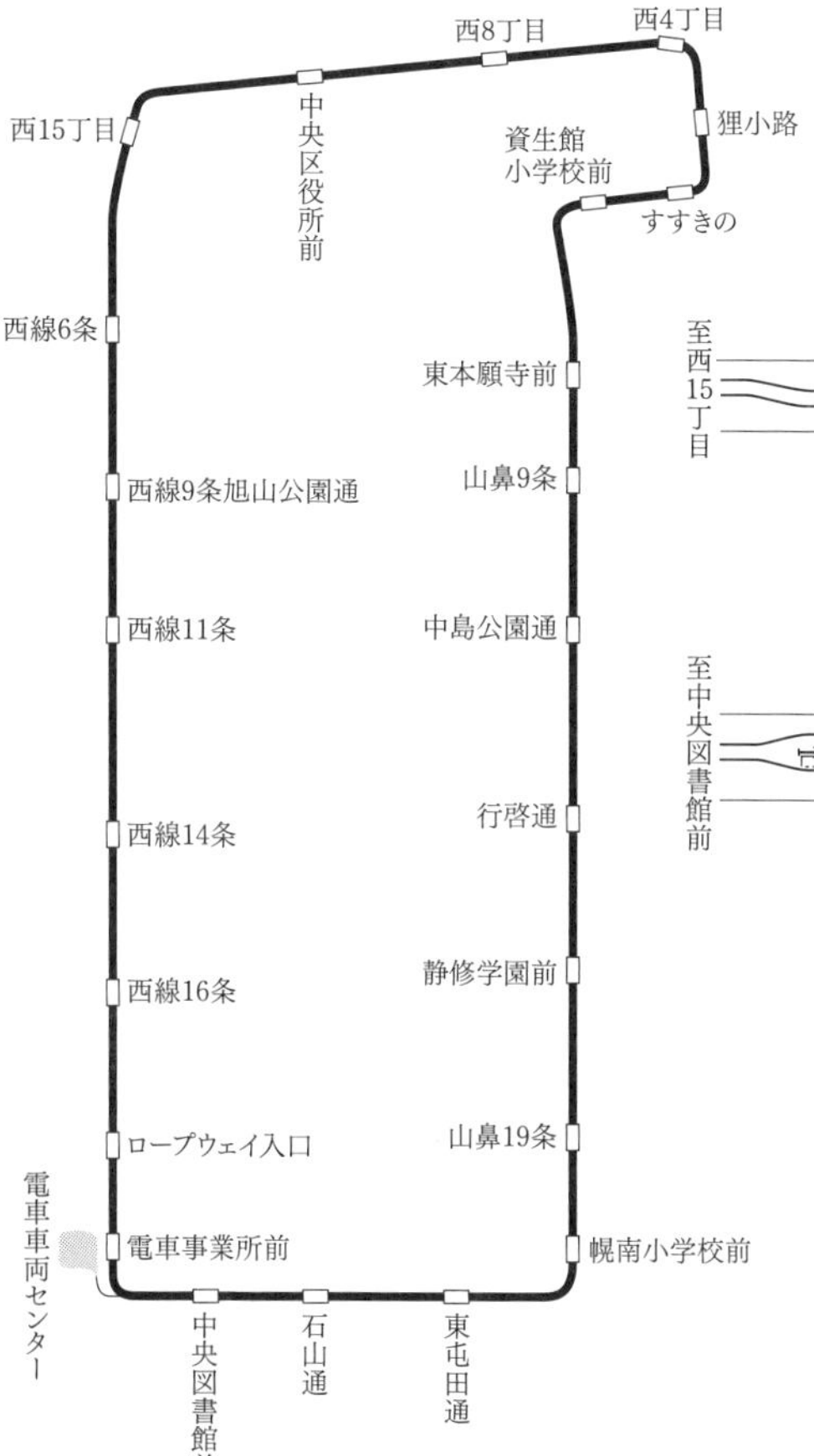

西8丁目
西4丁目
西15丁目
中央区役所前
資生館小学校前
狸小路
すすきの
西線6条
東本願寺前
西線9条旭山公園通
山鼻9条
西線11条
中島公園通
西線14条
行啓通
西線16条
静修学園前
ロープウェイ入口
山鼻19条
電車車両センター
電車事業所前
幌南小学校前
中央図書館前
石山通
東屯田通

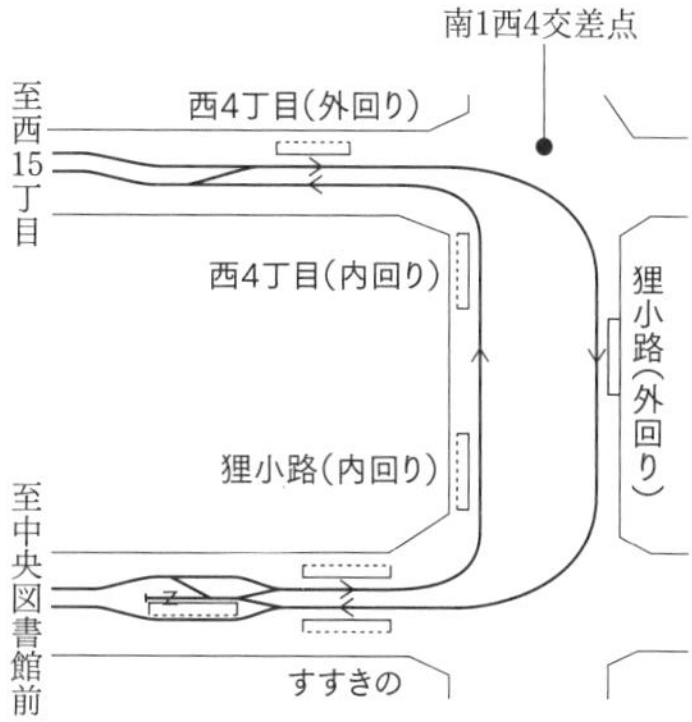

南1西4交差点
至西15丁目
西4丁目(外回り)
西4丁目(内回り)
狸小路(外回り)
狸小路(内回り)
至中央図書館前
すすきの

ロープウェイ入口電停付近を走る低床電車（右）と旧式電車

れると右折しながら都心線に入るが、乗車ホーム付近の軌道区間に一定時間在線すると、交通信号と連動して矢印が現示される。

タイミングによっては結構長い時間停まることになり、後続の電車と団子状態になることもある。

ループ化前はY形ポイントがあって折返線は乗車用と降車用ホームに挟まれていた。さらに降車用ホームはY形ポイントの手前にもあり、団子状態になったときに後続電車から速やかに降車できるようにしていた。

次の西8丁目と中央区役所前の両電停は内回りのホームが東寄りにある。その先、左手の中村記念病院あたりに上下渡り線がある。南1西15交差点で大きく左にカーブして南南西方向に向かう。曲がってすぐに西15丁目電停があり、その先に渡り線がある。

もう一度左にカーブしてほぼ南向きになる。西線6条、西線9条旭山公園通、西線11条、西線14条、西線16条、ロープウェイ入口の各電停は交差点を挟んで内回り線側のホームが北側にある。西線11条と西線16条電停の南側に渡り線があり、西線16条電停では朝ラッシュ時に折り返し電車がある。交差点の信号が赤であっても乗降ができるように斜向かいになっているのである。

次の電車事業所前電停は向かい合わせにホームが配置されている。右側に車庫の電車車両センターがある。電車事業所前電停の先でほぼ直角に左にカーブする。そこに車庫からの入出庫線が接続しており、その向こうに渡り線がある。しかし、入出庫電車は中央図書館前電停を始終発にしている。

このため、中央図書館前電停は内回りホームが東寄りにあって斜向かいに配置されている。内・外回りのあいだに交差点はなく、代わりに渡り線があり、始発時にはこれを使って転線して発車あるいは入庫する。

交差点を挟んで内回り線側が西寄りにホームのある石山通、東屯田通《ひがしとんでんどおり》の電停を過ぎると、左にカーブして北上し、幌南《こうなん》小学校前となる。同電停は渡り線を挟んで内回り線側ホームが北側にある。異常時に行う同電停での折り返しを考慮したホーム配置である。

北上して交差点を挟んで内回り線側ホームが南側にある山鼻19条電停、次に幌南小学校前と同様にホーム間に渡り線がある静修学園前電停、そして行啓通、中島公園通、山鼻9条、東本願寺前の各電停は交差点を挟んで内回り線側ホームが南にある斜向かいの配置になっている。

また、静修学園前電停の上下ホームのあいだ、東本願寺前電停の北側に渡り線がある。

東本願寺前電停を出ると右にカーブして東向きになる。ここからは架線柱がセンターポールになっており、空中には架線しかなく景観がよくなっている。都心線の区間を除く他の区間では歩道と車道のあいだにある両側の電柱から空中線を架け、そこに架線をぶら下げる方式のために空中線が何本もあって見苦しい。

途中に相対式ホームの資生館小学校前電停があり、すすきの寄りに渡り線がある。

すすきの電停は相対式ホームとY形引上線があり、引上線にも片面ホームがある。さらに引上線と内回り線とのあいだに渡り線がある。

同電停で外回り線から内回り線への折り返し電車が設定されているためである。西4丁目電停と同様に路

すすきの電停付近はセンターポールになっている

狸小路電停はサイドリザベーション方式になっている

面電車ではあっても軌道回路で位置を検知し、交通信号と連動している。

都心線は両側の歩道に面して線路があるサイドリザベーションになっている。本レールとその内側にあるガードレールが路面に埋め込まれ、重レールの50Nレールを使用、本レールとガードレールのあいだにはゴムシュートを挟みこんで騒音・振動を防止している。冬期の積雪対策として軌道全面に温水ヒーティングパイプを埋めこんでいる。

途中に狸小路電停があり、そして西4丁目電停につながる。

【車両】　旅客電車は全部で33両あり、大きく分けて低床電車A1200形、VVVFインバーター制御の近代化車両、以前からある種々雑多な車両の3種からなる。

A1200形は3両あり、3車体連接で前後の車体に台車があり、中間車体は前後の車体に支えられているアルナ車両の低床車リトルサンダーUaタイプである。車内の車輪の上は1人掛けクロスシートになっている。

VVVFインバーター車は8500形、8510形、8520形が各2両の計6両がある。また、この車両の車体に旧式車両の台車機器を流用した3300形5両もある。

ラッシュ時にモーターがない小形車両を連結して走っていた親子電車のM101号はまだ健在である。旧式車両は210形4両、220形2両、240形7両、250形5両があり、更新修繕されている。

除雪用のササラ電車は雪1形3両と雪11形1両の計4両がある。

【ダイヤ】　朝ラッシュ時には環状運転と西線16条―西4丁目―すすきの間の区間運転とがある。朝ラッシュ時の外回りの環状運転は3～6分毎で、すすきの行が6本入り、西線16条→すすきの間は2、3分毎になる。内回りは7、8分毎で西線16条行が8本走り、3～5分毎になる。必ずしも西線16条―すすきの間の区間運転ばかりでなく、環状運転をしていた電車が適宜すすきの折返と西線16条折返に設定されていることも多い。

昼間時は7、8分毎、夕ラッシュ時は4～7分毎の運転になる。内外回りともに始発時や夕ラッシュ時前ごろに車庫から出庫する中央図書館前発があり、朝ラッシュ時の終了時や夜間に中央図書館前行がある。

すすきの電停での中央図書館前行最終は内回りが23時17分、外回りが23時25分である。

【将来】延伸構想は路面電車に理解のない一部の人々が反対している。しかし、路面電車を全廃したフランスのパリでも復活しているし、都心線の開通によって乗客も増えている。

延伸構想の筆頭の札幌駅前—西4丁目間の延伸は冬期にこの区間を移動する人にとってはありがたいとされていたが、地下鉄南北線や東豊線があり、さらにさっぽろ駅—大通駅間で供用開始した「札幌駅前地下歩行空間」という地下通路ができたので延伸しても利用されない恐れがあるとされている。

とはいえ、市電の連続性からするとなくてはならない路線ではある。地下鉄では1駅間で途中に駅はないが、かつてあった北5条線では札幌駅前—すすきの間にグランドホテル前と三越前の二つの電停があって便利だった。

それでも危惧するなら苗穂線（グランドホテル前—苗穂駅前間）と桑園線（桑園駅通—桑園駅前間）の復活である。単に復活するだけでなく、ルートの再検討をして現在にマッチした路線にする必要がある。桑園線は西15丁目から桑園駅を通り越して札幌競馬場正門まで、苗穂線はサッポロファクトリーなどの観光地にスムーズに行けるルートをとればいいし、藻岩山ロープウェイの山麓駅への枝線の建設もいい。

そして、これらをめぐる2階建てクロスシートの観光電車を走らせ、運賃のほかに特別料金を取って収益を増やすようにしてもいい。

平成19～20年に鉄道総合研究所で試作したHi-Tramと川崎重工の試作したSWIMOの走行試験を札幌市電で行なった。ともにバッテリー走行の架線レス路面電車である。特徴は設置費用と維持費用がかかる変電所と架線を不要として走行できることである。これによって線路敷設費は格段に安くなり、メンテナンスコストも軽減する。

これの実用化を待って架線レス路面電車線を造ればいいのである。

JR留萌本線

観光列車を走らせて存続を図れ

POINT! 留萌《るもい》本線の留萌―増毛《ましけ》間は廃止され、残る区間も輸送密度が187人しかなく、豪雪地帯なので除雪費も莫大である。このためJRは廃止を検討している。無料の高速道路が並行しており、圧倒的に便利である。高速化ができるわけもなく、活性化手段は観光列車を走らせるしかない。

【概要】 留萌本線は深川―留萌間50・1キロの単線非電化路線である。平成28年（2016）12月4日に留萌―増毛間16・7キロが廃止された。深川駅で函館本線と接続する。留萌本線は留萌線の部の本線である。留萌線の部に所属する路線として羽幌《はぼろ》線（留萌―幌延《ほろのべ》）があったが、昭和62年（1987）に廃止されている。

輸送密度は深川―留萌間で187人、平成26年度が177人だから10人増えている。留萌―増毛間では67人、26年度は39人だった。存続運動のために地元が利用促進を図った結果増えたのだが、この程度ではまだまだ鉄道運営をやっていくほどの輸送密度ではない。事実、営業収支率は深川―留萌間で1171％である。ただし26年度は1316％だからやや改善している。といっても五十歩百歩である。留萌―増毛間では2997％（26年度は4161％だった）にもなっている。1日1キロあたりの赤字額は深川―留萌間が3万2200円、留萌―増毛間が2万6200円にもなっている。

石狩川流域の石炭や木材を留萌港から本州方面に運ぶために、明治29年（1886）に公布された北海道鉄道敷設法で「石狩国雨龍《うりゅう》原野ヨリ天塩国《てしおのくに》増毛ニ至ル鉄道」が予定線として取り上げられた。

明治43年に深川―留萌間が開通し、大正10年（１９２１）に留萌―増毛間が開通して全通した。大正11年（１９２２）に公布された（改正）鉄道敷設法の別表１３５は「石狩国札幌ヨリ石狩ヲ経テ天塩国増毛ニ至ル鉄道」となっている。留萌線の延伸として札幌―増毛間の建設を取り上げたのである。

昭和6年（１９３１）に留萌から分岐する羽幌線ができたために、留萌線の部を作って本線を深川―増毛間、所属線を羽幌線とした。その後、石炭輸送を主にした貨物列車が頻繁に走り、準急や急行も走っていたが、石炭産業の衰退で貨物列車の運転本数は激減し、昭和61年に急行「るもい」、「はぼろ」が廃止され、62年には羽幌線が廃止となった。

平成11年（１９９９）にはＪＲ貨物による深川―留萌間の第2種鉄道事業を廃止した。これによって貨物列車の運転は事実上、廃止になった。そして平成28年12月に留萌―増毛間が廃止された。

残る深川―留萌間もいずれ廃止されてバスに転換される。先述したように赤字額そのものが膨大になっており、ＪＲ北海道線内乗り降り自由のフリーきっぷ利用者の留萌線乗車の運賃を按分して加えたとしても焼け石に水である。

乗客の落ち込みの要因は、留萌地区の人口減少のほかに、自動車専用道の深川留萌自動車道の開通もある。同道路は道央自動車道につながっており、札幌や旭川に短時間で行ける。留萌―札幌間に特急を走らせてみてもクルマの利便性には勝てない。通学は別にして一般の鉄道利用で乗客を増やすことはできない。通学生も少子化で減っている。残すとすれば観光客を呼びこむしかないと言える。

【沿線風景】　留萌本線の列車は深川駅の4番線から発車するのが基本である。発車すると札幌方向で函館本線と並行する。函館本線からのシーサスポイントがあり、その渡り線のほうが直線となって留萌本線と接続するので、留萌本線はここから右に折れる形になる。

その先で半径604mで大きく右にカーブして北西方向に直線で進むと、片面ホームが左側にある北一已《きたいちやん》駅となる。駅を出ると半径604mでやや左にカーブしてから直線で進む。

次いで右にカーブすると片面ホームの秩父別《ちっぷべつ》駅となる。元は相対式ホームで、その下り線が使用されている。上り線のホームや線路は撤去されているが、元の分岐合流ポイントに沿って線路は振っている。長大貨物列車が走っていたために振っている線路の区間は長い。

同駅の先で左にカーブする。その先に北秩父別駅がある。左側に片面ホームがあるが、ホームは板張りで、長さは1両分もない。留萌本線の列車はすべて単行のワンマン列車である。ワンマン列車は無人駅では一番前の扉だけ開けて乗降する。このため一番前の扉がホームにかかればいいのである。

252mの雨竜川橋梁を渡って少し進むと石狩沼田駅となる。現在は片面ホームの棒線駅だが、札沼《さっしょう》線との接続駅だったためにJR形配線に貨物側線や機留線、転車台があった。現在は左側の駅舎側に面した片面ホームを使用している。対面に島式ホームが残され、花壇になっている。

徐々に山間部に入り、9・1‰の上り勾配で進む。そして次の真布《まっぷ》駅も板張りの短い片面ホームである。

恵比島《えびしま》駅となる。片面ホームだが、かつてはJR形配線だった。その下り本線を使用している。対面の島式ホームは撤去されている。この島式ホームの内側は上り線用で、外側は留萌鉄道（恵比島—昭和）の発着線で、その奥に機関区もあった。

恵比島駅はNHKの朝の連続テレビドラマ「すずらん」で明日萌《あしもい》駅として撮影され、現在でも明日萌駅のセットがそのまま残され、駅前に造られたセットの建物も残っている。

この先も9・1‰の勾配を上っていく。地形はやや険しく9・1‰の勾配を維持するために半径402m

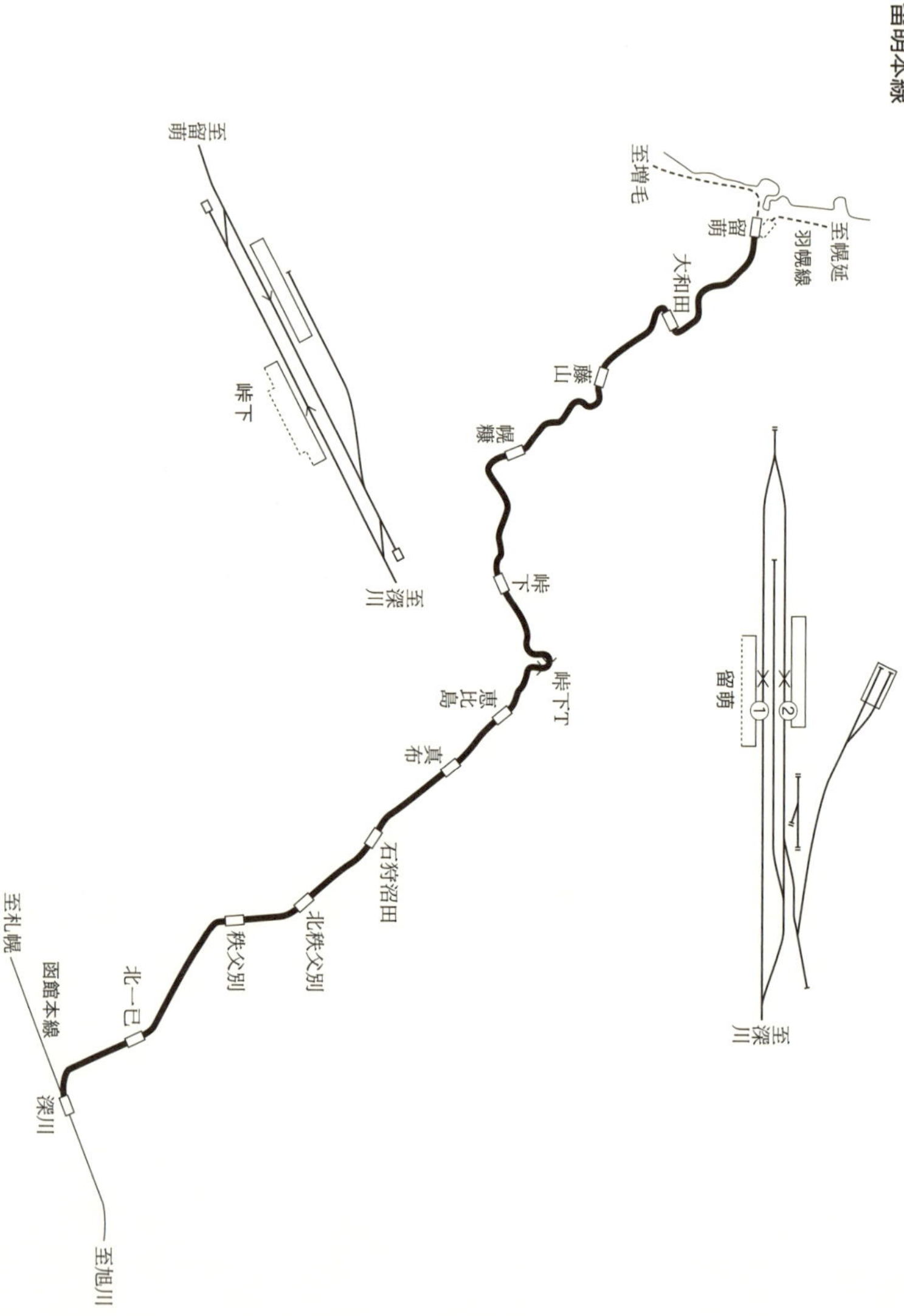
留萌本線
至幌延
羽幌線
至増毛
留萌
大和田
藤山
幌糠
峠下
峠下T
恵比島
真布
石狩沼田
北秩父別
秩父別
北一已
深川
函館本線
至札幌
至旭川
至留萌
峠下
至深川
留萌
①
②
至深川

深川駅に停車中の留萌行

のカーブでうねりながら進む。標高89・0mまで上りつめると10‰の連続下り勾配になり、曲線半径も最小262mがある。途中に短い恵比島と峠下《とうげした》の二つのトンネルがあり、水平になると峠下駅である。

上下ホームが斜向かいに配置された相対式ホームで、上下線とも駅進入時は直線、進出時は渡り線を通るような構造になっている。進入時の速度を高くし、進出時は加速が悪い蒸気機関車のために渡り線状に片側分岐しても問題はないからである。進出時にまっすぐ延びている線路は安全側線である。

国道233号と並行しながら留萌川に沿って幌糠《ほろぬか》駅、藤山駅、大和田駅と進む。蛇行している留萌川を留萌駅までに9回渡る。最小曲線半径302mで右に左にカーブするが、勾配は3‰以下と緩い。

幌糠駅は右側に片面ホームがあり、ホームは盛土になっている。車掌車を流用した待合室がポツンと置かれている。かつては相対式ホームで、その上り線を使っている。藤山駅も元相対式ホームの駅で、その上り線を使っている。盛土のホームで大きな駅舎が置かれている。大和田駅は半径402mの左カーブ上にあ

留萌駅に停車するキハ54形

る。かつては島式ホームで、その下り線を使用している。やはり車掌車を流用した待合室がホームから離れたところに置かれている。

66mの第8留萌川橋梁を渡り、市街地に入って国道232号をくぐり、82mの第9留萌川橋梁を渡ると留萌駅である。

留萌駅は中線がある相対式ホームの駅だが、現在は駅本屋側の1番線でしか発着しない。かつては羽幌線が接続し、仕訳線もあった。さらに多くの専用線などもあった。現在、中線は増毛方向で途切れているが、当然、増毛方でも本線につながっていた。

残っている2番線の反対側に留萌本線上下発着線があって島式ホームだった。その向こうに10線の仕訳線、そして通路線があり、さらに斜めに延びている4線の北仕訳線、羽幌線貨物着発線、そして島式ホームの羽幌線発着線があった。現在、それらは撤去されているが、跡地は利用されずに空地のままになっている。

深川寄りには保守基地があるが、これは最盛期には留萌保線支区となっていたものである。

【車両】　旭川運転所所属のキハ54形単行が使用されている。2扉ステンレス車体で転換クロスシート付きとボックス式セミクロスシートの2種類があるが、留萌本線の普通にはほとんどセミクロスシート車が使用されている。

【ダイヤ】　平成28年12月の留萌―増毛間廃止前は下り9本、上り10本だったが、廃止翌日からは1往復減って下り8本、上り9本になった。

深川初発は石狩沼田、峠下、大和田だけに停車する、いわば快速で、深川―留萌間の所要時間は51分である。

全駅停車は2往復しかなく、その深川―留萌間の所要時間は58分（朝の上り1本は62分）である。

深川発8時5分、20時13分と留萌発12時17分、18時18分、20時20分は北秩父別駅と真布駅を通過する。

深川発11時9分、13時24分、19時22分と留萌発8時11分、13時30分は北秩父別駅を通過する。

留萌発5時49分は大和田、藤山、幌糠の3駅を通過、9時31分は大和田と藤山の2駅を通過する。

深川発11時9分は2両編成だが、後部1両は締め切って乗車できない回送扱いである。下りが1本少ないのはこのためである。

留萌駅には2両が夜間滞泊をする。

【将来】　深川―留萌間の輸送密度が187人では鉄道輸送どころか、バス輸送でもまずやっていけない人数である。

これまで廃止された路線で、乗って残そうという運動をしても、結局は廃止になってしまった。

鉄道がなくなってしまうと街の雰囲気が変わって寂れてしまう。留萌では町の玄関になっていた駅がなくなり、人々が集まる賑やかな場所が失われてしまうのである。

残る手立てとしては保存鉄道として活路を見出すことである。大手旅行会社の何社かが第2種鉄道事業者になり、観光用の楽しい車両を造って自前の要員によって列車を走らせる。そして第1種鉄道事業のままのJR北海道が線路を保有し、大手旅行会社が自前の列車を運行する。あるいはJR北海道が廃止しかないと言うのなら、第3セクター鉄道を設立して、それが第1種鉄道事業者となる。

廃止になった阿分駅に停車する増毛行。1両分にも満たない木製のホーム。存続区間にある北秩父別駅や真布駅のほかに宗谷本線などにも同様の駅が多数ある

第2種鉄道事業者が走らせる列車はそれなりの価格の運賃・料金を設定し、第1種鉄道事業者は線路使用料を受け取る。そして通学時や下校時に限って普通列車を走らせる。

要は福祉的な面での普通列車とそれなりに乗りたくなるような列車を設定して観光客からは高収益を得るという図式である。

留萌本線で試してみて、それなりに成功すれば、このままでは廃止にせざるをえない釧網《せんもう》本線や宗谷本線名寄《なよろ》以北、石北本線上川《かみかわ》以東、根室本線の釧路以東や滝川―新得《しんとく》間などに、大手旅行会社が運営する第2種鉄道事業者が参入することで、廃止を免れるようにすればいい。

ただし、冬期は雪深い場所のために除雪費用が非常にかかる。観光鉄道に徹するとすれば、冬期は運休するのがいい。これによって維持費は非常に安価になる。冬期運休の例として観光鉄道の黒部峡谷鉄道がある。同鉄道は黒部ダムと発電所の資材輸送もしているが、これも冬期は運休している。資材は並行する歩道トンネルで人力輸送をしているのである。

JR石勝線

最高速度を元の130キロに向上せよ

POINT! 石勝線《せきしょう》は札幌と帯広・釧路とを結ぶ特急が頻繁に運転され、輸送密度も4000人を超えている。並行する道東自動車道が積雪で閉鎖されても、石勝線のほうはなかなか運休しない。雪対策がしっかりなされているからである。

しかし、枝線の新夕張《しんゆうばり》—夕張間は旧態依然で、夕張地区の人口減少で輸送密度は118人と、もう公共交通機関として成り立つ乗客数ではない。現状では廃止はやむなしというところである。

【概要】 石勝線は南千歳—新得《しんとく》間132・4キロと支線の新夕張—夕張間16・1キロからなる単線非電化路線である。このうち上落合《かみおちあい》信号場—新得間24・1キロは根室本線との重複区間である。石勝線のトマム駅から根室本線の落合駅に行く場合、途中に旅客駅がないために新得駅を経由しなければならない。正確には南千歳—上落合信号場間を石勝線とするのが正しいが、運賃計算上は新得駅までとしなければならないのである。石勝線は函館線の部に所属している。

南千歳—新得間には高速の「スーパーおおぞら」と「スーパーとかち」、それに貨物列車が走る。普通列車は南千歳—新夕張・夕張間の運転になっており、新夕張—上落合信号場間には普通列車は走らない。このため新夕張—新得間の各駅相互間に限り乗車券だけで特急の普通車自由席に乗車できる。

輸送密度は新得—帯広間の根室本線を含む南千歳—帯広間で4213人（平成26年度は4270人で

微減）と多いが、支線の新夕張―夕張間は１１８人（同１１７人）と非常に少ない。支線は廃止の協議が始まっている。

石勝線という路線名は石狩と十勝を結ぶことから付けられた。石勝線の全線開業は昭和56年（１９８１）と比較的新しく、この路線の開通で札幌―釧路間はそれまでの滝川経由よりも最大１時間８分短縮して４時間59分と５時間を切った。

石勝線の最初の開通区間は追分―夕張間である。北海道炭鉱鉄道は明治25年（１８９２）に岩見沢―室蘭間を全通させ、その支線として追分―夕張間を同年中に開通させた。明治39年に国有化され、42年の国鉄路線名称制定のときに追分―夕張間を夕張線とした。

昭和34年（１９５９）に鉄道建設審議会で石狩・十勝連絡線として建設することを答申した。大正11年の（改正）鉄道敷設法の別表１３７の追分線、１３４の紅葉山《もみじやま》線、そして１４２の２の狩勝《かりかち》線のそれぞれ一部区間を結んで高速運転をしようというもので、当時は石勝３線と呼ばれていた。

追分線は「石狩国白石《しろいし》ヨリ胆振国《いぶりのくに》広島ヲ経テ追分ニ至ル鉄道及広島ヨリ分岐シテ苫小牧《とまこまい》ニ至ル鉄道」だった。このうちの広島―追分間を昭和36年に千歳―追分間に変更して39年の鉄道建設公団発足時に工事線になった。千歳駅からの分岐は市街地や米軍、自衛隊の基地を通ることになるので、千歳駅から２・９キロ南側に千歳空港駅を設置して、ここで分岐することになった。この千歳空港駅が現在の南千歳駅である。

紅葉山線は「胆振国鵡《む》川《かわ》ヨリ石狩国金山《かなやま》ニ至ル鉄道及「ペンケオロロップナイ」附近ヨリ分岐シテ石狩国登川《のぼりかわ》に至ル鉄道」である。そのうちの紅葉山―占冠《しむかっぷ》間を石勝線に組み入れた。

石勝線にかかわる鉄道敷設法予定線

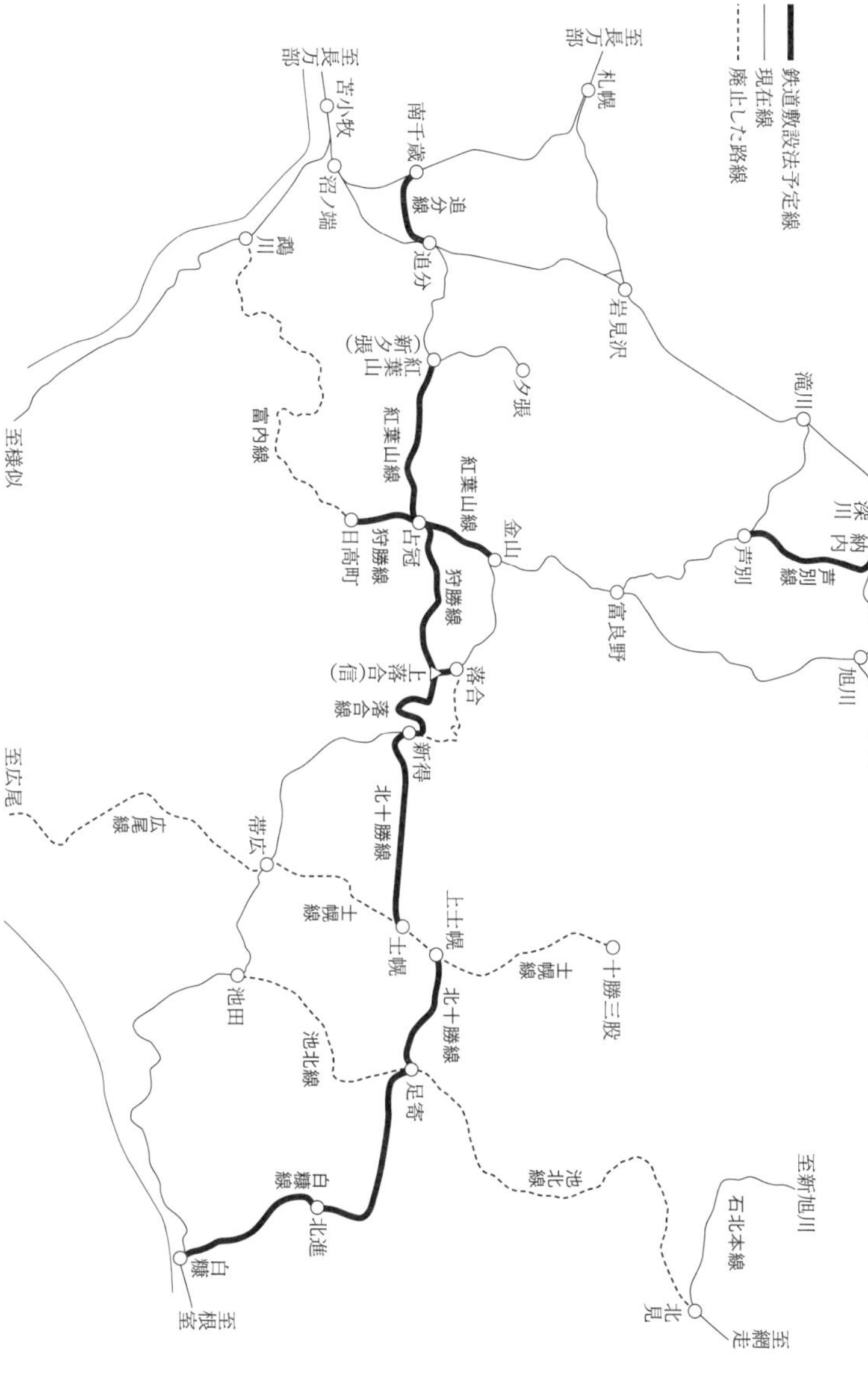

狩勝線は「十勝国御影《みかげ》附近ヨリ日高国右左府《うさっぷ》ヲ経テ胆振国辺富内《へとない》ニ至ル鉄道」で改正鉄道敷設法が公布されたのちに予定線に追加された。このうちの占冠―新得間を石勝線に組み入れた。

さらに根室本線の落合―新得間の勾配緩和路線として別表１４２の４「落合ヨリ串内《くしない》附近ニ至ル鉄道」の落合線が加えられた。同線も改正鉄道敷設法が公布されたのちに追加された路線である。落合線は先行着工され、昭和41年（１９６６）に完成して根室本線に組み入れられた。

同年には石勝３線も着工した。高速運転が可能なように最小曲線半径を８００ｍ（ただし上落合信号場との取付け線には半径５００ｍのカーブがある）、最急勾配を12‰とした。各駅、各信号場の行き違い有効長は５００ｍ以上として長大貨物列車同士の行き違いができるようにした。

昭和56年に開通して特急や貨物列車の大動脈となった。ＪＲ北海道になって、より高速化をするということで、国の鉄道整備基金から20億円、関係３自治体から20億円、ＪＲ北海道から20億円等が出資され、道東高速鉄道開発㈱を設立し、同社によって高速化事業を行い、平成９年（１９９７）に特急「スーパーおおぞら」の運転を開始した。

各行き違い駅のポイントを改良して通過速度を高め、振り子気動車のキハ２８３系によって曲線通過速度も高めた。そして最高速度を１３０キロにアップし、札幌―釧路間３時間42分、表定速度94・２キロという高速運転を開始した。

しかし、車両増備をせずに増発して少ない車両を酷使したために、平成23年頃から脱線や車両火災や車両故障が頻発した。このため26年に最高速度を１２０キロに引き下げ、「スーパーおおぞら」の運転本数減を行なった。本来なら車両を増備し、各車両の保守を入念に行うことによって速度や運転本数の維持をすべきだったが、国の指示に従ってＪＲ北海道の幹部の交代を行なった。ＪＲ北海道の株式は国の機関である鉄道運輸機構（元鉄道建設公団などの機関）が１００％持っている。そして守りの経営をするようになって、前述のような後退策を講じている。

沿線の人口減などで乗客が減っていることから、このような施策をするのはわからないでもないが、と言っても、あまりにも後退しすぎている。やはり、特急の高速化は乗客を増やす第一の手段であり、沿線の活性化にもつながる。少しは攻めの改革をしてほしいところである。

【沿線風景】●南千歳―新夕張間　南千歳駅を出ると内側2線の東側の線路が石勝線である。西側は新千歳空港への線路で、すぐに地下にもぐってしまう。両側を千歳線の上下線に挟まれて進むが、左手の千歳線の上り線が高くなり、石勝線は半径８００ｍで大きく左にカーブしながら千歳線の上り線をくぐる。

左手に各レンタカー会社の千歳空港店が見えると直線になってずっと進む。途中に行き違い用の駒里《こまさと》信号場がある。一線スルーで待避線が左に分岐する。分岐用ポイントは安全側線も含めてスノーシェルターに覆われており、積雪でポイントの転換不良になることを防いでいる。追分駅と新夕張駅を除く石勝線の信号場を含む各駅のポイントはすべてスノーシェルターに覆われている。また、各行き違い駅は貨物列車21両編成以上が停まれるように長い。

この先、山を越えるために上り勾配になり、２０７３ｍの第1追分トンネルを抜ける。出たところに西早《にしはや》来《きた》信号場がある。トンネルの坑口はスノーシェルターと一体になっている。ここも待避線が左に分岐する1線スルーになっている。

新得寄りのスノーシェルターも４５７ｍの第2追分トンネルと一体になっている。同トンネルは半径１０００ｍの左カーブ上にある。

勾配を下りきって室蘭本線と交差し、並行するよう

石勝線(南千歳―夕張)

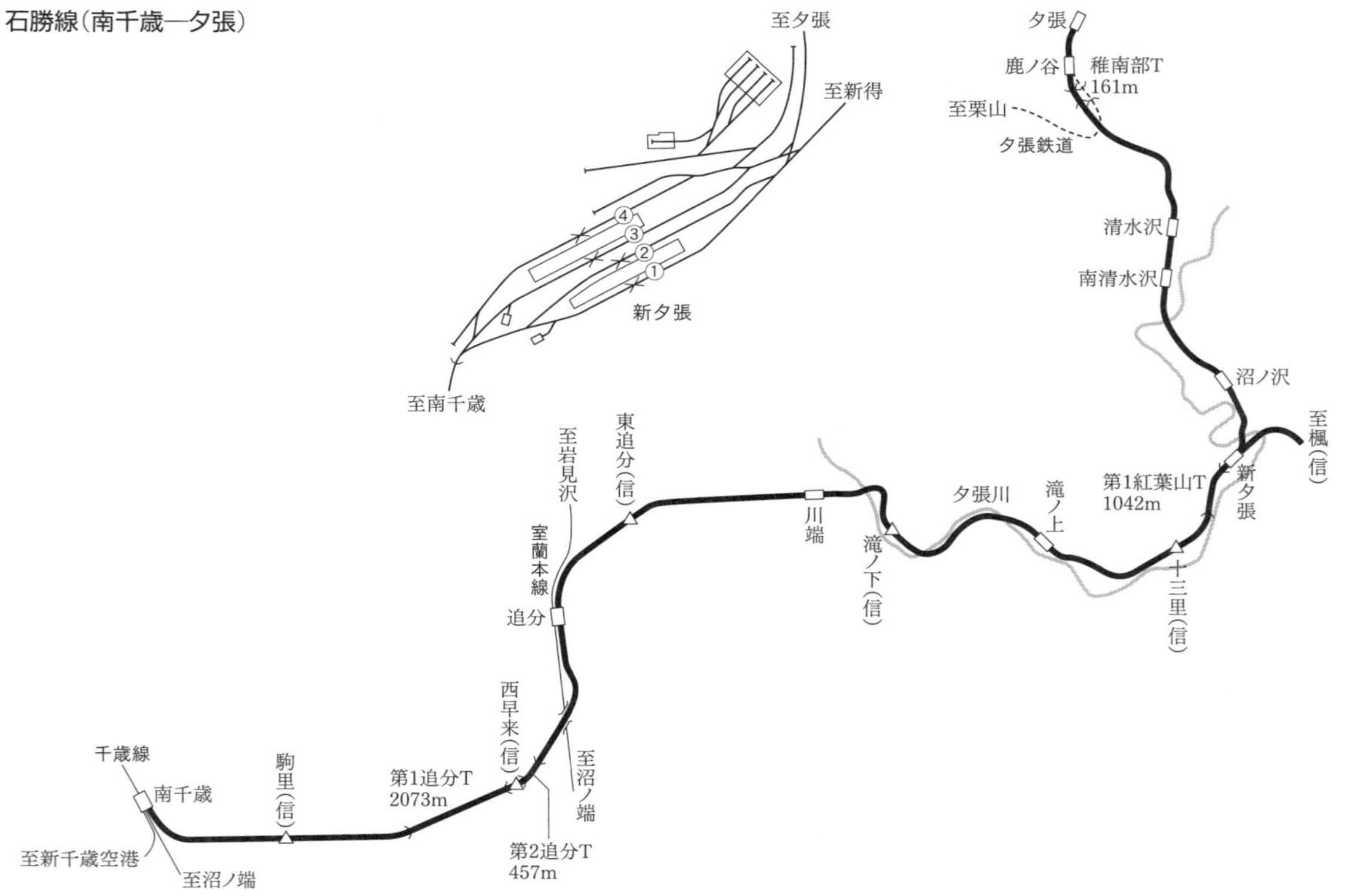
至夕張
至新得
新夕張
至南千歳
夕張
鹿ノ谷
稚南部T
161m
至栗山
夕張鉄道
清水沢
南清水沢
沼ノ沢
至楓(信)
新夕張
第1紅葉山T
1042m
十三里(信)
滝ノ上
夕張川
滝ノ下(信)
川端
東追分(信)
至岩見沢
室蘭本線
追分
西早来(信)
至沼ノ端
第2追分T
457m
第1追分T
2073m
駒里(信)
千歳線
南千歳
至新千歳空港
至沼ノ端

西早来信号場を通過する特急「スーパーおおぞら」札幌行

追分駅の2番通過線を走る特急「スーパーおおぞら」釧路行

になって追分駅となる。

追分駅を出て半径1263mで右にカーブして室蘭本線と分かれる。直線になり、道東自動車道をくぐってしばらくすると東追分信号場がある。両開きポイントで左側通行する行き違い信号場である。

12・5‰で丘陵を上った先にある川端《かわばた》駅はJR形配線となっている。両開きポイントによる上下本線があり、上り線側が島式ホームで外側が上1線になっており、上下列車の待避が可能である。ホームは駅のほぼ中央にある。ホームの長さは上下本線側は4両分、上1線側は3両分となっている。

左にカーブして161mの第3夕張川橋梁を渡り、右に大きくカーブして夕張川に沿って走る。途中に滝ノ下信号場がある。両開き分岐で半

十三里駅（現信号場）を出発する千歳行

新夕張駅に停車中の夕張行（左）と千歳行（右）

夕張駅に停車中の追分行

径900mで左にカーブしている。この先で207mの乙号夕張川橋梁を渡る。渡りきる手前から左に大きくカーブする。

夕張川に沿って進みながら右に大きくカーブして141mの甲号夕張川橋梁を渡る。しばらく夕張川と並行するが、やや離れたところに滝ノ上駅がある。川端駅とほぼ同構造のJR形配線になっていて、ホームは駅の中央付近にある。

夕張川に沿って上り勾配で進む。途中に十三里《とみさと》信号場がある。平成28年3月まで旅客駅だったが、乗降客がほとんどなく信号場に格下げになった。両開きポイントの左側通行で相対式ホームはまだ残っている。

この先で1042mの第1紅葉山トンネルをくぐると新夕張駅になる。島式ホーム2面4線で東側の島式ホームの1、2番線で特急が発着する。行き違いしない場合は1番線、するときは1番線が札幌行、2番線が帯広方面となる。普通列車用の3、4番線側の夕張寄りに切欠きホームの0番線があったが、ホームとともに撤去され、その痕跡はない。また、西側に貨物仕訳線があったが、これも撤去されている。夕張寄りに保守基地がある。

●新夕張―夕張間　新夕張駅を出ると左に大きくカーブして91mの第2夕張川橋梁を渡り、西北に進む。左にカーブしたところで左側に片面ホームがある沼ノ沢駅となる。かつては行き違い駅で上下線とも左手に片面ホームがあった。現在はその上り線を使っているが、下りホームも残っている。

103mの第1夕張川橋梁を渡り、右にカーブして集落を北上すると左手に片面ホームがある南清水沢《みなみしみずさわ》駅となる。次の片面ホームの清水沢駅は元は島式ホームで右手に貨物ヤードなどがあったが、下り線を残してすべて撤去されている。

志幌加別川《しほろかべつがわ》に沿って最大20・1‰の上り勾配で北上し、1161mの稚南部《わっかなんぶ》トンネルをくぐり、片面ホームの鹿《しか》ノ谷《たに》駅となる。夕張鉄道（野幌《のっぽろ》―夕張本町）の接続駅で、夕張鉄道の旅客ホームは島式になっていて貨物ヤードが広がっていたが、現在は何もない棒線駅である。

右にカーブして少し進むと片面ホームの夕張駅となる。ホテルのマウントレースイが隣接している。当初の夕張駅はこの先2・9キロのところにあった。貨物仕訳線は多数あったが、旅客ホームは片面ホーム1面1線だった。昭和60年（1985）に2・1キロ南に移設し、平成2年（1990）にさらに0・8キロ南に移設した。当初の夕張駅跡は「石炭の歴史村」公園になっている。

●新夕張─上落合信号場間　新夕張駅を出ると362mのコンクリート橋梁の夕張川橋梁を渡り、1061mの第2、516mの第3、1245mの第4の各紅葉山トンネルをくぐる。292mの第1ホロカクルキ川橋梁を同川と並行する国道274号とともに渡り、短い楓《かえで》トンネルをくぐって楓信号場となる。

楓信号場は元旅客駅だった。このため1番線（下り）と2番線（上り）の相対式ホームと楓駅折返用の0番線が相対式ホームからやや離れた南千歳寄りに残っている。0番線は閉鎖されている。また中線が残っていたが、これは現在、撤去されている。

楓信号場の先で5700mの登川トンネルをくぐる。南千歳寄りの3分の2が10‰の上り勾配、残りが4‰の下り勾配になっている拝み勾配のトンネルである。出ると両開きポイントになっているオサワ信号場があり、その先で1802mの長和《おさわ》トンネルをくぐる。そして291mの穂別川《ほべつがわ》橋梁を渡った先に東オサワ信号場がある。両開きポイントと中線があったが、中線は南千歳寄りの少しの区間で横取線として残っているだけである。

前後が5‰の拝み勾配になっている5825mの新登川、続いて685mの第1ニニウトンネルをくぐると両開きポイントの清風山《せいふうざん》信号場がある。中央付近で道東自動車道が斜めに乗り越している。

この先は11‰の上り勾配になる。262mの第2、966mの第3の二つのニニウトンネルをくぐり、3765mの鬼峠《おにとうげ》トンネルに入る。同トンネル内に右側分岐の鬼峠信号場があったが、昭和61年に廃止された。

左にカーブして短い占冠トンネルを抜け、少し進んで勾配が緩むと占冠駅がある。上り線が片面ホームに面し、島式ホームの外側が下1線となったJR形配線をしている。片面ホームに面している1番線は南千歳方面だけに出発できるが、他の発着線は両方向に出発

石勝線(新夕張—上落合信号場)

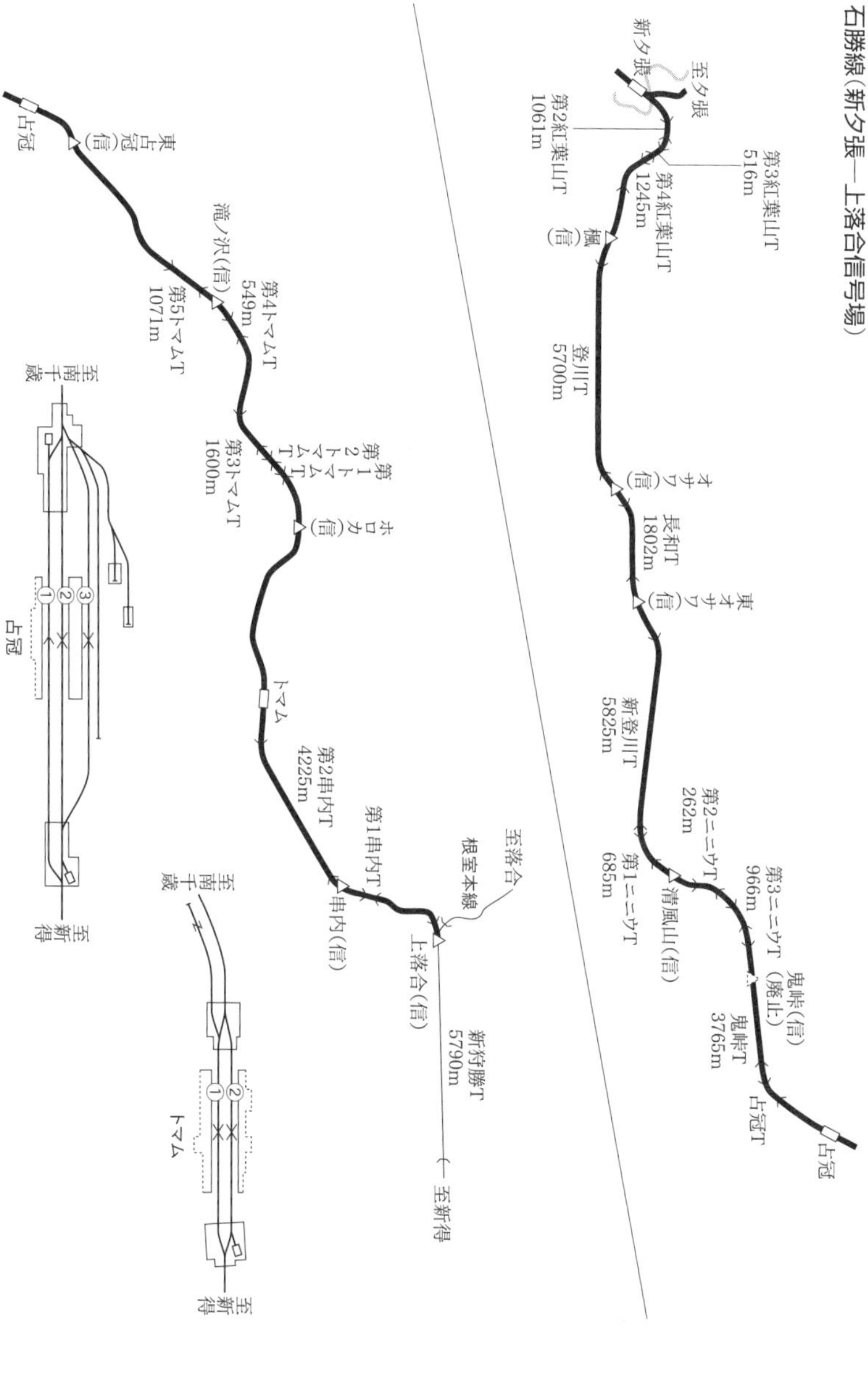

できる。

左にカーブしてしばらく進んだところに両開きポイントの東占冠信号場があり、その先で1071mの第5トマムトンネルをくぐる。その先に両側分岐の滝ノ沢信号場がある。

549mの第4、1600mの第3、短い第2と第1の四つのトマムトンネルを抜け、97mのホロカトマム川、154mの第2トマム川、110mの下トマム川橋梁を渡り、道東自動車道と国道136号を乗り越した先にホロカ信号場がある。ホロカ信号場には貨物列車が待避する中線があるが、使用停止になっている。石勝線開通時はトマム信号場だったが、昭和62年に石勝高原駅をトマム駅に改称したために、トマム信号場もホロカ信号場に改称した。なお、楓信号場から滝ノ沢信号場までの各信号場の上下本線は南千歳と新得の両方向に出発が可能である。

ホロカ信号場を出た先で12‰の連続上り勾配になり、国道136号を再び越えて、国道と離れた道東自動車道と少し並行し、今度は国道と並行するようになってトマム駅となる。相対式ホームで南千歳寄りに引上線がある。トマム駅の上下本線も南千歳と新得の両方向への出発が可能である。

「星野リゾートトマム」まで歩いて行けなくはないが、特急の発着に合わせて送迎バスが運転されている。

7～9‰の上り勾配で半径1400mで左にカーブしながら4225mの第2串内トンネルに入るが、そのトマム寄り坑口は石勝線で一番高い標高543mである。同トンネルは11‰の下り勾配になっている。

第2串内トンネルを出ると串内信号場である。スノーシェルターは第2串内トンネルと一体になっている。信号場全体は10‰の下り勾配で半径800mの左カーブ上にあり、上下本線と中線があり、上下本線は左側通行しかできず、中線は使用停止になっている。

12‰の下り勾配で進み、第1串内トンネルを抜けて半径500mで右に大きくカーブする。カーブの途中で5790mの新狩勝トンネルに入るが、入ってすぐに左手から根室本線が合流してくる。この合流点が上落合信号場で合流用と行き違い用の信号場を兼ねている。ここから先は根室本線との共用区間である。

【車両】 特急「スーパーおおぞら」はキハ283系の

占冠駅を発車した特急「スーパーおおぞら」釧路行

トマム駅を発車した特急「スーパーおおぞら」札幌行

6両、または7両編成、「スーパーとかち」はキハ261系の5両編成である。283系は振り子式車体傾斜車両で傾斜角度は6度、261系は空気バネの伸縮を応用した機械式車体傾斜車両で、傾斜角度は2度になっている。当然、傾斜角度が大きい283系のほうがカーブでの通過速度は高い。

普通列車は千歳―夕張間の運転で新夕張―新得間は走らない。このため新夕張―新得間の各駅相互間では乗車券だけで特急の自由席に乗ることができる。ただし、追分―新得間とか、新夕張―十《と》勝《かち》清水《しみず》間とか、新夕張―新得間から外れると特急券は必要になる。

千歳―夕張間はキハ40形の単行運転である。

【ダイヤ】特急は「スーパーおおぞら」と「スーパーとかち」がある。「スーパーおおぞら」は長距離の札幌―釧路間を結ぶために停車駅を少なくし、カーブでの通過速度が高い283系を使用している。「スーパーとかち」は札幌―帯広間を結び、距離が短いために停車駅は多い。

「スーパーおおぞら」の石勝線内の停車駅は上りの4号がノンストップなので最速である。最遅は追分、新夕張、占冠、トマム停車で、これは「スーパーとかち」と同じ停車駅である。また、この停車駅のなかで占冠通過の「スーパーおおぞら」やトマム駅にだけ停車するものもある。

最速の「スーパーおおぞら」4号の南千歳―新得間の所要時間は1時間26分、表定速度92・4キロである。減速運転前は1時間16分と10分速く、表定速度は104・5キロと100キロを超えていた。

4号は途中の信号場での行き違い待ちはなく最優先で走っているが、「スーパーとかち」も含めて他の特急は途中の信号場で行き違い待ちをすることがある。

「スーパーとかち」は振り子式ではないので、最遅の「スーパーおおぞら」と同じ停車駅であれば、「スーパーおおぞら」よりも遅いはずだが、各信号場のどこかで行き違い待ちの運転停車をする列車が多く、有意に差は出ない。最速の「スーパーとかち」1号は運転停車しないので1時間35分、同じ停車駅の「スーパーおおぞら」3号は運転停車を繰り返すので1時間40分と、振り子式のほうがかえって遅くなっている。

普通列車が走る千歳―夕張間の全区間運転が3往復

と上り1本、追分—夕張間が1往復、千歳—追分間が下り3本、上り1本、新夕張→夕張間に下り1本、新夕張→千歳間に上り1本が走る。始発前に追分駅から新夕張駅まで2両編成で回送されて新夕張駅で分割して夕張と千歳の両方向に始発列車として出発する。

【将来】　新夕張—夕張間は輸送密度が118人と非常に少ない。JR北海道は平成28年に廃止するとの意向を夕張市に伝え、市は同意したが、納得していない地元住民も多く、何度かの協議が行われている。早ければ平成31年3月に廃止になる。跡地は夕張市に無償で譲渡する。

恐らく踏切がない区間で軌道自転車等によるトロッコ列車を走らせて線路を保存することになろうが、そうではなくキハ40形や蒸気機関車などを走らせる本格的な保存鉄道にして地域の活性化を図ってほしいものである。

できれば新夕張駅で石勝線本線と接続して、札幌直通の観光列車を走らせればいい。この場合、第3種鉄道の第3セクター会社を設立し、大手などのツアー会社による第2種鉄道が観光列車を運行するのが理にかなっている。運賃は現行JRの10倍にしたとしても、魅力ある観光列車であれば結構利用されると言える。

キハ283系は登場して20年近くになる。さほど古くはないが、高速運転で疲労しているから、そろそろ置き換えが必要である。しかし、その予算もないし、置き換えるとしても振り子式車体傾斜車両は保守が大変だということで261系にすることになり、現状の120キロ運転をする限りスピードダウンは免れない。

やはり、130キロあるいは石勝線は踏切がないので160キロ運転をして、283系が130キロ運転をしていたときよりも所要時間を短縮して、並行する高速道路に対抗できるようにしなければならない。

しかし、このようにしようとしても、国に所属する鉄道運輸機構が株式の100%を保有し、そんなことはするべきではないと抑えこんでいる状況では如何《いかん》ともしがたい。国としてもJR北海道に加担する予算も力もなく、結局、守りの姿勢、というよりも放置して衰退を待つしかなくなっている。高速運転ができるように投資した石勝線なのに、衰退を待つしかないというのは残念である。

JR根室本線

釧路以遠は上下分離方式で存続を

POINT! 滝川─上落合《かみおちあい》信号場間と上落合信号場─釧路間、それに釧路─根室間で状況が違う。

滝川─上落合信号場間は運炭線としての役目が終わってからは過疎線区になってしまった。特に山部─上落合信号場間はほとんど利用されていない。東鹿越─上落合信号場間は平成28年（2016）の豪雨によって橋梁が流され、現在も運休中で代行バスも落合以遠は利用がほとんどないとして走らせていない。復旧は費用の無駄ということで、このまま廃止される可能性が高い。それでも地元自治体が上下分離を了承するならば残すとしている。

上落合信号場─釧路間は石勝線経由の高速特急が走っており、よく利用されているために安泰である。

釧路─根室間は輸送密度は449人でやはり上下分離をしたい区間としてJRは取り上げている。ただし、歯舞、色丹の両島の開発に何らかの形で日本が加担するとすれば、人的にも物資的にも根室本線が脚光を浴びる可能性があり、「スーパーおおぞら」と貨物列車の根室駅までの延長運転が考えられなくもない。

【概要】根室本線は滝川─根室間443・3キロの単線非電化路線である。滝川駅で函館本線、富良野《ふらの》駅で富良野線、新得《しんとく》駅で石勝《せきしょう》線、東釧路駅で釧網《せんもう》本線に接続する。途中の上落合信号場─新得間は石勝線との共用区間である。

　根室本線は根室線の部の本線で、所属線は現在は富良野線しかない。かつては士幌線帯広―十勝三股間、広尾線帯広―広尾間、池北《ちほく》線池田―北見間、白糠《しらぬか》線白糠―北進間があった。このうち池北線は第３セクター鉄道の北海道ちほく高原鉄道に転換されたが、平成18年（２００６）に廃止された。

　輸送密度は滝川―富良野間が４８８人で平成26年度が４６０人だから微増、富良野―新得間が１５２人で26年度が１５５人で微減、新得―帯広間は石勝線南千歳―新得間と合わせて４２１３人で26年度が４２７０人で微減、帯広―釧路間が２２６６人で26年度が２２５９人で微増、釧路―根室間が４４９人で26年度が４３６人で微増している。

　小私鉄などの輸送密度の統計から見ると、なんとか黒字になるのは１０００人以上、地方自治体などからの補助金などが得られれば、赤字であってもやっていけるのが４００人以上とされる。４００人未満であれば自治体の補助そのものが問題視されて廃止になることが多い。

　これからすると運行するのが無理なのは富良野―新得間である。しかし、ＪＲ線は自治体からの補助が得られないので、滝川―富良野間と釧路―根室間はＪＲ北海道の第１種鉄道事業の路線である限り廃止するしかない。残すとすれば赤字覚悟の第３セクター鉄道に転換するか、上下分離をして上部の運行だけをすることになる。

　営業収支率は滝川―富良野間が８７８％、石勝線を含む南千歳―帯広間が１１１％、帯広―釧路間が２１７％、釧路―根室間が４４８％である。

　１日１キロあたりの赤字額は滝川―富良野間が5万７０００円、富良野―新得間が2万９７００円、南千歳─帯広間が1万5500円、帯広─釧路間が5万4600円、釧路─根室間が1万8200円である。

滝川─富良野間と帯広─釧路間で1日1キロあたりの赤字額が多いのは冬期の除雪費用のためである。大量に雪が降らない釧路─根室間は除雪はあまりしなくてすむために少なくなっている。

明治29年に北海道鉄道敷設法が公布され、6路線の予定線が取り上げられた。1.旭川─十勝太《とかちぶと》─釧路─厚岸《あつけし》─網走間、2.利別《としべつ》（池田）─相ノ内《あいない》（北見）間および厚岸─根室間、3.旭川─宗谷間、4.雨竜《うりゅう》─増毛《ましけ》間、5.名寄《なよろ》─網走間、6.小樽─函館間である。

このうち1の旭川─網走間と2のうちの厚岸─根室間、それに3の旭川─宗谷間を第1線とした。旭川─美瑛間を十勝線として明治32年（1899）に開通、翌33年に下富良野（現富良野）まで延長開通し、34年に落合まで延長した。

釧路線として白糠─釧路間が明治33年に開通、36年に浦幌まで、37年に利別まで、38年に帯広まで延長開通した。落合─帯広間には標高644mの狩勝峠《かりかちとうげ》があって難工事となったが40年に開通し、旭川─釧路間が全通した。

札幌から帯広方面を短絡する滝川─下富良野間が大正2年（1913）に開通し、滝川─釧路間を釧路本線とし、釧路線の部に所属する旭川─下富良野間を富良野線とした。

大正6年に根室線として釧路─厚岸間と貨物線の厚岸─浜厚岸間が開通、8年に厚床《あっとこ》駅、9年に西和田駅、10年に根室駅まで開通し、滝川─根室間の路線名を根室本線に変更した。

昭和41年に新狩勝トンネルの完成で落合─新得間の線路付け替えによる線形改良を行い、51年に金山《かなやま》ダムの建設で金山―鹿越《しかごえ》間の線路付け替えを行なった。

56年の石勝線の開通で、札幌―釧路間の優等列車は石勝線経由になった。そして平成9年（1997）にキハ283系振り子気動車によって札幌―釧路間の所要時間を大幅に短縮した。しかし、現在は減速運転で所要時間が伸びている。

平成28年（2016）8月の台風10号によって富良野―音別《おんべつ》間が不通になった。上落合信号場―音別間は復旧したが、落合―上落合信号場間にある64mの第1ルーオマンソラプチ橋梁が崩壊、現在も東鹿越―上落合信号場間は不通のままである。この区間は恐らく復旧しないで早期に廃止になると思われる。


【沿線風景】●滝川―富良野間　滝川駅を出ると少しのあいだ函館本線と並行して北上し、半径400mで大きく右にカーブして函館本線と分かれる。空知川の右岸に沿って緩い上り勾配で進む。滝川の市街地から田園地帯へと進んで道央自動車道をくぐってから集落に入ると東滝川駅である。

両開きポイントのあいだに下り線側に向いた片面ホームがあって上り線を越える跨線橋がある。跨線橋を降りて地上に出ると駅舎がある。その向こうの上り線の外側に片面ホームがある。この構造はタブレット閉塞を採用していた時代に通票のやりとりをしやすくするため採用したものである。たとえば助役が上り機関助士から受け取った通票を下り機関助士に手渡すとき、歩く距離が非常に短くなり、かつ上下の線路を横断しなくてすむのである。

このほかに下1線がある。この下1線は上下貨物列車の着発線として使用され、側線も1線あるが、現在は出発信号機を横に曲げて使用停止になっている。

東滝川駅を出てしばらくすると右にカーブしながら築堤になって174mの第3空知川橋梁を渡る。赤平《あかびら》

根室本線(滝川—布部)

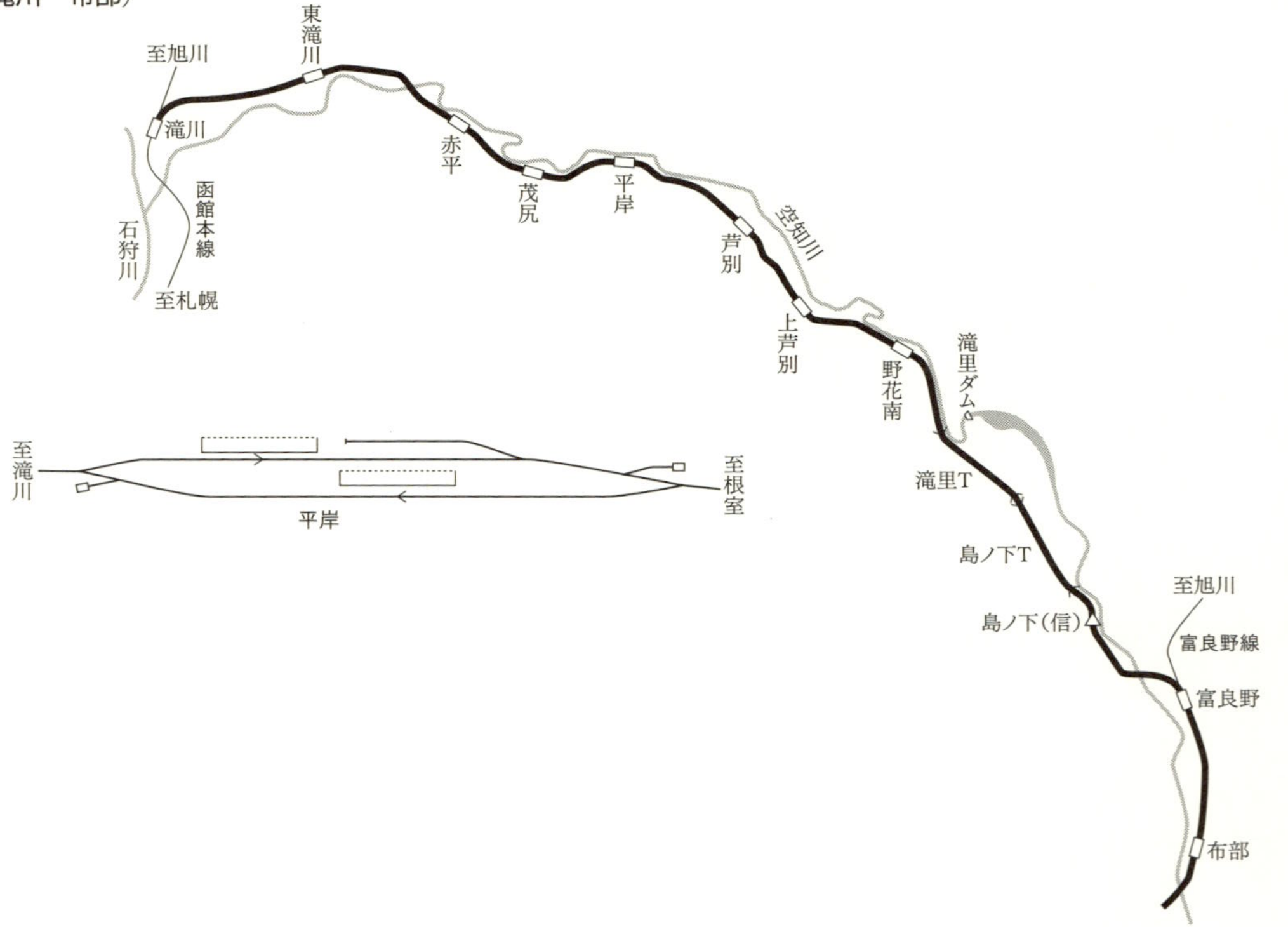
至旭川
滝川
東滝川
赤平
茂尻
平岸
芦別
上芦別
野花南
滝里T
島ノ下T
島ノ下(信)
富良野
布部
石狩川
函館本線
至札幌
空知川
滝里ダム
至旭川
富良野線
至滝川
至根室
平岸

滝川駅を出発した臨時特急「フラノラベンダーエクスプレス」富良野行

東滝川駅の滝川寄りの上下線のあいだに下りの片面ホームがあり、
富良野寄りの外側に上りの片面ホームがある

赤平駅に進入する富良野行

の市街地を進んで赤平駅になる。

下り線側が片面ホームで島式ホームの内側が上り本線、外側が上1線のJR形配線になっている。上1線の向こうに雑草に埋もれて貨物側線が8線置かれている。行き違いがない場合は上り列車も1番下り本線に停車する。そして行き違い線路は異様に長い。

かつては運炭用の専用線が乗り入れていて、各炭鉱から石炭を満載したホッパ車が集まり、長大貨物列車に仕訳されて函館本線へ向かっていた。そのために行き違い線が現在でも長いのである。また、雪が深いために出発信号機は北海道独特の門形頭上出発信号機になっている。

側線だけ残して専用線は廃止し、駅舎は建て替えられて6階建てになり、「赤平交流センターみらい」と同居している。朝と昼間時は赤平市の職員が駅業務をする簡易委託駅になっている。といっても乗降客はほとんどいない。

空知川に沿って進む。次の茂尻《もしり》駅は島式ホームで、やはり行き違い線路は長い。茂尻炭鉱への炭鉱鉄道（最終的には雄別《ゆうべつ》炭鉱鉄道）が分岐していて、長大編成の運炭列車が着発していたためである。

次の平岸駅は両側分岐で下り線は左側に片面ホームがあり、その先に跨線橋、そして上下線のあいだに上りホームがある。豊田炭鉱と駅を結ぶ索道（貨物運搬ケーブルカー）があって、石炭を積み込む側線などもあった。

次の芦別駅は三井芦別鉄道（芦別―玉川）との接続駅で運炭列車の授受で多数の側線があった。側線は現在も雑草に埋もれて残り、三井芦別鉄道の線路も引上線として残っている。やはり行き違い線は長く、旅客関係だけ見ると、左側に片面ホームがあり、下り本線の1番線に面している。その反対側に島式ホームがあって、その内側が上り本線、外側が上1線となっており、すべての旅客発着線は両方向に出発できる。やはり門形頭上出発信号機になっている。

芦別駅を出ると右にカーブし、続いて左にカーブして築堤になってから118mの芦別川橋梁を渡る。上り勾配が続くが、最急勾配は10‰と緩い。市街地に入って右にカーブ、続いて左にカーブすると上芦別駅がある。標高は113・3mと100mを超える。手前の芦別駅は95・4ｍなので18ｍほどの標高差がある。また、滝川駅の標高は29・0ｍで84・3ｍ上ってきたことになる。

上芦別駅は島式ホームで、三菱炭鉱上芦別専用線が接続し、側線が多数あったが、現在はすべて撤去され、雑草に覆われた空地が広がっている。

駅を出ると左手に野花南湖《のかなんこ》が見える。空知川に設置した野花南ダムによる人造湖である。同駅の先からは最小曲線半径301ｍの急カーブが続くようになる。

次の野花南駅は両側分岐で、滝川寄りの上下線のあいだに下り線の片面ホームがあり、少し離れて新得寄りに上り線の片面ホームがある。駅本屋は右手の上りホーム側にある。

野花南駅を出ると滝里と島ノ下の二つのトンネルをくぐる。これらのトンネルは平成3年の滝里ダムの建設で新たに掘削されたものである。このルート変更によって営業キロは3・0キロ短くなり、途中にあった滝里駅は廃止した。

滝里と島ノ下の両トンネルのあいだはスノーシェルターで覆われているので、まるで一つのトンネルのように思える。

その先の島ノ下信号場では滝川寄りの行き違い用分岐ポイントは右側の上り線が合流する片開き、新得寄りは下り線が合流する片開きになっている。左手では空知川が並行している。

空知川に沿って右に左にカーブするが、曲線半径は次第に大きくなり、勾配も緩む。半径402ｍで大きく左にカーブし、298ｍの第4空知川橋梁を渡る。半径301ｍで右にカーブして富良野線と並行すると富良野駅となる。

富良野駅の滝川寄り右手にJR貨物のコンテナヤードと仕訳線などがある。通年、札幌貨物ターミナルまで農産物を輸送するトラック便が3往復あってORS（Off Rail Station ＝トラック便による集配駅）的な貨物駅だが、秋と冬の収穫期には根室本線経由の札幌貨物ターミナル行臨時高速貨物列車が走る。

その先に旅客ホームがある。島式ホーム2面6線で右側に駅本屋があり、貨物着発線の上1線である1番線、次に第1島式ホームを挟んで上り本線の2番線、下り本線の3番線がある。その隣は第2島式ホームを挟んだ下1線の4番線と下2線の5番線がある。その向こうに留置線の下3線がある。ホーム番線と線路番号とは合わせている。第1ホームでは根室本線、第2ホームでは富良野線が発着している。

ホームには「北海道経緯度中央標点」のモニュメントが置かれている。新得寄りの2、3番線のあいだに留置線があり、その先には引上線と保守車庫が置かれている。駅の両端には門形頭上出発信号機が置かれている。

●富良野―新得間　富良野駅を出ると、途中に半径581mの右カーブがあるが、それ以外は直線で進む。そして半径360mで右にカーブして島式ホームの布部《ぬのべ》駅となる。右手富良野寄りに引上線が2線、左手に側線が1線ある。島式ホームだが、元の下り線の出発信号機は横に向けられて発着できないようにしており、実質は棒線使用駅である。テレビドラマ「北の国から」で冒頭に登場した駅だが、その看板があるだけで、この先の幾寅《いくとら》駅のように映画のセットなどがあるわけではない。

その先で287mの第2空知川橋梁を渡って南下する。次の山部《やまべ》駅は下り線が富良野寄り、上り線が新得寄りと斜向かいに配置された相対式ホームの駅で、上り線側の安全側線は横取線を兼ねており、保守車両が留置されている。

両側から山が徐々に迫るようになる。最大10‰の勾配を上り、最小曲線半径301mでカーブしながら進んで下金山駅になる。島式ホームだが、下り線は撤去されて片面ホーム使用である。ただし、下り線は新得寄りで横取線として残っている。しかし、本線との接続部の手前でレールが少し撤去されており、横取線としてもすぐには使えなくなっている。また、左手に貨物ホームが残っている。

同駅の先で上り勾配が13・3‰になる個所がある。58mの甲号と67mの乙号の二つの空知川橋梁を渡る。次の金山駅は相対式ホームだが、駅舎の反対側にある下りホームは上りホームよりも長くなっている。富良野寄りに保守車庫がある。

この先は金山ダムによってかなやま湖ができたために線路を付け換えた区間になる。最小曲線半径400m、当初12‰、次いで10‰、そして11‰の勾配で上っ

根室本線(布部—十勝清水)

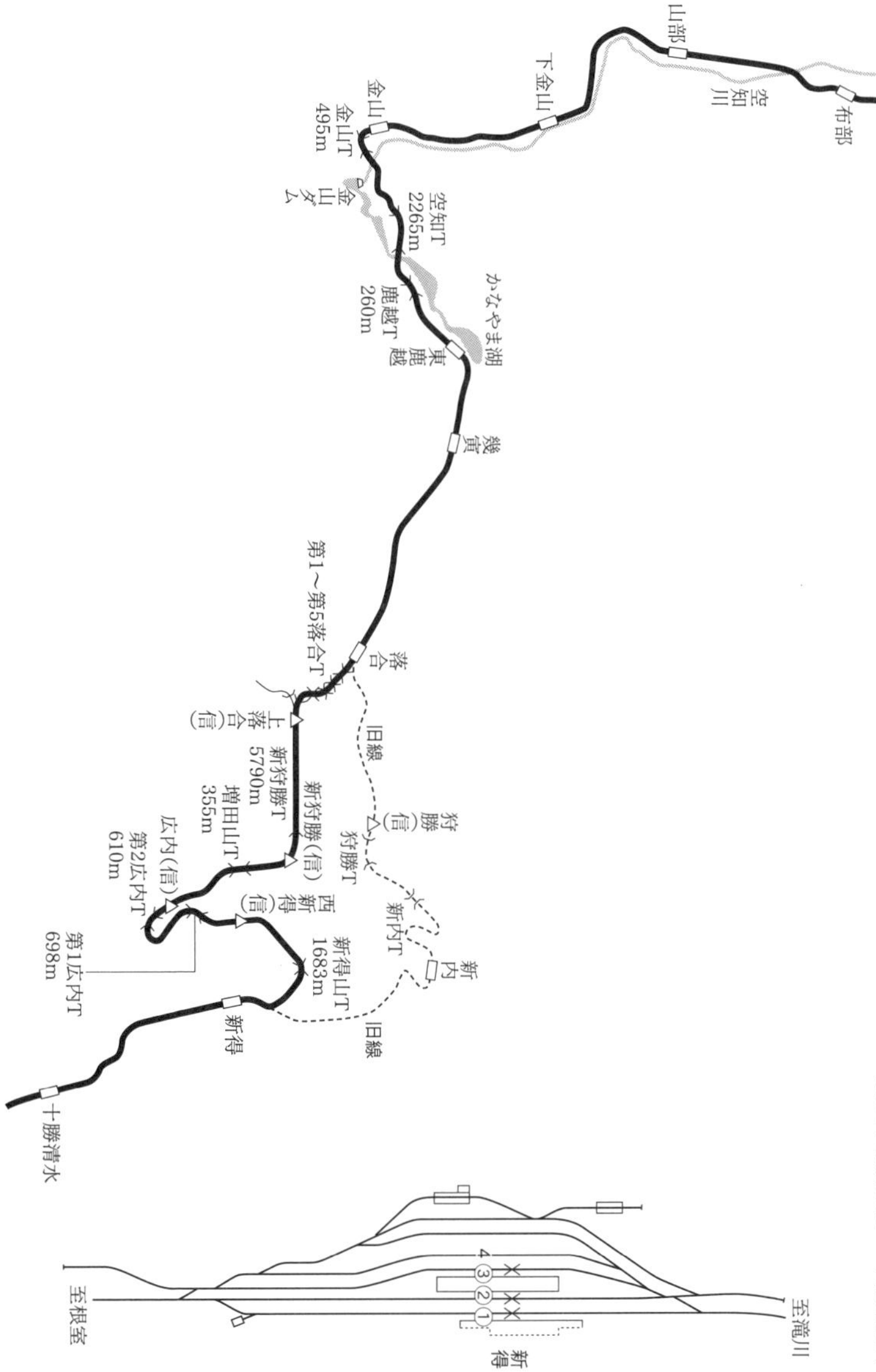
布部
山部
空知川
下金山
金山
金山T
495m
金山ダム
空知T
2265m
かなやま湖
鹿越T
260m
東鹿越
幾寅
落合
第1～第5落合T
上落合(信)
旧線
新狩勝T
5790m
新狩勝(信)
増田山T
355m
狩勝(信)
狩勝T
広内(信)
第2広内T
610m
西新得(信)
新内T
新内
新得山T
1683m
第1広内T
698m
新得
旧線
十勝清水
至根室
至滝川
新得
4
3
2
1

幾寅駅に置かれているカットモデルや映画のセット

ていく。金山駅の先で495mの金山トンネルを抜け、215mの金山空知川橋梁、比較的短い第1〜3の富士川橋梁を渡り、そして2265mの空知トンネルを抜け、金山湖橋梁を渡って左岸に出る。

左岸では260mの鹿越トンネルがあり、また、スノーシェルターもところどころに置かれている。東鹿越駅の手前に滝川起点95・264キロから97・484キロへの距離更正点がある。ルート変更によって距離が短くなったので営業キロを元に戻すための修正である。実距離が短くなっても東鹿越駅の滝川駅からの営業キロを変更しないためのものである。

東鹿越駅は島式ホームで上り線側に貨物ヤードが残っている。日鉄鉱業などの専用線があったためである。島式の旅客ホームは下り線に面している個所が富良野寄りにずれている。

右にカーブしてかなやま湖から離れ、しばらくすると片面ホームの幾寅駅となる。元は相対式ホームだった。その上り線は横取線になっている。駅の新得寄りに使われることがなかった腕木信号機があり、駅本屋の横に使えない公衆トイレがある。駅前広場には各種

落合駅の新得寄りで、右のトンネルに入る線路が根室本線、
左にカーブしているのが、旧線を流用した引上線

の使えない建屋があって、キハ40―７６４号の先頭カットモデルが置かれている。
この駅は映画「鉄道員《ぽっぽや》」で架空の幌舞駅として登場したもので、使えない建屋などはすべて映画のセットである。カットモデルは撮影後に置かれたものである。

なだらかな地形を進んで落合駅となる。各線路が非常に長く、上り線側が片面ホーム、島式ホームの外側が下１線のＪＲ形配線をしており、保守車庫がホームからずいぶん離れたところにある。駅の先で下１線と下り本線が合流するが、シーサスポイントになっていて、左カーブする引上線が延びている。

この引上線が狩勝峠を越える旧線の一部である。新線は上下線が合流するとすぐに３７２ｍの第１落合トンネルに入る。落合寄り坑口の上は国道38号である。12‰の連続上り勾配を半径４００ｍで右に左にカーブする。64ｍで崩壊した第１、１００ｍの第２、94ｍの第３ルーオマンソラプチ橋梁を渡る。そしてサミットになると５７９０ｍの新狩勝トンネルに入る。サミットの標高は４４９ｍで根室本線で一番高い。

富良野寄りから見た上落合信号場

新狩勝トンネルに入ると、すぐに上落合信号場があって石勝線と合流する。その先は直線で、ほぼ11‰の連続下り勾配になっている。

新狩勝トンネルを出ると半径600mの右カーブ上に新狩勝信号場がある。石勝線と同様にポイント部分はスノーシェルターで覆われている。12‰の下り勾配を進み、続いて広内《ひろうち》信号場がある。上下本線の行き違い線と上下貨物列車待機用の着発線の3線がある。

その先で半径500mでUターンするかのように大きく左にカーブする。勾配を12‰に抑えるためである。曲がり始めるところには610mの第2広内トンネル、曲がりきった先に698mの第1広内トンネルがある。その先に西新得信号場があり、右にカーブして1683mの新得山トンネルを抜け、右カーブを2回繰り返して南向きになり、短い桜山トンネルを抜け、30mの下新得川橋梁を渡ると新得駅である。

新得駅の標高は187・7mでサミットの新狩勝トンネルの滝川寄り坑口の449・3mから261・6m降りている。JR形配線に2線の留置線、駅の前後に引上線がある。また、留置線の向こうには保守基地が

西新得信号場に運転停車する快速「狩勝」

新得駅に進入する特急「スーパーおおぞら」札幌行

ある。左側の片面ホームが下り本線の1番線、島式ホームの内側が上り本線の2番線、外側が上1線の3番線だが、この3線は両方向に出発でき、行き違いをしない上り特急は1番線に停車する。これによって跨線橋を渡らなくても上り特急に乗れる。上1線は同駅始終発の普通列車用である。

かつては新得機関区があり、狩勝峠を通る旧線の新得寄りでは狩勝実験線となり、貨物列車の競合脱線の解明や列車火災が起こったときの状態解明が昭和41年から54年まで続けられた。これら職員の宿泊用に駅前旅館が栄え、現在でも営業している。

旧線は落合駅から25‰で上っていき、標高534mのサミットにある狩勝信号場を経て25‰で下る。途中に953mの狩勝トンネル、新内《にいない》トンネル、新内駅がある。落合―新得間は27・9キロだった。新線は28・1キロと長くして、サミットの標高は449・3mなので勾配は12‰に緩和させている。

旧新内駅のホームには59672号蒸気機関車と20系客車が保存されている。かつては「狩勝高原SLホテル」として営業していた。その後、営業を中止し、そのまま放置されていたが、近年になって修復した。また広場に「狩勝高原エコトロッコ鉄道」の線路を敷設し、冬期を除いて自走軌道走行車を走らせている。

●新得―帯広間　新得駅を出ると直線で進む。最急勾配15・2‰で下り、52mの第1佐幌川《さほろがわ》橋梁を渡る手前で左にカーブ、続いて右にカーブしながら78mの第2佐幌川橋梁を渡る。その先でやや上り勾配になると十《と》勝清水《かちしみず》駅がある。

島式ホームで下り線がスルー線の1線スルー駅である。上下線とも両方向に出発できる。帯広寄りには安全側線を兼ねた引上線がある。この引上線は日本甜菜《てんさい》製糖の専用線だった。

左にカーブして32mの清水川橋梁を渡り、しばらく進むと平野川信号場となる。行き違い線路は長く、両方向に出発でき、途中から半径500mで左にカーブしている。

その先で直線になって進む。その左側に短い片面ホームの羽帯《はおび》駅がある。同駅は標高185・5mにあり、ここからはほぼ下り勾配で進む。

途中に半径805mのカーブが1か所あるだけで、それ以外は直線で進む。そこに御影《みかげ》駅がある。相対式ホームで下り線がスルー線の1線スルー駅になっている。やはり上下線とも両方向に出発できる。下りホームが新得寄りにずれている。

カーブがやや多くなり、その先に上芽室《かみめむろ》信号場がある。両開き分岐で上り線は両方向に出発可能だが、下り線は帯広方向にしか出発できない。この先で121mの芽室川橋梁を渡り、やや上り勾配になって進む。

次の芽室駅は下り線側が片面ホーム、島式ホームの外側が上1線となっているJR形配線で、下り線がスルー線になっている1線スルー駅でもある。新得側に上り本線から分岐する側線と上1線から分岐する側線がある。発着線3線はいずれも両方向に出発が可能で

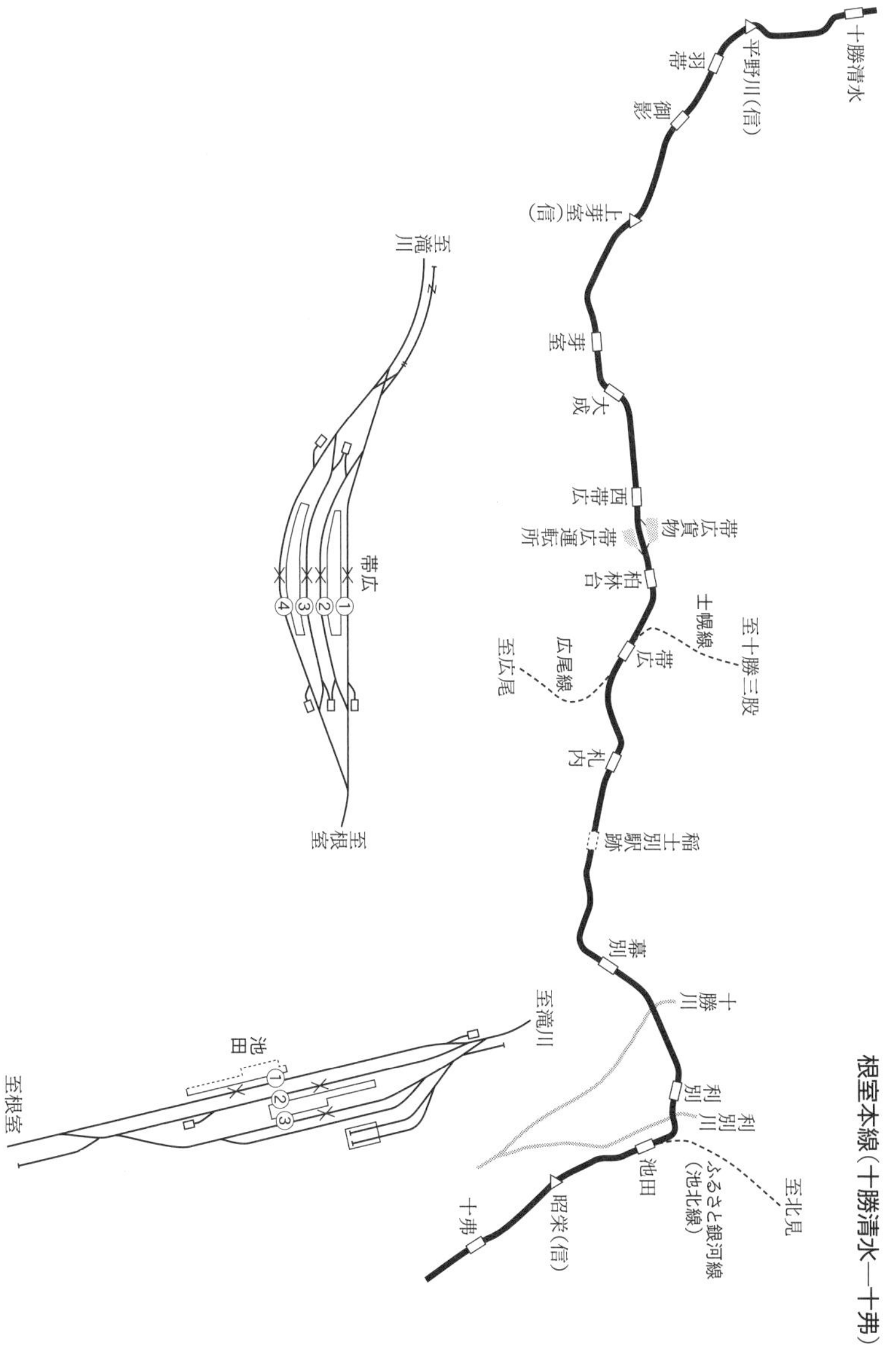
根室本線（十勝清水—十弗）
十勝清水
平野川（信）
羽帯
御影
上芽室（信）
芽室
大成
西帯広
帯広貨物
帯広運転所
柏林台
帯広
至十勝三股
士幌線
広尾線
至広尾
札内
稲士別駅跡
幕別
十勝川
利別川
利別
池田
ふるさと銀河線（池北線）
至北見
昭栄（信）
十弗
至滝川
帯広
1
2
3
4
至根室
至滝川
池田
1
2
3
至根室

ある。

　同駅から再び下り勾配になり、半径500mで左にカーブして北東に進むと、右側に片面ホームがある大成《たいせい》駅となる。線路と並行する道路に「東芽室コミュニティバス」のバス停があり、ホームからバス停まで建屋内歩行者用通路で結ばれている。

　大成駅を出ると半径400mで左にカーブしてから直線になり、東に進む。左手に日本オイルターミナルがあり、そこから日本甜菜製糖芽室工場と共用の専用線が根室本線と並行していたが廃止された。右手に除雪用の保守基地とその出入り線が並行して合流すると西帯広駅である。

　西帯広駅は下り線側に片面ホームがあり、島式ホームの内側が上り本線、外側が上1線のJR形配線になっている。片面ホームが新得寄り、島式ホームが帯広寄りにあって斜向かいに配置されている。片面ホームと駅舎のあいだに専用線が通っていたが、前述のように廃止され、線路は撤去されている。

　専用線跡と並行して直線で進み、帯広貨物駅に入る。左側にコンテナヤードへの出入り線が分岐し、半径1800mで左にカーブするとコンテナヤードが広がる。右手にはJR北海道の帯広運転所の留置線などが広がっている。貨物駅と運転所をつなぐ構内踏切には「DC乗継」の停止目標が置かれている（DCはディーゼルカー）。一部の普通列車の運転士はこの標の位置で停車して交代する。また、右手の建屋はJR貨物の事務所で、ここの前の線路に向かって帯広貨物駅と書かれた駅名標がある。西方の次駅は札幌貨物ターミナル駅、東方は釧路貨物駅となっている。

　帯広運転所からの入出庫線、続いて帯広貨物駅の出入り線が合流すると高架になって右にカーブする。その先に左側に片面ホームがある柏林台《はくりんだい》駅があり、まっすぐ進んでから右にカーブして直線で進む。

　もう一度右にカーブすると帯広駅である。カーブの手前から引上線が並行するが、レールは錆びついていて長らく使われていない。引上線と本線とのあいだにシーサスポイントがあって複線になるが、上下本線は広がって、そのあいだに2線の中線が分かれ、島式ホーム2面4線となる。各線路とも両方向に出発できる。

帯広貨物駅にある「DC乗継」標

帯広駅に進入する池田行

平成8年に高架化され、地上のコンコースは高架化当初は駅の中央にあった。その前後は「エスタ帯広」というショッピング街だった。しかし、分断されているのであまり客が入らず、店じまいするテナントが相次いだ。そこで平成13年にコンコースを貫通する通路を設置して分断状態を解消した。しかし、今度は改札口が1、2番線のホームと3、4番線のホームの2か所に分断されてしまった。

　基本的に1、2番線は釧路方面用、3、4番線は新得方面用にしているが、一部、反対のホームで発車することがあり、注意が必要である。なお、九州の日豊本線の宮崎駅も同様の構造になっている。また、シンプルな高架駅になったため広尾線や士幌線、三角線を形成していた十勝鉄道の跡などは区画整理されてまったくわからなくなっている。

●**帯広─釧路間**　帯広駅を出ても高架で進む。半径８０５ｍで左にカーブするが、眼下にまっすぐ進んでいた広尾線の線路跡が緑地帯などになっているのがよくわかる。４２４ｍの札内川《さつないがわ》橋梁を渡って半径４０２ｍで左にカーブする。

　その先で今度は半径７６４ｍで大きく右にカーブして札内駅となる。駅構内で半径４００ｍで右にカーブすると下り線の片面ホームがあり、それを過ぎると片面の上りホームがある。斜向かい配置の相対式ホームの駅である。上り線がスルー線になった1線スルーの駅で、上下線とも両方向に発車できる。

　駅の先で半径６０４ｍで左にカーブし、直線となって97ｍの途別川《とべつがわ》橋梁を渡ると右側に短い片面ホームがあった稲士別《いなしべつ》駅跡がある。その先はややアップダウンと左右にカーブしながら進み、１４８ｍの猿別川《さるべつがわ》橋梁を渡って半径５００ｍで左に大きくカーブすると幕別《まくべつ》駅となる。

　幕別駅は下り本線が片面ホーム、島式ホームの内側が上りホーム、外側が上1線のＪＲ形配線の駅で、上1線は両方向に出発できる。

　直線で進んでから半径６００ｍで左にカーブして７４５ｍの十勝川橋梁を渡り、まっすぐ進む。半径４０２ｍで右にカーブすると、その先に利別駅がある。両側分岐の島式ホームで、右側にある駅本屋へは切欠き階段と構内踏切で結ばれている。

利別駅に停車中の帯広行。駅本屋とは切欠き階段で行き来する

利別駅の先に半径５００ｍの左カーブがあり、４１５ｍの利別川橋梁を渡る。そして半径５００ｍで右にカーブして直線で南下し、途中から北海道ちほく高原鉄道ふるさと銀河線の廃線跡の路盤が並行して池田駅となる。

池田駅は上り本線が片面ホーム、島式ホームの内側が下り本線、外側が下１線のＪＲ形配線で、島式ホームは帯広寄りにあり、下１線の内側の切欠きホームにふるさと銀河線発着用の４番線があった。すべての発着線は両方向に出発可能で、特急は上下列車とも１番線で発着する。

田園地帯を走り、左手に池田ワイン城があるはずだが、鉄道防風防雪林があって見えない。途中に行き違い用の昭栄《しょうえい》信号場がある。

次の十弗《とおふつ》駅は元は島式ホームで、その上り線を使用している。駅舎は元下り線を通り越した左手にあり、切欠き階段でホームから降りて向かう。釧路寄りに横取線がある。標高11・７ｍのところにあり、この先は上り勾配基調で進む。

次の豊頃《とよころ》駅は相対式ホームで、上り線の１番線側に

根室本線（十弗—白糠）

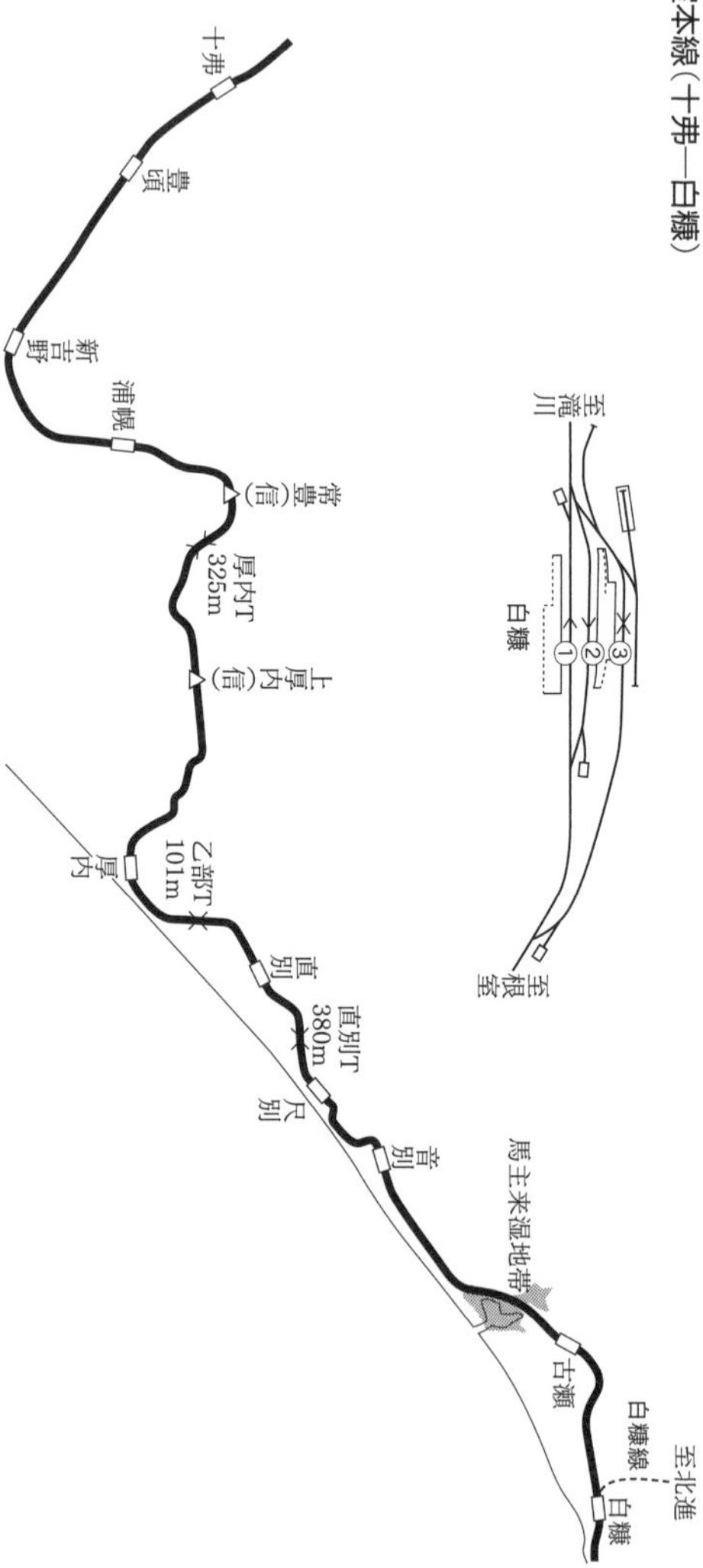

駅本屋がある。上り線が直線の１線スルー駅で上下線とも両方向に出発でき、行き違いを行わないときは下り列車も１番線で発着する。

　豊頃駅の先は緩いアップダウンになっているが、ほぼ直線で進む。次の新吉野《しんよしの》駅は上り線側が片面ホーム、島式ホームの内側が下り本線、外側が下１線で、島式ホームが帯広寄りにある斜向かい配置になっている。２番線の下り本線は帯広方向へも出発可能なスルー線だが、下１線は釧路方向にしか出発できず待避用である。

　新吉野駅の先で半径４０２ｍで左にカーブする。１２２ｍの浦幌川《うらほろがわ》橋梁を渡って浦幌駅となる。上り線が直線で１線スルーの相対式ホームで、下りホームが帯広方向に少しずれている。また下り線のホームの反対側に保守線がある。

浦幌駅を出てしばらくして左にカーブしてから右にカーブする。山間部に入って10‰の上り勾配で半径400mで右にカーブするところに常豊《つねとよ》信号場がある。ほぼ中央部に下り側が帯広寄りにずれている斜向かい配置の短いホームがある。

常豊信号場を出ると16・7‰の連続上り勾配で山越えをする。16・7‰の勾配を維持するために最小曲線半径241mで右に左にカーブする。325mの厚内《あつない》トンネルに入り、抜けると下り勾配に転ずる。厚内トンネルを抜けたところにあるサミットの標高は92・6mである。

当初は16・7‰だが、その先は6・7〜15・7‰で下る。途中に駅から格下げされた上厚内信号場がある。

さらに下って集落のなかに入ると厚内駅がある。標高は9・5m、上り本線側に片面ホームがあり、島式ホームの内側が下り本線、外側が下1線で、下1線は両方向に出発できる。左手下り線側には民家はないので跨線橋は島式ホームと右側の駅本屋とを結ぶだけである。

ホームの先の駅構内で半径300mで左にカーブし、各線が収束して単線になる。構内を過ぎて9‰の勾配で下りながら、さらに半径402mで左にカーブする。標高7・5mでレベルになって海岸沿いに直線で進む。

オタンノベ川を13mの乙部《おとべ》川《がわ》橋梁で渡ると内陸部に入り、最大18・2‰で山を越える。といってもサミットの標高は27・0mでしかない。サミットの先で101mの乙部トンネルをくぐり、18・2‰で下るが、すぐに10‰に緩んで直線で進む。

49mの直別川《ちょくべつがわ》橋梁を渡り、半径400mで左にカーブすると、相対式ホームの直別駅となる。ホームの先で線路は左にカーブしている。直別駅の先でまた山越えをする。18・2‰の上り勾配が少しあるが、基本は16・7‰の勾配で上下する。サミットの手前で380mの直別トンネルを抜ける。サミットの標高は25・4mである。レベルになって相対式ホームの尺別《しゃくべつ》駅があり、39mの尺別川橋梁を渡る。

この先では海岸近くを走る。湿地帯で川幅が広くなっている音別川《おんべつがわ》の河口を避けて、左にカーブして北上する。川幅がやや狭くなったところに167mの音別川橋梁があり、それを渡る。大きく右にカーブして音別駅となる。

音別駅の標高は6・3mと低い。珍しく貨物取扱駅である。相対式ホームだが、下りホームがやや帯広寄りにある斜向かいの配置で、下り本線が1番線である。2番線の上りホームの反対側に2線の仕訳及びコンテナ積載線と帯広寄りに上り引上線、釧路寄りに下り引上線がある。上下本線は両方向に出発でき、行き違いがない場合は上り列車も下り1番線で発着する。

取扱貨物は大塚製薬釧路工場の製品を積みこんだコンテナである。札幌貨物ターミナル—釧路貨物間の高速貨物列車に音別駅着発のコンテナ貨車を6両程度連結する。札幌貨物ターミナル発は最後部に音別行のコンテナ貨車を連結して音別駅に到着すると切り離し、釧路貨物発は音別駅で連結するという、かつての仕訳方式を今も音別駅で行なっているのである。

26mの風連《ふうれ》別川《べつがわ》橋梁を渡って段丘の下の海岸に沿って進む。そして左カーブして国道38号釧路国道をくぐって内陸に入る。右に馬主来沼《ぱしくるぬま》を見て、その湿地帯を抜ける。湿地帯がなくなると16・7‰の上り勾配になって馬主来峠を越える。サミットの手前で古瀬《ふるせ》トンネルを抜ける。その先のサミットの標高は33・7mである。

サミットを過ぎてすぐに相対式ホームの古瀬駅となる。下りホームが帯広寄りにある斜向かい配置の駅である。元は行き違い用の信号場だったために、後から設置した短いホームは幅も狭い木製である。下り本線がスルー線の1線スルー駅で上下本線とも両方向に発車できる。行き違いをしない上り列車も下り1番線で発着する。古瀬駅の標高は30・0mで10‰の下り勾配上にあり、釧路寄りは半径400mの右カーブになっている。

勾配が緩み、和天別川《わてんべつがわ》に沿って海岸方向に進む。左にカーブして30mの和天別川橋梁、続いて137mの茶路《ちゃろ》川《がわ》橋梁で白糠川を渡る。市街地に入って左から元は白糠線の線路だった引上線が並行し、足寄《あしょろ》方面に行く国道392号白糠国道の跨線橋をくぐると白糠駅である。

白糠駅は上り本線が1番線の片面ホーム、島式ホー

白糠駅を出発した音別行。右の線路は旧白糠線を流用した引上線

ムの内側が2番線の下り本線、外側が3番線の下1線で、下1線は両方向に出発できる。かつては上下本線のあいだに中線、下1線の帯広方向に切欠きホームの4番線があった。4番線では白糠線の列車が発着していた。

ホームがなくなった先で右にカーブする。上り本線に下り本線が合流する形で単線になるが、下1線は本線とともに右にカーブしながらしばらく並行したのち合流する。

釧路国道が海岸寄りで並行する。右手に海岸があるが、根室本線と国道とのあいだには集落がずっと並んでいる。左手は段丘になっている。しばらく進むと段丘は北側に遠のく。半径805mで左にカーブし、国道からやや離れて市街地に入ると島式ホームの西庶路《にししょろ》駅となる。上下本線ともに両方向に発車できる。海側とホームを結ぶ跨線橋はあるが、山側にはつながっていない。このために釧路寄りに線路を横断する自由通路の跨線橋がある。

半径402mで右にカーブして152mの庶路川橋梁を渡り、さらに半径302mで大きく右にカーブす

根室本線（白糠―釧路）

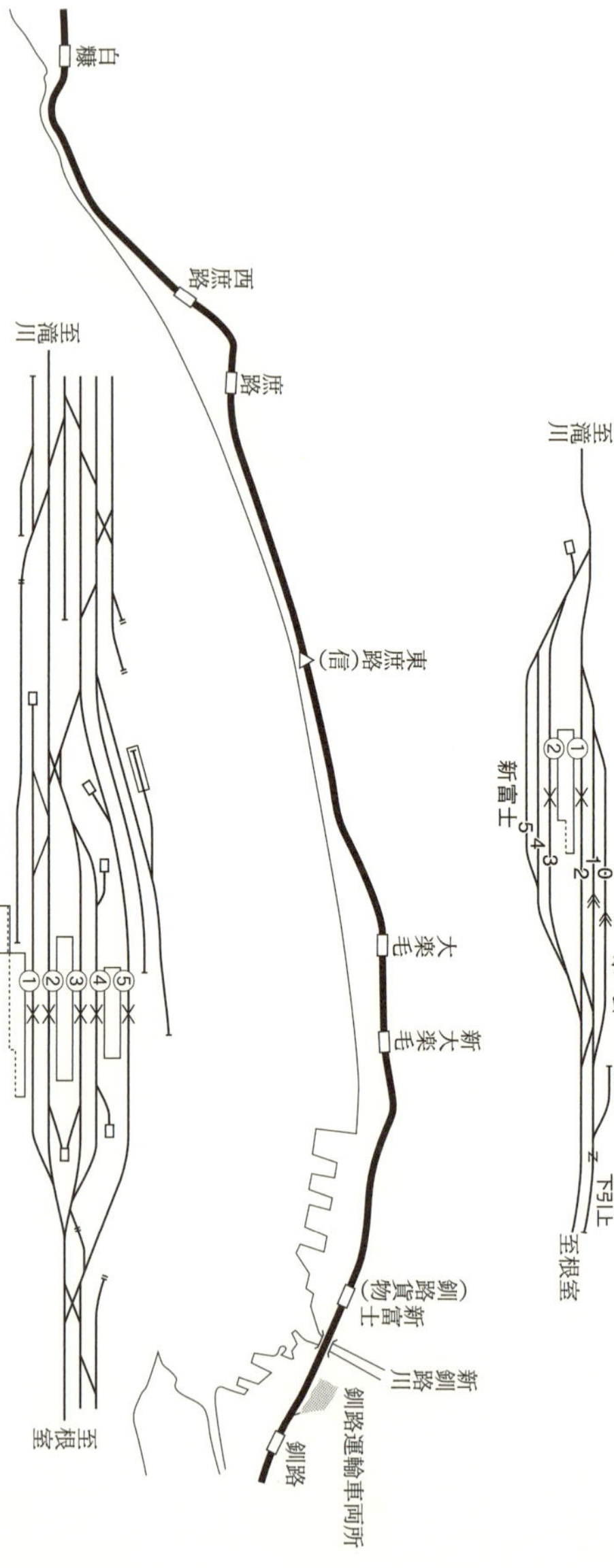

る。その先で半径300mの左カーブで振り戻すと庶路駅がある。右手の海寄りに片面ホームがある棒線駅だが、元は相対式ホームで下り線側の片面ホームは残っている。ただし線路は撤去されている。

93mのコイトイ川橋梁を渡り、海岸線に沿って走る。右手に少し離れて釧路国道、そして同じくらい離れて海岸線がある。平坦な地形を直線で進む。半径1609mでやや右にカーブし、右手に釧路国道に面した恋問館《こいといかん》というドライブインを見た先に東庶路信号場がある。

通常とは異なって上下本線と中線の3線で構成されている。上り本線がスルー線になっていて上下本線は

大楽毛駅で折り返す釧路行

両方向に出発でき、中線は釧路方面にしか出発できない。行き違いをしない場合は上り本線を通る。片方が特急の場合の行き違いは特急（上下とも）が上り本線を通り抜ける。中線と下り本線で上下の普通や貨物列車が行き違いで停車しているあいだに特急が通過していくこともある。

左にカーブして、北上する釧路国道をくぐり、次いで275mの阿寒川橋梁を渡る。市街地に入って島式ホームの大《お》楽《たの》毛《しけ》駅となる。ホームの手前で右に、ホームの先で左にカーブしている。元はJR形配線だったが、左手にあった片面ホームを撤去し、島式ホームだけが残った。上下本線とも両方向に出発でき、行き違いをしないときには上り列車は下り本線で発着する。また、同駅折返列車もある。

少し進んで片面ホームの新大楽毛駅がある。その先ではS字カーブを切ってから臨海部に出る。臨港線や雄別鉄道、富士製紙の専用線など、左右に根室本線と並行していた多数の線路を撤去した空き地が続き、根室本線を斜めに越えていた乗越橋の橋脚が残っていたりする。その先に島式ホームの新富士駅がある。

新富士駅付近を走る特急「スーパーおおぞら」札幌行。周囲には多数のヤード群や立体交差の貨物線があったが、すべて撤去された。奥に乗越橋の跡が見える

左手に貨物着発線が2線分岐する。北側の着発線で直接コンテナを搭載したり降ろしたりする着発線荷役方式をとっており、これが0番貨物本線、次に通常の着発線の1番貨物本線がある。これら着発線の連番で下り本線の2番、上り本線の3番がある。南側に4、5番の2線の側線があり、これらは貨車留置線として使われている。

平成23年から新富士のJR貨物関係の線路等は釧路貨物駅に改称している。

また、新富士駅というのは近くに富士製紙釧路工場があるために富士駅と付けようとしたが、静岡県に富士駅があるために新富士駅とした。ところが東海道新幹線に新富士駅が開設され、同じ駅名が2か所にあることになるが、駅の構造や位置が全く違うから間違うわけはないということで、そのままになっている。

先述した乗越橋は雄別鉄道鶴野線のもので、昭和45年（1970）に雄別炭鉱が閉山になると釧路開発埠頭会社が引き継いだ。しかし、昭和61年までに廃止された。釧路開発埠頭会社には西港線があった。これも平成11年に廃止されてしまい、このあたりの貨物線は

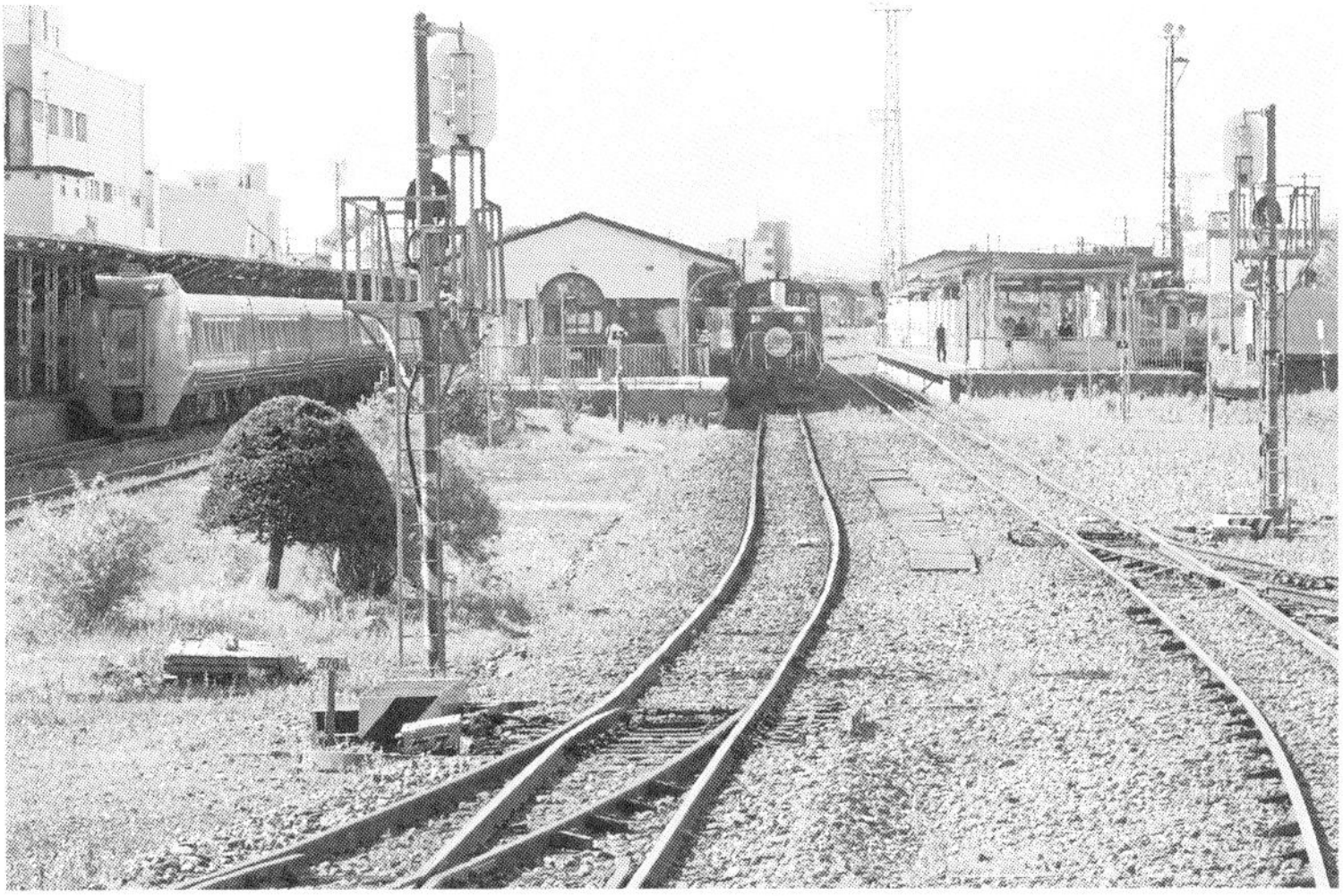

根室寄りから見た釧路駅。右に普通釧路行、中央に「釧路湿原ノロッコ」号、左に特急「スーパーおおぞら」札幌行が停車している

釧路貨物駅関連だけになってしまった。

釧路貨物駅では着発線の釧路寄りに機待線《きたいせん》と下り引上線がある。その先で189mの新釧路川橋梁を渡る。釧路国道をくぐると左手に大きな車両基地と検修ピット、使われていない貨物ヤードが広がる。これがJR北海道の車両工場である釧路運輸車両所と貨物の釧路駅で、奥には転車台がある。

国鉄時代には転車台付近は釧路機関区で、機関車の扇形車庫もあった。車両工場付近は釧路客貨車区、そして貨物ヤードは釧路貨物駅の仕訳線だったが、隆盛期の仕訳線は16線、これに着発線5線と機回線があった。仕訳方式を中止してから縮小され、現在残っているのは機回線と着発線5線、それに仕訳線を引上線とした2線だけである。その残った着発線は機能停止となって使われず、機回線は保守用砕石運搬のホッパ車の留置線になっている。

釧路駅に近いために本線以外の通路線や仕訳引上線など数本の線路が延びている。釧路駅は片面ホーム1面、第2、第3の島式ホーム2面の5線となっている。その北側にあった貨物側線や機留線は撤去されたものの、全体はほとんど変わっていない。片面ホームの1番線が根室本線上り本線、第2ホームの2番線が根室本線下り本線、3番線が根室本線下1線、第3ホームの4番線が釧網《せんもう》本線の発着線、5番線が貨物列車通過線となっている。

基本的に1番線では特急「スーパーおおぞら」が発着し、第2ホームでは帯広方面の普通と「釧路湿原ノロッコ」号などの臨時列車、第3ホームでは釧網本線と根室方面の普通・快速が発着する。

●**釧路―根室間**　釧路―根室間は愛称を花咲線としており、これが定着している。釧路駅を出ると半径300mで左にカーブし、178mの釧路川橋梁を渡る。さらに半径360m、続いて302mで左にカーブしてから釧路川に沿って北上し、今度は半径402mで右に大きくカーブして東向きになり、左手に引上線が並行すると東釧路駅である。

東釧路駅では釧網本線が分岐する。島式ホームで2線の発着線は根室方面と釧網本線方向、そして釧路方向のいずれにも発着が可能だが、基本的には南側の2番線で根室本線の上下列車、北側の1番線で釧網本線の上下列車が発着する。

釧路臨港鉄道（現太平洋石炭販売輸送）の接続のために大正14年（1925）に別保《べっぽ》信号場として開設され、釧網線が開業した翌年の昭和3年（1928）に同線の分岐駅として東釧路駅となった。このため貨物側線があったが、現在は撤去されている。

なお、太平洋石炭販売輸送の線路は日本で唯一の運炭線として春採《はるとり》―知人《しれと》間が残っており、石炭貨物列車を走らせている。

東釧路駅を出ると逆方向と順方向の上下渡り線があって、その先で釧網本線が左にカーブして分かれていく。多数の貨物側線や臨港線への線路があったために、直線状にきれいに配置した上下渡り線になってはいない。

釧網本線と分かれた先でやや右にカーブしてからまっすぐ進むと右側に片面ホームがある武佐《むさ》駅となる。同駅までは釧路の市街地である。36mの武佐川橋梁を渡る付近で半径402mで左に大きくカーブする。左手に広がる湿原の端に沿って進み、87mの第1別保川橋梁を渡る。この先は大きく蛇行する別保川に沿って

根室本線（釧路—根室）

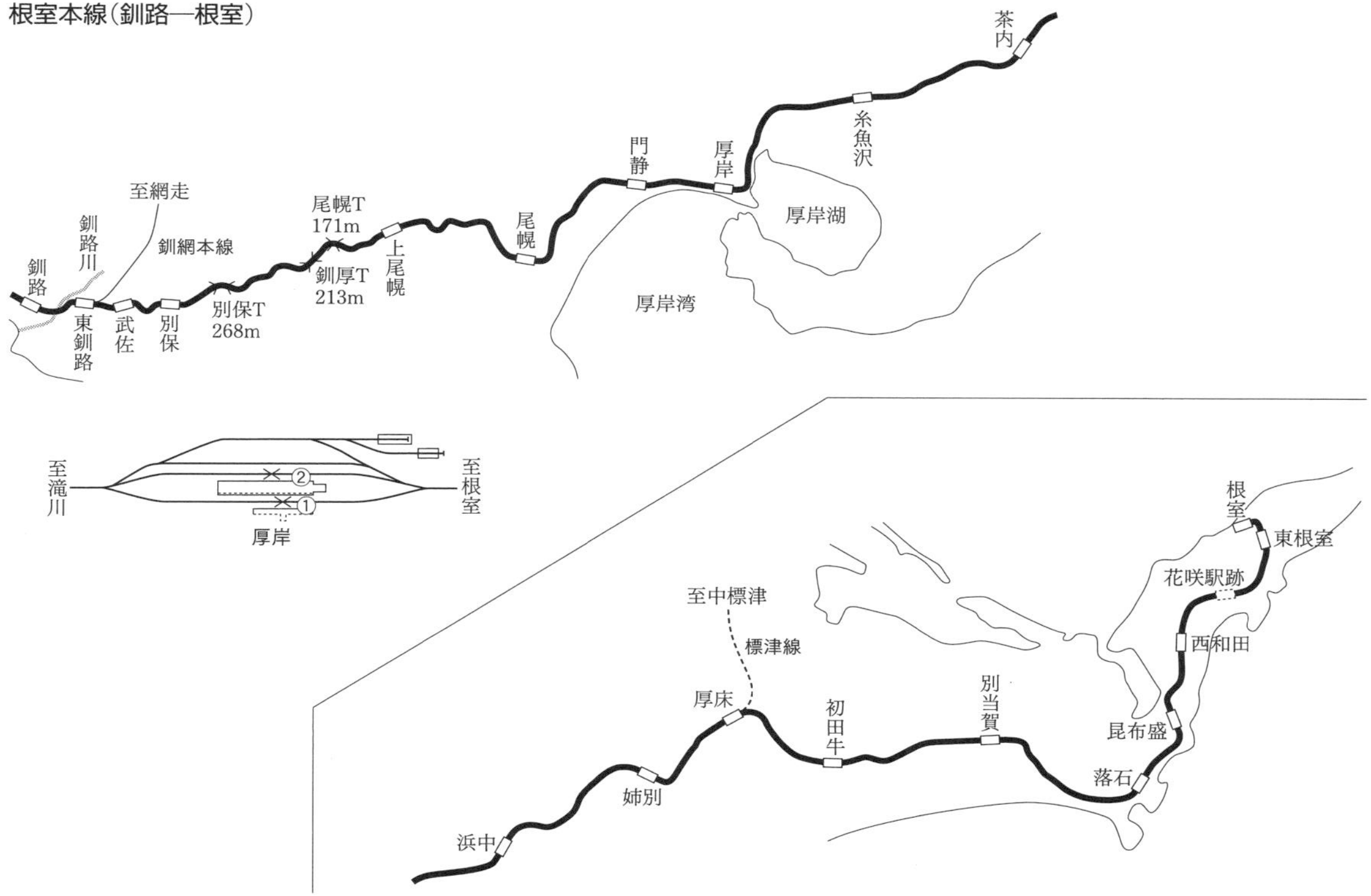

釧路
釧路川
至網走
釧網本線
東釧路
武佐
別保
別保T
268m
尾幌T
171m
釧厚T
213m
上尾幌
尾幌
門静
厚岸
糸魚沢
茶内
厚岸湖
厚岸湾
至滝川
至根室
厚岸
至中標津
標津線
浜中
姉別
厚床
初田牛
別当賀
落石
昆布盛
西和田
花咲駅跡
根室
東根室

根室寄りから見た厚岸駅

門静駅に停車中の根室行

進むため、根室本線も半径３０２ｍで右に左にカーブする。

次の別保駅は左側に片面ホームがある。かつては貨物列車のための長い行き違い線があった。現在は元の下り線を使用している。ホームの配置は次の上尾幌《かみおぼろ》駅とほぼ同じになっていた。上り線のホームは下りの片面ホームが終了した根室寄りに斜向かいに配置され、しかも上下線のあいだに設置されていた。上下線は両開き分岐で分かれていたので、現在も駅の前後で線路はうねっている。この駅の周囲まで釧路のベッドタウンとして新興住宅街がある。釧路—根室間は廃止が検討されているが、釧路—別保間は通勤・通学のために残してもいいと思われる。

この先から山越えが始まる。当初、勾配はきつくないが、曲線半径は最小３０２ｍとなって右に左にカーブする。２６８ｍの別保トンネルを抜けた先からは10‰の連続上り勾配になる。

２１３ｍの釧厚《せんこう》、１７１ｍの尾幌の二つのトンネルを抜ける。尾幌トンネルを抜けた地点がサミットで標高は69・２ｍである。この先は10‰の連続下り勾配になる。勾配が緩んで山が遠のくと行き違い駅の上尾幌駅である。

両側分岐で上下線は分かれ、その上下線のあいだに片面の下りホームがあり、下りホームがなくなると上り線の右外側に片面の上りホームと駅舎がある。

勾配は緩くなるが、それでも下り勾配が続く。勾配がなくなって平坦なところを直線で進む。そして半径４０２ｍで左にカーブすると片面ホームの尾幌駅となる。尾幌駅も元は上尾幌駅と同じホーム配置の行き違い駅だった。その後、上り線を撤去したものの上りホームは残っていた。しかし、現在は撤去されて車掌車を流用した待合室が上り線側に置かれている。

直線で少し東に進んでから、半径５０３ｍで大きく左にカーブし、尾幌川による湿地帯の山側の端を通って北北東に向きを変える。湿地帯の端に沿って右にカーブし、湿地帯がなくなると門静《もんしず》駅がある。

片面ホームだが、元は島式ホームだった。また、北東側にあった採石場への専用線があり、ホームの山側に貨車のための側線が敷かれていた。その後、行き違いをやめて片面ホームになったが、側線や元の下り線は残っていた。それも今は撤去され、ホームも短くなって下り線側のホームは崩され、横取線が根室寄りに設置されたが、現在はほとんど使われていない。門静駅は海岸に近く、標高は4・3mしかない。駅には津波発生時の避難経路を記した案内板がある。

この先で半径600mで左にカーブして厚岸湾《あっけしわん》に出る。湾曲する海岸線に沿って半径1600mの緩い右カーブが3か所ほどある。半径302mで左にカーブして海岸から離れ、街中に入って厚岸駅となる。

元は島式ホームだったが、同駅から浜厚岸への貨物線が分岐していて、その側線が浜側の駅舎とのあいだにあった。これを利用して上り1番線に向いた片面ホームを設置した。行き違いをしないときは上下列車とも1番線に停車する。これによって跨線橋を昇り降りせずに列車に乗ることができるようになった。行き違いをするときは左側通行をし、下り列車が片面使用の島式ホームの下り2番線に停車する。1、2番線とも両方向に発車が可能で、このほかに留置用の3番線と保守用側線がある。厚岸駅の標高は門静駅よりもさらに低い3・7mである。

厚岸駅を出ると半径300mで左にカーブして厚岸湖の西岸に沿って北北東に進む。右に厚岸湖を眺めながら湿原のなかを突き進む。厚岸湖が見えなくなってもチライカリベツ川（イトウが通う沢の意）の湿原地帯を進み、左手から国道44号根釧国道が並行し、湿原が見えなくなると片面ホームの糸魚沢《いといざわ》駅である。この駅名はまさにチライカリベツ川の和訳である。

糸魚沢駅は元相対式ホームで、その下り線側の線路とホームを使用し、上り線側のホームは撤去された。線路の一部は横取線に流用されているが、分岐ポイントはホームの釧路寄り直下にある。

湿原がなくなり、山に入る。最小曲線半径362m、10‰の連続上り勾配になる。短い鋸縁別川《のこべりべつがわ》橋梁を渡ると勾配が緩んで直線になり、集落に入ると茶内《ちゃない》駅がある。

茶内駅は相対式ホームだが、元は下り線側が片面ホームのJR形配線だった。島式ホームの外側の上1線は保守用側線として残っているが、釧路寄りで上り線と接続しておらず、途中で止まっている。同駅で浜中町営軌道が連絡していた。軌間762㎜のナローゲー

茶内駅には等身大のルパン三世の肖像看板が置かれている

ジで、上風蓮《かみふうれん》や西円朱別《にしえんしゅべつ》、別寒辺牛《べかんべうし》へ路線が延びていたが、昭和47年に廃止された。

浜中町は漫画「ルパン三世」の作者の出身地なので、駅舎入口に外に向かって立っているルパン三世、1番下り本線に銭形警部の肖像看板が置かれている。

茶内駅を出てもまだ直線で進む。途中で半径1000mの右カーブがあるが、その先は直線である。半径1600mで緩く右にカーブしてから半径402mで左にカーブすると市街地に入って片面ホームの浜中駅となる。この間、勾配は最大で10‰である。市街地に入る手前は緩い下り勾配になっている。

浜中駅は行き違い駅だったが、上り線側を使用して下りホームは撤去した。下り線は根室寄りで本線と乗り上げポイントで接続する横取線になっている。同駅の標高は78・3mである。同駅からは基本的に下り勾配になる。

次の姉別《あねべつ》駅は右側に片面ホームがある棒線駅だが、元は行き違い駅だった。同駅も浜中町内にある。このため駅舎の待合室からルパン三世と銭形警部がホームに向かって銃を構えている看板が置かれている。

緩い勾配でアップダウンしながら根室市に入り、少し進むと厚床《あつとこ》駅である。標津《しべつ》線との接続駅で下り線側が片面ホームのJR形配線で、このほかに3線の側線があったが、標津線が廃止されてから、島式ホームの内側の根室本線上り本線や側線のうち2線は撤去され、外側を上り本線にした。上下線はいずれの方向にも出発が可能だったが、平成28年3月のダイヤ改正で上り本線の信号機等の機能を停止させ、事実上の棒線駅になってしまった。

標津線の路盤跡が左にカーブして分かれ、少し直進してから半径300m、続いて503mで右にカーブする。この先は10‰の上り勾配で根室半島の南側の台地を進む。次の初田牛《はったうし》駅は左側に片面ホームがあるが、元は行き違い駅だった。旧上り線は横取線として線路は残っているが、本線と接続されていない。同駅の標高は79・1mである。

台地は狭まってくる。そこをあまりカーブがなく進み、片面ホームの別当賀《べつとが》駅となる。やはり以前は行き違い駅だった。車掌車を改造した待合室がある。別当賀駅の先では右カーブ基調で10‰の下り勾配になって進む。三里浜の海岸に出てから左にカーブして落石《おちいし》港を右に見てから、やや内陸に入って落石駅となる。

落石駅は根室本線の最後の行き違い駅である。下りホームが釧路寄り、上りホームが根室寄りにずれている相対式ホームで、駅本屋は上り線側にあり、下り線側には保守用側線がある。行き違い駅ではあるが、現在は定期列車の行き違いは行なっていない。

海岸線から少し内陸に入ったところを北上する。次の昆布盛《こんぶもり》駅は右側に片面ホームがある。同駅の先で10‰の下り勾配になり、左に温根《おんね》沼《とう》、右に長節湖《ちょうぼしこ》に挟まれた個所を過ぎると、今度は10‰の上り勾配になる。上りきると左側に片面ホームがある西和田駅になる。ここも元は行き違い駅だった。また、車掌車を流用した待合室がある。

台地を2回カーブして進み、左側に片面ホームがある元行き違い駅の花咲駅があった。やはり車掌車を流用した待合室がある。右手の牧場越しに太平洋が見える。

半径605mで左にカーブし、築堤となってさらに半径405mで左にカーブしたところに東根室駅があ

東根室駅を出発する根室行

終端寄りから見た根室駅

る。右側に板張りの短い片面ホームがある。同駅が日本最東端の駅である。

9・1‰の勾配で下って半径402mで左にカーブした先に根室駅がある。右側に片面ホームがあり、左側には機回線、奥には機折線があり、2線ずつ2組の車庫が斜めに置かれている。最東端の駅は手前の東根室駅だが、根室駅には駅員が配置されているので、日本最東端の有人駅ということになる。

【車両】 札幌—釧路間を走る特急「スーパーおおぞら」はキハ283系、札幌—帯広間を走る「スーパーとかち」はキハ261系を使用する。

滝川—新得—釧路間はキハ40形またはキハ54形の単行か2、3両編成、快速「狩勝」のうち富良野線経由で旭川—帯広間運転の1往復はキハ150形、滝川発池田行の「狩勝」はキハ40形を使用する。

キハ150形は出力450PSのエンジンを搭載したJR北海道発注の車両である。高出力のため上り勾配でも、それなりに軽快に走る。両運転台付きで、両端の扉寄りはロングシートだが、中央は片側が2人向かい合わせ、もう片側が4人向かい合わせのボックスシートを4組設置している。旭川運転所所属のキハ150形を使用している。

釧路—根室間はキハ54形を使用するが、新幹線0系の初期の車両で使っていた転換クロスシートを流用した車両を花咲線限定で使用している。

【ダイヤ】 **●特急** 特急は石勝線と直通するので滝川—上落合信号場間は走らない。札幌—釧路間運転の「スーパーおおぞら」が6往復、札幌—帯広間運転の「スーパーとかち」が5往復運転されている。

「スーパーおおぞら」の新得—釧路間の停車駅は最速タイプの1号と4号は帯広、池田である。そのほかの「スーパーおおぞら」は白糠にも停車するほかに9号は芽室、11号は浦幌、4号は浦幌と芽室、十勝清水に停車する。新得—帯広間で「スーパーとかち」の停車駅は十勝清水、芽室である。

最速「スーパーおおぞら」4号の新得—釧路間の所要時間は2時間4分、表定速度は83・3キロである。

不定期特急として札幌—富良野間に「フラノラベンダーエクスプレス」が走り、繁忙期には1、2往復が運転される。根室本線内の停車駅は芦別だけである。

●滝川―釧路間　旭川―帯広間の快速「狩勝」の根室本線内の停車駅は下りが山部、金山、幾寅、落合、新得、十勝清水、御影、芽室、西帯広、上りは芽室、御影、十勝清水、新得、落合、幾寅、金山、山部である。下りは富良野で滝川発の普通と、上りは滝川行の快速と連絡する。この上り快速の停車駅は上芦別、芦別、茂尻、赤平である。

片道だけ走る滝川発の快速「狩勝」の停車駅は赤平、茂尻、芦別、上芦別、野花南と富良野―十勝清水間各駅、芽室で、帯広から普通になる。このほかに夜間の下りの滝川→新得間と午前の上りの富良野→滝川間に快速が運転されている。下りは東滝川、平岸、上りは平岸と東滝川を通過するだけである。

普通の運転本数は非常に少ない。滝川―新得間では1日に滝川―富良野間で7往復と芦別→滝川間に片道1本、富良野―新得間では下り5本（富良野→新得間各駅に停まる快速「狩勝」を含む）、上り6本である。

一番多く走っている区間は帯広―池田間だが、それでも下り14本、上り13本しかない。多くの普通は羽帯、大成、古瀬を通過している。

本数の少ない普通だが、滝川→釧路間308・4キロを通し運転する普通が下りに1本設定されている。普通としては日本で一番長い距離を走っている。滝川駅を9時42分に出発、釧路駅には18時1分に到着する。しかも全駅停車である。所要時間は8時間19分、表定速度は37・0キロと遅い。もっとも富良野駅で27分、帯広駅で36分も停車するなど、多くの駅で数分間停まったりしている。

しかし東鹿越―新得間はまだ復旧の目処が立っておらず、代行バスも東鹿越―落合間しか運行されていない。したがって、同区間を通る快速、普通は時刻表上での話である。

単行が多いが、2、3両編成も走る。このほか運用の都合で3両編成になっているが、後ろの1、2両を締め切って乗客を乗せない回送扱いで連結している普通がある。

たとえば帯広発6時20分の浦幌行は3両編成だが、後ろの2両は締め切って池田駅で解放、浦幌までは単行となる。切り離された2両は厚内発6時6分の単行に池田駅で連結（後部に厚内発が連結）して芽室駅に向かう。池田—芽室間では通学生が多いからである。芽室到着後折り返して帯広駅に向かうが、後ろ2両はまた締め切る。

●**釧路—根室間**　快速「はなさき」が1往復、快速「ノサップ」が下りに走る。しかし、これら快速の停車駅はすべて異なる。

下り「はなさき」は東釧路、厚岸、茶内、浜中、厚床以遠各駅、上り「はなさき」は別当賀まで各駅、厚床、浜中、茶内、厚岸、「ノサップ」は釧路→上尾幌間各駅、厚岸、茶内、浜中、厚床、落石である。

一番停車駅が少ない上り「はなさき」の所要時間は2時間18分、表定速度58・9キロである。

普通は全区間運転は下りが4本、上りが5本、これに釧路—厚岸間運転が2往復ある。釧路発13時25分は西和田、16時17分は初田牛と別当賀、根室発5時30分は昆布盛と初田牛を通過する。

釧路発22時5分と厚岸発6時40分は2両編成、それ以外は単行である。釧路発22時5分の2両編成のうち後部1両は締切にしていて乗れない。厚岸駅で滞泊して翌日の厚岸発6時40分になる。釧路に向かう通学生の混雑緩和のために2両編成にするのである。

【**将来**】　平成28年の台風10号によって東鹿越—上落合信号場間は復旧の見通しが立っておらず、このまま廃止となる可能性が高い。同区間を含む富良野—新得間の輸送密度は152人だから、もう鉄道で輸送する必要性がないと言える。

JR北海道は滝川—富良野間を上下分離方式とするか、自治体からの補助による運営方式とするかなど見直しをする区間にしている。

残すとすれば幾寅駅の「鉄道員《ぽっぽや》」の映画のセットや新得駅近くの旧狩勝線跡の諸設備などを生かして、除雪費用が多大にかかる冬期を除いて観光列車を走らせることしかない。しかも、これで赤字にしないためには高額な運賃・料金にするか、あるいは多数の人に乗ってもらう必要がある。トマム駅を出発して上落合信号場に行き、そして幾寅駅を経て富良野に向かうといった周遊観光コースに魅力ある観光列車を走らせる必要がある。それにはやはり観光客を集めるノウハウを知っているツアー会社などが第2種鉄道事業として走らせることである。しかし復旧には多大な費用がかかるので、このような列車を走らせるのは難しい。

復旧費用を災害復旧名目で償還をせずに資産勘定として処理するのが一番だが、地元が復旧費の出費をすれば、これは上下分離方式にするということである。しかし、自治体が多大な復旧費を出すということは、税金から出すことになるが、それを出せるくらいの体力がある自治体はほとんどない。

結局は観光客用の路線とすることで、運賃・料金を現状よりもはるかに高くして、観光客からお金を出してもらうということになる。そのためには、納得がいくような列車や観光コースでなくてはならない。

釧路—根室間も廃止対象になっている。しかし、輸送密度は449人で、国鉄やJR線から移管した第3セクター鉄道では、400人台の輸送密度でも自治体の補助によって経営を維持している。たとえば鳥取県の若桜《わかさ》鉄道の輸送密度は492人で、償却前の営業収支率は104％である。北海道では冬期の除雪費用がかかることから、同区間も冬期は運休する観光鉄道にすれば、収支率は非常によくなると言える。

といったことから、滝川—富良野間と同様に運営方式などの見直し区間にしている。

輸送密度を高めているのは釧路—武佐間で、同区間は通学生が利用する。同区間あるいは釧路—厚岸間は除雪して通年、普通列車を運転してもいいだろう。

滝川—富良野間でも輸送密度は488人である。こちらも冬期の除雪費用が圧迫している。利用しているのは主に通学生であり、滝川—上芦別間がよく利用されている。同区間以外は冬期運休をし、雪解け後に運転を再開する。しかも繁忙期に運転される特急「フラノラベンダーエクスプレス」だけ走らせるのがいい。

上落合信号場—釧路間は特急が頻繁に運転され、輸送密度も3000人程度ある。石勝線の項で述べたように一連の不祥事のせいで減速運転をして遅くなってしまった。道東自動車道は池田から本別《ほんべつ》まで延びている。帯広は鉄道とクルマが完全に競争状態にあり、釧路はまだ鉄道のほうに分があるが、今後、釧路方面に道東自動車道が延びると強力なライバルになる。

競争力を削《そ》ぐような減速運転はやめ、元の速度、いや、それ以上にスピードアップしないといけない。

ところで高速路線として石勝線が開通したが、これに続いて北十勝線新得—足寄間72キロと白糠線足寄—白糠間76キロが計画され、一部着工された。

北十勝線は鉄道敷設法の別表142の3「新得ヨリ上士幌ヲ経テ足寄ニ至ル鉄道」の予定線である。「の3」がついているのは142と143のあいだにのちに追加した路線の2番目ということである。白糠線は別表147の2「釧路国白糠ヨリ十勝国足寄ニ至ル鉄道」である。

昭和39年（1964）に白糠線の白糠—上茶路間、47年に上茶路—北進間が開通した。残りの区間は42年に着工したが、赤字で廃止すべき路線として第1次地方交通線に取り上げられて56年に廃止された。廃止時には足寄付近の4・2キロの路盤が完成していた。北十勝線は39年の鉄道建設公団発足時に工事線に昇格し、測量・設計はほぼ完了していた。

この2線が開通して表定速度100キロで走らせたとすると新得—白糠間の所要時間は1時間30分である。現行は1時間52分だから22分速い。しかし、減速運転前は1時間39分だから9分しか速くない。この意味でさほど必要ではないということで未開通に終わった。

もっとも北十勝線は足寄から池北線を通って網走へのショートカット線として考えられていて、釧路への短絡は二の次だったのである。

根室本線が大きく変わる可能性が考えられる。北方四島のうちの歯舞、色丹島は根室に近い。日本が何らかの形で、これらの島の開発にかかわるとすれば、その資材輸送の基地として根室港が使われる可能性がある。そうなると札幌貨物ターミナルから根室駅までの貨物列車が頻繁に運転されよう。根室駅にはかつての貨物ヤードが空地のまま残っている。すぐに貨物ヤードは復活できる。

開発が一段落すると物資交流だけでなく、観光開発が行われるとすれば観光客が頻繁に行き来することになる。そのために根室港から観光連絡船が運行され、根室駅から根室港への延伸、特急「スーパーおおぞら」の根室駅乗り入れといったことも考えられる。

今のところ不透明ではあるが、もし北方四島が返還とまではいかなくても、日本が開発にかかわる可能性は大きい。これが実現すると釧路—根室間が活性化することは間違いないと言える。

ＪＲ富良野線

旭川空港へのアクセス線としても機能させるべし

POINT! 富良野《ふらの》線の旭川寄りは駅間隔が短く旭川の郊外路線として利用されている。また旭川―富良野間を利用する人も多く、行楽期には人気の観光列車「富良野・美瑛ノロッコ」号も走る。このため輸送密度は１４７７人となっている。もし根室本線の滝川―富良野間が廃止された場合、行楽期の臨時特急「フラノラベンダーエクスプレス」も富良野線経由になり、札幌―富良野間の乗客は富良野線に集約され、輸送密度も上がることになる。

【概要】　富良野線は富良野―旭川間54・8キロの単線非電化路線である。旭川駅で函館本線と宗谷本線、富良野駅で根室本線と接続する。富良野線は根室線の部に所属している。

輸送密度は１４７７人と比較的多い。平成26年度は１４０９人だったので増えている。旭川寄りが旭川への通勤通学路線であるからである。しかし、営業収支率は３１７％の赤字である。１日１キロあたりの赤字額は３万９３００円である。大半は除雪費用による赤字である。

もともと現在の根室本線である釧路線の一部だったが、根室本線の滝川―富良野間が開通した大正２年（１９１３）に旭川―富良野間を根室線に所属する富良野線とした。

【沿線風景】　国鉄やＪＲが定めている富良野線の起点は富良野駅だが、国交省鉄道局が出している『鉄道要覧』では旭川駅を起点にしている。本稿ではわかりやすいので旭川駅から述べるが、富良野行を上り、旭川行を下りにする。

旭川駅では一番南側の1、2番線の島式ホームが富良野線の発着ホームである。他のホームに比べて短くなっている。

旭川駅を出ると半径300mで右に大きくカーブして宗谷本線と分かれる。径間（二つの橋脚のあいだ）が長い単線桁式高架橋でカーブしながら、旭川駅高架化前の築堤に取りついて忠別川《ちゅうべつがわ》を渡る。その間に旭川駅南口への取付け道路の南6条通を渡る。右側には高架化後に整備された「あさひかわ北彩都ガーデン」という公園が見える。

築堤を降りて半径500mで左にカーブしているところの左側に片面ホームがある神楽岡《かぐらおか》駅となる。

神楽岡駅から西神楽駅までは直線で進む。勾配は最大6・7‰の緩い上りになっている。緑が丘と西御料《にしごりょう》の両駅の片面ホームは左側にある。西御料駅まで住宅街が続いている。次の西瑞穂《にしみずほ》駅の片面ホームは右側で、このあたりに来ると民家は少なくなる。

次の西神楽駅は相対式ホームで前後は両開きポイントになっているが、その前後で線路は左に振っている。上り線の旭川寄りで分岐する側線がある。

西神楽の先で半径581mで左にカーブして右側に片面ホームがある西聖和《にしせいわ》駅となる。ホームの長さは2両分もなく、2両編成は約半車両分ホームからはみ出して停車する。全列車がワンマン運転で前乗り前降りだから後方車両がホームからはみ出しても問題はない。同駅が旭川空港に一番近い。空港まで約7キロである。

しかし、同駅からはバス路線による空港への連絡がない。そこでDMV（デュアル・モード・ビークル）の実用化路線として手前の西神楽駅から道路走行して旭川空港と旭川駅を結ぶことが考えられていた。結局、これは実現しなかった。

7・6‰の上り勾配を直線で進み、勾配が緩むと半径581mで右にカーブして南下する。そして相対式ホームの千代ヶ岡駅となる。上り線が左側に分岐する片開きポイントになっている。前方に噴煙を上げている旭岳が見える。

富良野線

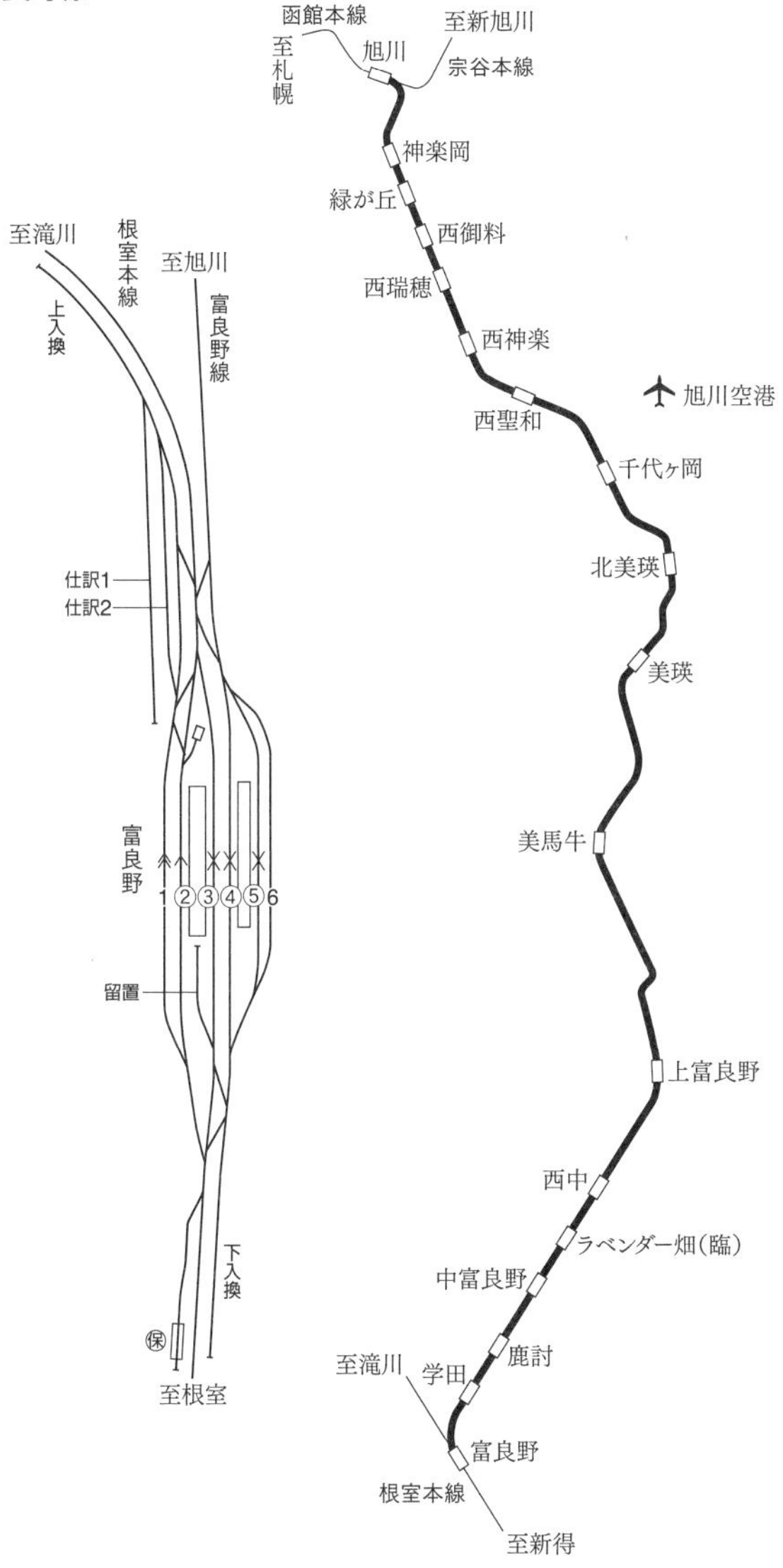

千代ヶ岡駅の先で半径437mで左にカーブし、103mの辺《べ》別川《べつがわ》橋梁を渡ると片面ホームの北美《きたび》瑛《えい》駅である。ここの片面ホームも短く、2両編成の後部車両はホームからはみ出して停まる。また、ホームは半径400mの右カーブ上にある。

この先は25‰の勾配で丘を上っていく。カーブもきつく、最小半径302mで右に左にカーブする。下り勾配に転じて美瑛駅になる。左手上り線が片面ホー

旭川駅の1番線に停車中の富良野行

ム、島式ホームの内側が下り本線、外側が下１線のＪＲ形配線だが、下１線は使用停止になっており、島式ホーム側は柵がしてある。また、上下本線は両方向に発車できる。

美瑛駅の先で半径４５０ｍで左にカーブする。最大20‰の上り勾配になり、一旦下るが、すぐに最大28・６‰の急勾配を上る。上りきったサミットの標高は２８８・７ｍである。その先で少し下って美馬牛《びばうし》駅になる。同駅の標高は２８３・５ｍである。上り線が旭川寄りにある斜向かい配置の相対式ホームで、下り線の旭川寄りで側線が分岐している。

駅を出ると半径３５０ｍで左にカーブしてから上下線は合流する。当初は最大22・７‰の下り勾配だが、勾配は徐々に緩んでいく。市街地に入って上富良野駅となる。

上りホームが旭川寄りの斜向かい配置の相対式ホームの駅で、上り線の旭川寄りで側線が分岐し、上りホームの裏まで延びている。下り線は富良野方向へも出発できる。

駅の先で半径４３７ｍで右にカーブする。その先か

美瑛駅に停車中の「富良野・美瑛ノロッコ」号

富良野駅に停車中の旭川行（右）と滝川行（左）

ら鹿討《しかうち》駅まで、途中の中富良野駅の構内のポイントによるカーブは別にして、ずっと直線が続く。勾配は最大16・7‰の下り基調で進む。市街地に出ると富良野線に沿って碁盤の目状に水田が広がっている。そんなところに西中《にしなか》駅がある。左側に1両分に満たない短いホームがある。

右手の丘陵がラベンダー畑で初夏には紫の花が絨毯のように広がる。そんな季節だけでなく6月から10月まで開設される臨時駅のラベンダー畑駅がある。やはり左手に板張りの簡易な造りの片面ホームがある。基本的に「富良野・美瑛ノロッコ」号が停車する。ノロッコ号は3両編成のためホームは長い。また夏期には日を限定して日中に走る普通も停車する。55mの第2富良野川橋梁を渡った先に中富良野駅がある。

中富良野駅は相対式ホームで、旭川寄りの上下本線が分かれる手前で側線が左手に分岐する。次の鹿討駅は右手に1両分もない短い片面ホームがある。この先、線路はやや右に振ってから振り戻して直線で進む。そして右側に短い片面ホームがある学田《がくでん》駅を過ぎると左にカーブして進み、113mの第1富良野川橋梁を渡る。右手から根室本線が合流し、国道237号富良野国道をくぐると富良野駅である。

【車両】 普通はキハ150形の単行か2両編成が使用される。全列車ワンマン運転である。

「富良野・美瑛ノロッコ」号用は50系客車をオープンデッキ等に改造したオハテフ510―51、ナハ29 003、オクハテ510―2の3両とDE15形ディーゼル機関車1両の4両編成が基本で、ナハ29をさらに連結して4両編成になることもある。

機関車は旭川寄りに連結され、富良野方にはオクハテ510―2号に運転室が設置されている。旭川行は機関車が牽引する通常の運転、富良野行は機関車が後部から押す推進運転となっている。なお、DE15形機関車は「富良野・美瑛ノロッコ」号用の特別塗装された2両が用意され、1両使用、1両予備としている。また、ナハ29形はバーベキューカーで、29の数字は「ニク」に合わせて付けたとされる。

【ダイヤ】 富良野で根室本線に直通する快速「狩勝」が1往復走る。停車駅は旭川発が旭川―上富良野間各駅、中富良野、富良野発が中富良野、上富良野、美馬牛、美瑛、千代ヶ岡、西神楽、西御料―旭川間各駅である。旭川発のほうが停車駅が多いのは朝のラッシュ時に運転され、上富良野までの各駅での乗降客が多いため、各駅停車にするしかないからである。

普通列車のうち富良野行の美瑛発12時8分、13時6分、15時10分の3本は西中、鹿討、学田の3駅を通過する。旭川行では朝の1本が快速「狩勝」と同じ停車駅で走り、富良野発9時59分は学田駅と鹿討駅、11時42分は西中駅を通過する。

旭川―美瑛間は概《おおむ》ね1時間毎、美瑛―富良野間は1、2時間毎に運転されている。

不定期の「富良野・美瑛ノロッコ」号の停車駅は美瑛、美馬牛、上富良野、ラベンダー畑、中富良野となっている。

1号が旭川→富良野間の運転で、その後、美瑛―富良野間を2往復して、6号で富良野から旭川に戻る。美瑛折返は島式ホーム側の2番線で行う。このとき1番線に旭川―美瑛間の区間運転の普通があって、上下ともノロッコ号と接続する。

【将来】輸送密度が1477人もあって、冬期を除いて観光列車の「富良野・美瑛ノロッコ」号が運転され、それなりに収益を上げている。

そこで根室本線の滝川―富良野間と同様に、上下分離方式などの運営の見直し区間としている。

DMVによる旭川―旭川空港間の運転は実現しなかったが、西聖和駅でホーム・ツー・ホームで空港連絡バスを走らせてもいい。旭川―旭川空港間は旭川電気軌道のバスで40分、一方、西聖和―旭川空港間にバス路線を開設すると所要時間は10分、旭川―西聖和間は19分、乗り換え時間を5分とすれば34分である。と言って大差はないし、乗り換えるという面倒さがあるから、それほど利用されない。

しかし、美瑛・富良野方面への列車に接続する。しかも、これをノロッコ号など観光列車に接続することで、全国各地から富良野、美瑛に行きやすくなるし、ノロッコ号などの観光列車の利用度が上がる。旭川空港の近くを走っているのだから、このようなことを考えてもいいはずだし、JR北海道がどうしても廃止するというのなら、同社から切り離して上下分離による民間運営にする手もある。

ＪＲ宗谷本線

シベリア鉄道が乗り入れてくるかも

POINT! 宗谷本線の名寄以北は天塩川《てしおがわ》に並行し、各橋梁は架橋されてから１００年以上も経っていて維持管理が大変である。輸送密度は４０３人なので上下分離をすれば路線の維持は何とか可能だが、各橋梁は本来なら架け替えが必要である。さらに豪雪地帯なので除雪費用は莫大である。そのためにはシェルターで覆ったり、天塩川と山とのあいだの崖っ縁のルートではトンネルで抜けるようルートを変更する必要があるが、これはできない話である。

しかし、降って湧いたような話としてシベリア鉄道の北海道乗り入れがある。「シベリア鉄道の北海道乗り入れについて」の項でこれを吟味したい。

【概要】 宗谷本線は旭川―稚内《わっかない》間２５９・４キロの単線路線で、旭川から新旭川駅の先の旭川運転所までが交流50Hz25kVで電化されている。宗谷線の部の本線だが、所属線はすべて廃止され、本線だけが残っている。かつてあった所属線は天北《てんぽく》線音威子府《おといねっぷ》―南稚内間、美幸《びこう》線美深《びふか》―仁宇布《にうぷ》間、興浜北《こうひんほく》線浜頓別《はまとんべつ》―北見枝幸《きたみえさし》間である。旭川駅で函館本線と富良野《ふらの》線、新旭川駅で石北《せきほく》本線と接続する。

輸送密度は旭川―名寄《なよろ》間が１５７１人、平成26年度が１５１２人だから微増している。名寄―稚内間は４０３人、26年度が４０５人だからほぼ横ばいである。両区間とも赤字で営業収支率は旭川―名寄間が３３１％、名寄―稚内間が５３９％、１日１キロあたりの赤字額は旭川―名寄間が６万１６００円、名寄―稚内間が3万2200円である。

ＪＲ北海道としては旭川―名寄間はなんとか維持できるが、名寄―稚内間は他区間と同様に運営の見直しをするとしている。

赤字額が大きいのは、結局、冬期の除雪と雪害の修復に莫大な費用をかけていることから、同区間でも冬期運休の観光鉄道にするか、あるいはインフラと運行会社を分ける上下分離方式にし、インフラは国をはじめとする公的機関が維持管理をし、運行はＪＲ北海道だけでなくツアー会社や民間も参加して行うかである。

とはいえ、上新府川《かみにうぷがわ》橋梁のように築105年も経っている老朽構造物が多数ある。これを維持管理するのは大変である。それでも新しい橋梁に架け替えるよりも、安全を保って維持するのもよい。こういった古い構造物の上を走る列車というのは観光の目玉にもなろう。

明治29年（1896）北海道鉄道敷設法の予定線として旭川―宗谷（現稚内市の旧村）間が取り上げられた。30年に旭川―名寄間を天塩《てしお》線として着工し、31年8月に旭川―永山間、11月に永山から蘭留《らんる》まで、32年11月に和寒《わっさむ》まで、33年8月に士別まで、36年9月に名寄まで開通して天塩線は全通した。

名寄から先は天塩線の延長として明治42年に着工し、44年11月に恩根内《おんねない》まで開通し、大正元年（1912）に天塩線は宗谷線に改称し、11月に音威子府まで延伸した。音威子府から先は天塩川に沿って進む予定だったが、天塩川の舟運との運送調整を考えると天北峠を越えて頓別を経由するほうが、開拓地を広げるとして、大正3年に音威子府―小頓別《しょうとんべつ》間、5年に小頓別から中頓別まで、7年に浜頓別まで開通した。

一方、天塩川に沿って稚内に達するルートは距離が短く、勾配も緩いということで、軽便線の天塩線として大正6年に稚内からの北線と音威子府からの南線に分けて両側から着工した。7年には宗谷線の部を設けて旭川―浜頓別―稚内間を宗谷本線とした。天塩線はその所属線である。

しかし、第1次世界大戦によって建設のスピードは鈍り、浜頓別―鬼志別《おにしべつ》間の開通は9年、天塩線の音威子府―誉平《ぽんぴら》（現天塩中川）間と鬼志別―稚内（現南稚内）間の開通は11年にずれこんだ。

天塩南線の誉平―問寒別《といかんべつ》間は大正12年、天塩北線の兜沼《かぶとぬま》―稚内間は13年に開通、14年に南線は幌延《ほろのべ》まで、15年に兜沼まで開通して南線と北線はつながった。昭和3年（1928）に稚内―稚内港間を延長開通し、5年に天塩線を宗谷本線に編入し、音威子府―浜頓別―稚内間を宗谷線の所属線の北見線（36年に天北線に再改称）とした。14年には稚内港駅を稚内駅、稚内駅を南稚内駅に改称した。

昭和35年（1960）に札幌―稚内間に準急「宗谷」が登場、36年には急行に格上げされた。JR北海道になって特急「サロベツ」が登場したが、札幌―稚内間の所要時間は5時間半前後もかかっていた。

そこでJR北海道と北海道や釧路市、帯広市、名寄市が出資した第3セクターの「北海道高速鉄道開発」が設立され、旭川―名寄間の路盤強化を行い、車体傾斜車両のキハ261系気動車によって平成12年（2000）に特急「スーパー宗谷」が登場した。これによって札幌―稚内間の所要時間は最速4時間56分になった。ただし「スーパー宗谷」は2往復しかなく、キハ183系を使用する「サロベツ」も1往復だけ運転されている。

しかし、JR北海道の一連の不祥事で「スーパー宗谷」の最高速度130㌔（函館本線内）を120

キロに落とし、旭川―稚内間での車体傾斜を中止してカーブ通過速度もダウンし、現在、札幌―稚内間の最速の所要時間は5時間10分と5時間台になってしまった。

平成29年3月のダイヤ改正でキハ183系を廃止し、すべてキハ261系を使用するようにしたが、そのためには3往復ある特急のうち2往復を旭川―稚内間の運転にせざるをえなくなった。そして札幌―稚内間運転の特急を「宗谷」、旭川―稚内間運転の特急を「サロベツ」とした。旭川で乗り換えとなるが、特急料金は「宗谷」と同じになるよう通しで計算される。

赤字が続いている宗谷本線にこれ以上の投資はできない。というよりも名寄―稚内間は廃止して赤字額を減らしたいというのが国やJR北海道の本音である。この見解についてはわからなくはないが、北海道の背骨である宗谷本線がなくなれば、北海道だけでなく日本にとって大きな損失になる。存続するにはどうすればいいか、知恵を働かせて考える必要がある。

【沿線風景】●旭川―名寄間　旭川駅のホームの先で引上線が並行する。この引上線がなくなると左にカーブする。複線電化の高架で進み、しばらくして相対式ホームの旭川四条《よじょう》駅がある。まっすぐ北上して108mの牛朱別川《うししゅべつがわ》橋梁を渡って地平になった先に新旭川駅がある。

石北本線との分岐駅で左側の下り線が片面ホーム、島式ホームの内側が上り本線、外側が上1線となっているJR形配線で、片面ホームが旭川寄りにあって斜向かいに配置されている。さらに上1線の外側に上2線がある。上2線は上下貨物列車の着発線で、ここに入線し、スイッチバックして北旭川貨物駅から石北本線へ入線する。

従来、上2線が線路番号4番だったが、列車自動進路設定装置の導入で札幌・小樽に向かって一番左側の本線・副本線を1番とすることになり、上2線は1番

旭川─旭川四条間を走る名寄行

に変更した。

同様に上1線は3番から2番、上り本線は2番から3番、下り本線は1番から4番に変更し、案内番線もこれに合わせている。下り本線の4番以外はいずれの方向にも出発できる。

新旭川駅を出ると半径873mで右にカーブする。石北本線はより小さい半径500mで右にカーブして分かれる。複線で進み、上り線には旭川運転所からの出庫線が接続する。その先で上下線は単線になり、すぐに運転所への入庫線が分かれる。さらに北旭川貨物駅への出入り線が左に分かれ、この先は直線になる。

左の北旭川貨物駅、右の旭川運転所に挟まれて進む。やや右にカーブした先の右側に短い片面ホームがある。これは乗務員交代用ホームだが、ここで運転停車して交代することはあまりない。

左にカーブして線路を振り戻し、ずっと直線で進む。次の永山駅は相対式ホームで左側の下り本線は両方向に出発できる。

永山駅から稚内駅までは電子符号照査式特殊自動閉塞になる。下りは永山駅が同特殊自動閉塞の出発駅に

宗谷本線（旭川―名寄）

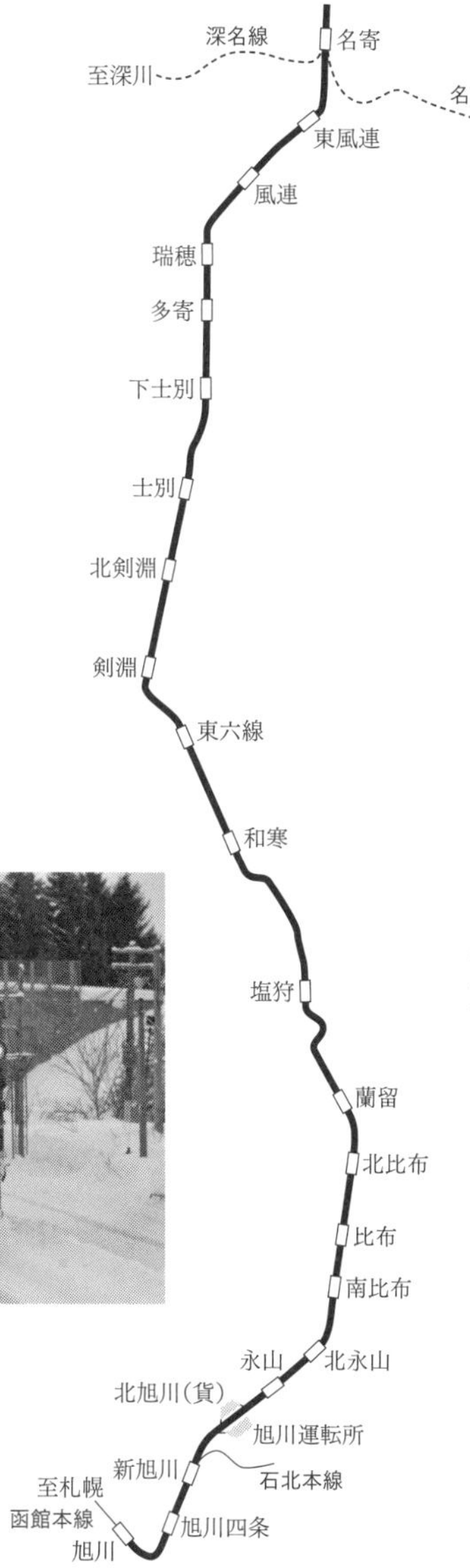

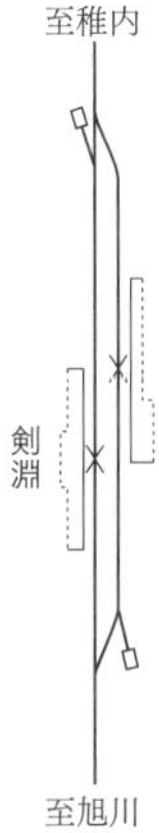

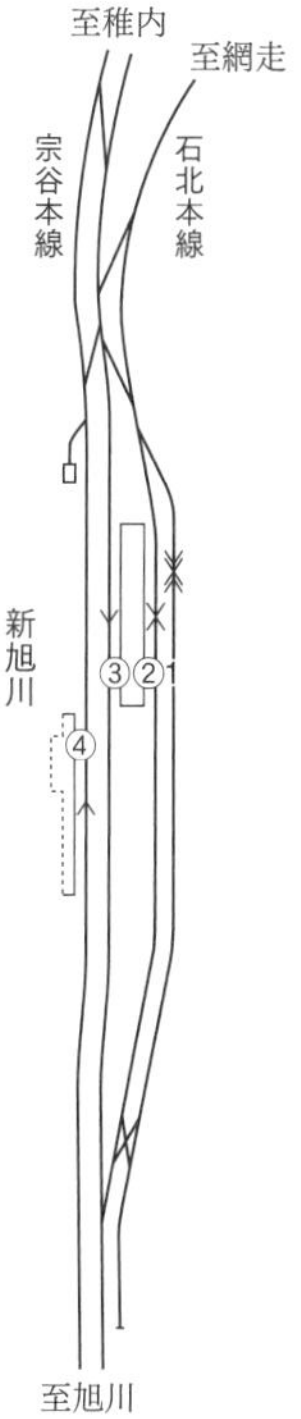

蘭留駅で除雪中のラッセル車
撮影：松本敦

なるので、個々の列車が持つ電子符号を地上の装置で受信して予定されている列車と確認されなければ出発信号機は停止現示から進行現示にはならない。このため特急であっても一旦停止する。上りは特殊自動閉塞の終端で、この先は自動閉塞のために確認操作は不要で特急は停車せずにそのまま通過する。このため上り線は速度制限を受けないスルー線になっている。

永山駅を出ても直線が続く。新しく架け替えられた牛朱別川橋梁を渡ると右側に片面ホームがある北永山駅となる。この先で半径581mで左にカーブして347mの第3石狩川橋梁を渡る。その先の国道40号名寄国道をくぐる手前に南比布《みなみぴっぷ》駅がある。左側に1両分もない短い板張りのホームがあり、少し離れて小さな待合室がある。

ずっと直線で進んで比布駅となる。上り1番線が右に分岐し、下り2番ホームが旭川寄りにある斜向かい配置の相対式ホームである。下り線がスルー線の1線スルー駅になっていて、上下線はいずれの方向にも出発できる。駅舎は上り線側にあり、行き違いをしない下り普通は上り線側に停車して跨線橋を渡らなければならない2番線に行かずにすむようにしている。余談だが、以前、ピップエレキバンのコマーシャルに比布駅が出たことで全国的に話題になった。

なおも直線で進む。次の北比布駅は右側に板張りで1両分の長さの片面ホームがある。待合室がホームから少し離れて置かれている。半径581mで左にカーブし、少し進んで右にカーブしながら道央自動車道から分岐する旭川紋別自動車道をくぐる。その先に蘭留駅がある。

比布駅と同様に下り2番線がスルー線、上り1番線が右側に分岐する1線スルー駅で、下りホームが旭川寄りにある斜向かい配置の相対式ホームである。行き違いをしない下り普通列車はここでも駅舎側の1番線で発着する。

蘭留駅までは上り勾配基調だが、比較的なだらかで周囲は水田地帯である。同駅から先は塩狩峠《しおかりとうげ》を越えるために20‰の上り勾配と最小曲線半径250mのカーブが続く。上りきってサミットの少し先に塩狩駅がある。蒸気機関車時代には蘭留駅に補助機関車（以下補機）が待機して、各列車に連結して塩狩峠を越えてい

霧の剣淵駅に停車する旭川行

た。それらの線路は1線の側線以外はすべてなくなっている。

塩狩駅の標高は255・5m、下りホームが旭川寄りにある斜向かい配置の相対式ホームになっており、下り線がスルー線の1線スルー構造である。上下線ともいずれの方向にも出発でき、下り線側に駅舎があるので行き違いをしない上り普通も下り線で発着する。かつては中線があった。

20‰の勾配で下っていく。最小曲線半径は292mである。下りきってレベルになると和寒駅である。下り1番線に面して片面ホーム、その斜向かいに島式ホームがあり、内側が上り2番線、外側が上1線の3番線である。さらにその向こうに側線の上2、上3線がある。3番線の乗り場は短いが、両方向に出発できる。

蘭留駅と同様に補機が待機していた。和寒駅のほうは保守用として側線が結構残っており、よく見ると転車台を埋めた跡と思われる円形の筋が地面に残っている。

和寒駅からはしばらくはカーブがない。六線川《ろくせんがわ》を18

mの和寒川橋梁で渡った先に東六線駅がある。右側に1両分もない板張りの片面ホームがある。片面ホームの背面には柵がない。待合室は少し離れたところにある。

　半径873mで左にカーブし、159mの第1剣淵《けんぶち》川《がわ》橋梁を渡る。少し直線で進んで半径300mで右にカーブすると相対式ホームの剣淵駅である。下り線がスルー線の1線スルー駅で、上下線とも両方向に出発できる。行き違いをしない上り普通は下りホームに停車する。

　この先ではずっと直線で進んでからやや左にカーブし、105mの魚釣川橋梁を渡った先に北剣淵駅がある。右側にある短いホームは板張りで、背面に柵はない。待合室は大分離れたところにある。この先で191mの第2剣淵川橋梁を渡って少し進むと士別駅である。

　左側の下り線が島式ホームで外側が下1線の3番線、内側が下り本線の2番線で、1番線に接する右側の片面ホームは少し稚内寄りにずれている。3番線は両方向に発車できる。

　士別駅を出ると半径581mで左にカーブし、その先で半径600mで右に大きくカーブして196mの士別川橋梁を渡る。しばらく直線になり、手前の北剣淵と同様に板張りの片面ホームが左側にある下士別駅、コンクリート製ホームで2両分程度の長さの片面ホームが左側にある多寄《たよろ》駅がある。多寄駅の先も直線が続いている。下士別駅と同様に板張りの片面ホームが左側にある瑞穂《みずほ》駅を過ぎると半径600mで右にカーブし、少し進むと風連《ふうれん》駅となる。

　上り2番線がスルー線の1線スルー駅で、下り1番ホームが旭川寄りにある斜向かい配置の相対式ホームとなっている。1番線側に駅本屋があり、1、2番線とも両方向に発車でき、行き違いをしない上り普通は下りホームの1番線で発着する。

　半径704mで大きく左にカーブしたところに東風連駅がある。左側にコンクリート製で2両分の長さの片面ホームがある。

　この先はまた直線になって進む。右手に名寄本線の跡地などを利用した名寄市立北国博物館がある。その敷地には除雪用キマロキ編成列車が保存されている。

名寄市立北国博物館に保存展示されているキマロキ編成除雪列車

名寄本線の跡地に北国博物館がある

そしてこの先に名寄駅がある。

　キマロキのキは機関車、マはマックレーン車、ロはロータリー車のことで、マックレーン車は雪を線路上に掻き集め、これをロータリー車で側方に吹き飛ばすものである。機関車2両とマックレーン車、ロータリー車各1両の4両編成で出動し、除雪作業時には機関車とマックレーン車、ロータリー車と機関車に分割して作業を行なっていた。

　名寄駅は名寄本線（名寄―遠軽《えんがる》）と深名線《しんめい》（深川―名寄）との接続駅だったので、名寄機関区が隣接し、扇形車庫付きの転車台もあった。現在はJR形配線に気動車留置線（気留線）1～3番線と客車留置線1、2番線、それに下り線側の保守用側線だけとなっている。

　深名線は片面ホームの旭川寄りに

旭川寄りから見た名寄駅。多数の線路が撤去されている

背面0番線があって、ここで発着していた。名寄本線の廃止後は上1線の3番線を発着線としていた。稚内寄り左手にあった貨物ヤードの線路は撤去され、貨物駅はORS（Off Rail Station）となり、北旭川貨物駅まで1日5往復のトラック便が設定されている。

●名寄—音威子府間　名寄駅を出ると半径604mで右にカーブし、203mの名寄川橋梁を渡り、半径350mで大きく左にカーブして少し進むと日進駅がある。右側に1両分もない板張りの片面ホームがあり、背面の柵や床に鉢植えの花が飾られている。やはり、やや離れて待合室がある。

　この先で半径503mで右にカーブして天塩川の右岸に沿い、最小曲線半径402mでうねりながら進む。左側は天塩川、右側は山が迫っている。途中に廃止された智東《ちとう》駅跡があり、続いて北星《ほくせい》駅がある。板張りの片面ホームが右側に、かなり離れたところに待合室がある。さらに進むと智恵文《ちえぶん》駅がある。左側に盛土の片面ホームと車掌車を流用した待合室がある。さらに進んで右カーブしたところの右側に鉄骨コンクリートパネルのホームの智北《ちほく》駅がある。同駅あたりで右側

宗谷本線(名寄—天塩中川)

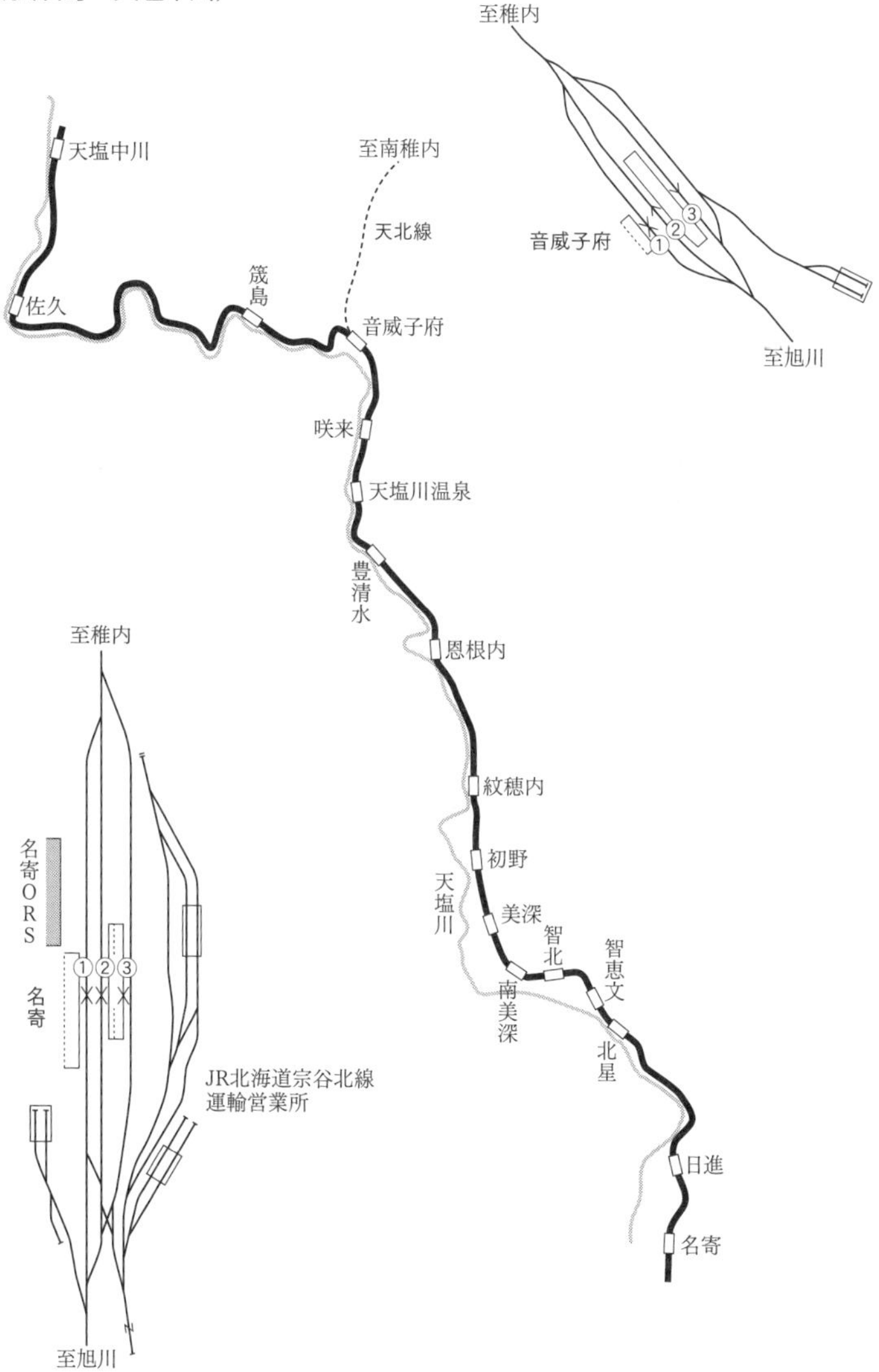
至稚内
音威子府
至旭川
天塩中川
至南稚内
天北線
佐久
筬島
音威子府
咲来
天塩川温泉
豊清水
恩根内
紋穂内
初野
天塩川
美深
智北
智恵文
南美深
北星
日進
名寄
至稚内
名寄ORS
名寄
JR北海道宗谷北線運輸営業所
至旭川

美深駅に停車中の稚内行

が開け、天塩川も遠のいて築堤を走るようになる。

　仁宇布川を93ｍの上新府川橋梁で渡った先で左側に1両分で板張りの片面ホームがある南美深駅となる。同駅の先で半径1207ｍで大きく右にカーブし、直線になって進むと美深駅がある。

　美深駅は下り線側が旭川寄りの斜向かい配置の相対式ホームで、旭川寄りでは上り線が右側から合流する片開きポイント、稚内寄りは両開きポイントになっている。美幸線が分岐していたため、元は下り線側が片面ホームのJR形配線だったが、島式ホームの上1線や側線は撤去された。

　美深駅の先でも直線で進む。次の初野《はつの》駅は短い板張りの片面ホームが左側にある。半径400ｍで右にカーブし、築堤を上ってバンケ川を113ｍの下新府川橋梁で渡る。天塩川の川岸に少し沿うのでS字カーブを切る。天塩川からやや離れると紋穂内《もんぼない》駅となる。盛土による片面ホームが左側にある。元は行き違いができたが、片面ホームだけ残して棒線化された。他のホームや線路は雑草に埋まっている。

　築堤で進み、徐々に左右の山が迫ってきて天塩川の谷間を進む。といっても最小曲線半径は４０２ｍで、それほどきつくはない。天塩川からやや離れたところに恩根内駅がある。手前の紋穂内駅と同様に盛土の片面ホームが左側にある。この駅もかつては行き違いができた。

地形がやや開けて天塩川から少し離れて進むようになる。このためカーブは少なくなり、次の豊清水《とよしみず》駅までレベルになっている。豊清水駅は島式ホームで下り線が左側に分岐する。下り線の左側には側線がある。直線になっているのは上り線だが、１線スルーにはなっておらず、左側通行で進む。

豊清水駅を出ると谷間はやや狭くなり、線路は左に右に蛇行する。次の天塩川温泉駅は左側に板張りの短い片面ホームがある。待合室がホームの背面に接しているが、貧弱なホームに比べて結構大きな待合室である。

天塩川の蛇行の度合いが弱くなり、築堤を進んだ先に咲来《さっくる》駅がある。盛土の片面ホームが左側にある。同駅も元は行き違い駅だった。この先、右手の山が天塩川に迫り、並行する線路と国道はそのあいだを進み、山が遠のいて開けると音威子府駅である。

音威子府駅は左側に片面ホームがあり、その右隣に島式ホームがある。こう書くとＪＲ形配線を思い浮かべるが、現実には上下行き違いをする島式ホームがあるほかに、下り線から分岐する下１線に短い片面ホームが接する配線になっている。下１線が１番線で、島式ホームの外側３番線（上り本線）の向こうに側線が１線ある。さらに向こうに名寄機関区音威子府支区として機関庫や転車台があったが撤去されている。１番線は旭川方向にも出発できて、主として旭川方面からの同駅折返普通が停車する。

音威子府駅を出ると、右側に天北線が分岐していたが、その跡はほとんどわからない。半径３５０ｍで左にカーブして62ｍの音威子府川橋梁を渡る。その先にも半径４０２ｍの左カーブがあり、天塩川に取りつく。天塩川は蛇行しているため、宗谷本線も最小曲線半径３０２ｍのカーブで蛇行する。

天塩川からやや離れ、左側に盛土の片面ホームがある筬島《おさしま》駅となる。元は両開きポイントで分岐する相対式ホームの行き違い駅だった。車掌車を流用した待合

音威子府駅を出発した特急「スーパー宗谷」札幌行

音威子府駅に停車中の稚内行（右）と旭川行（左）

天塩川に沿った筬島—佐久間を走る旭川行

問寒別駅付近では天塩川右岸に橋梁を架けて通り抜けているが、
これら橋梁は老朽化して維持に費用と手間がかかっている

室があるが、外板が傷んだためかトタン板などを張りつけている。

この先も蛇行が激しい天塩川に沿って進むので、最小曲線半径402mで右に左にカーブする。このため2回、南向きに走る。しかし、最急勾配は10‰と緩く、長いレベル区間もある。18キロほど走って北向きになり、ようやく佐久《さく》駅となる。半径1207mの右カーブ上に相対式ホームがある。駅舎は左手の下り線側にあり、上りホームの外側に保守用側線がある。

佐久駅からは両側の山が遠のいて開けてくる。このため天塩川からやや離れて進み、カーブも減っていく。76mの相生川橋梁を渡ってさらに北へ進むと天塩中川駅がある。両開きポイントで分岐する相対式ホームの駅で、旭川寄り右手に保守用側線と保守車庫がある。左側に駅本屋があり、下り線は両方向に出発でき、上り列車も行き違いがないときには下り線に停車して構内踏切を渡らずに駅の外に行けるようにしている。

再び左右の山が迫るようになり、再び最小半径302mのカーブが続く。そして片面ホームの歌内《うたない》駅となる。元は両開きポイントで分岐する相対式ホームだった。その左側下り線を残している。車掌車を流用した待合室があるが、塗装がはがれ、錆が浮き出ている。

左手、天塩川の向こうの山が遠のき、右側の山もやや後退するが、すぐ先で山が天塩川に向かって半島状にせり出してくる。宗谷本線はこれをトンネルで抜けずに平坦なルートを辿る。このため、最小曲線半径302mで、まずは左、そして大きく右にカーブして回りこんでいる。さらに天塩川の蛇行によって取り残された三日月湖があり、これも避けて北北東に進む。三日月湖が左に折れると、宗谷本線も半径402mで大きく左にカーブする。

カーブした先に問寒別《といかんべつ》駅がある。元相対式ホームの上り線側を使用している。車掌車を流用した待合室があるが、きれいにリニューアルされている。

113mの問寒別川橋梁を渡り、左にカーブしたところの左側に1両分にも満たない短い板張りの片面ホームがある。糠南《ぬかなん》駅である。

この先で天塩川の真横を走るようになる。右手から山が迫っており、そのため113mの錦川橋梁で通り

宗谷本線（天塩中川—稚内）

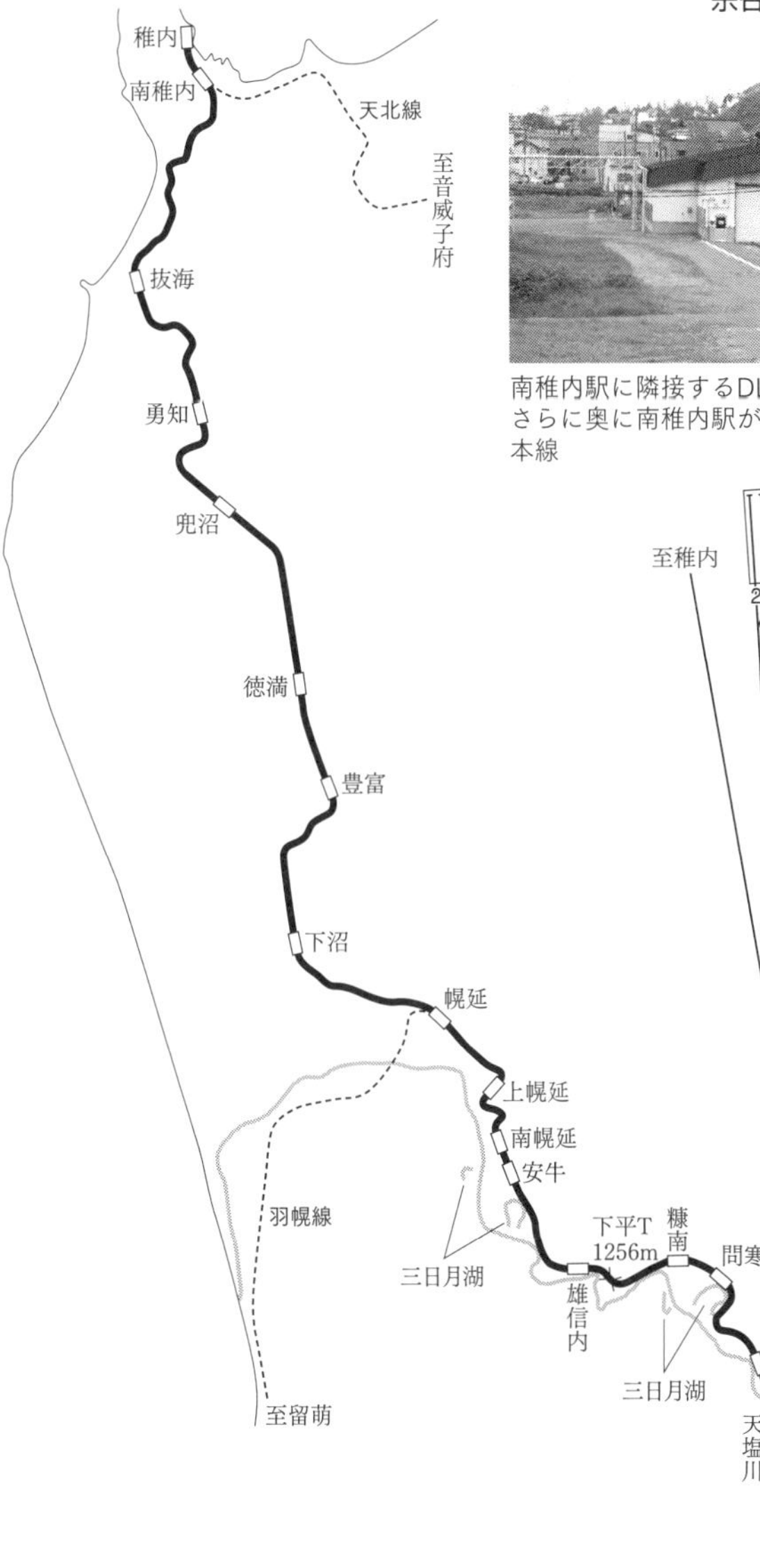

南稚内駅に隣接するDL庫。奥に転車台があり、さらに奥に南稚内駅がある。右端の線路が宗谷本線

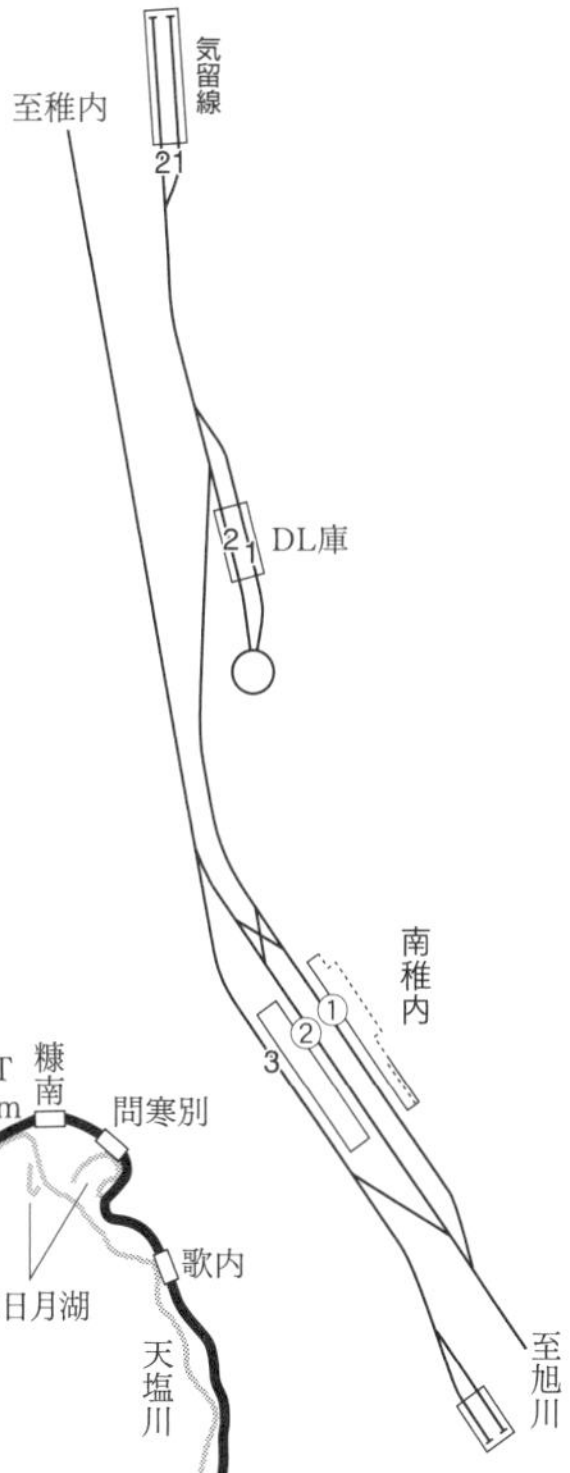

抜ける。同橋梁は天塩川に橋脚を設けて半ば天塩川の上を通っていて対岸に渡ることはない。その先、ややが開けたところを走ってから、宗谷本線で唯一の下平《しもひら》トンネルを抜ける。長さは1256mで左にカーブしている。

宗谷本線が開通したときは同トンネルはなく、手前の錦川橋梁と同様に天塩川に154mの下平橋梁を設置して抜けていた。しかし、昭和36年に雪崩《なだれ》によって鉄桁と橋脚が破壊されたために下平トンネルを掘削して抜けるようにしたのである。

トンネルを抜けると相対式ホームの雄信内《おのっぷない》駅となる。ホームは短い。下り線側に駅本屋があり、稚内寄りに側線がある。

次の安牛《やすうし》駅は元は相対式ホームで、その下り線側を使用している。車掌車を流用した待合室は塗装がはげ、錆が浮き出ている。続いて左側に板張りの片面ホームがある南幌延駅を過ぎて盛土で左側に片面ホームがある上幌延駅となる。同駅の標高は9・7mと低い。標高100・7mの日進駅からずっと天塩川に沿って進んできたが、最急勾配は10‰と緩く、徐々に下がってきたのである。

この先、天塩川の三日月湖を避けて進んだのを最後にして天塩川と分かれる。レベルが続き、左手に利尻富士が見え、防風林に囲まれて半径805mで左にカーブすると幌延駅である。右側の片面ホームに上り1番線が接するJR形配線だが、島式ホームの外側の下1線の3番線は使用停止になっている。内側に下り本線の2番線があり、1、2番線とも両方向に発車でき、行き違いをしない下り列車は1番線で発着する。

同駅で廃止された羽幌《はぼろ》線（留萌—幌延）が分岐していた。このため3番線の向こうに機関庫や転車台があったが、現在は保守車庫として使われている以外、何もない。ホームには「北半球ど真中・北緯45度、トナカイの里」という看板が掲げられている。

同駅にはJR貨物のORS（Off Rail Station）はないが、駅の左側旭川寄りにはコンテナが積まれ、コンテナ荷扱い用のフォークリフトが動き回り、明らかに荷扱いをしている。道北物流という運送会社がコンテナを扱っていて時折、名寄ORSにコンテナを運送している。

幌延駅に停車中の稚内行

羽幌線の橋梁などは撤去されていない

兜沼駅で行き違う上下普通

幌延駅を出ると、左手に大きくカーブしている羽幌線の路盤跡が見える。掘割区間がある。ここには小さなトンネルがあったが、天井をくりぬいて掘割にした。そして元相対式ホームの下り線を使用している下《しも》沼《ぬま》駅がある。このあたりはサロベツ原野である。

44mのパンケエコロベツ川橋梁を渡って左にカーブすると相対式ホームの豊富《とよとみ》駅となる。右側に駅本屋がある。旭川寄りにあった貨物側線は保守用側線になっている。豊富駅を出ると、しばらくして長い直線になる。

その途中にある徳満《とくみつ》駅は元相対式ホームで、その上り線を使っている。ずっと直線だが、徳満駅の前後で元両開きポイントの分岐角度に従って線路はうねっている。

徳満駅を出ても直線は続く。途中、半径502mで左にカーブするが、また直線で進む。途中で35mのモサロベツ川橋梁、92mのサロベツ川橋梁を渡る。

次の兜沼《かぶとぬま》駅は相対式ホームの行き違い駅だが、上下ホームはともに短い。駅本屋は上り線側にある。稚内寄りの両開きポイントの横にNTTの電話ボックスを流用した監視ボックスが置かれている。

兜沼駅の左手に兜沼があり、このあたりでサロベツ原野は終了する。そして10‰の上下勾配で丘を一つ越えて進むと、元相対式ホームで、その上り線側を使っている勇知《ゆうち》駅となる。

ここから10‰の連続上り勾配になり、最小曲線半径も302mときつくなる。勇知駅の標高は15・5m、そこから20mあまり上っていき、サミットの標高は46・3mである。このあたりでは左手の利尻富士がくっきりと見える。

10‰の下り勾配になって下りきると相対式ホームの抜海《ばっかい》駅となる。ホームは短く、やはりNTTの電話ボックスを流用した監視ボックスがポイントの横にある。

再び10‰の上り勾配になって、また丘を越える。サミットの標高は42mで、左手に日本海と利尻島、そして海岸に沿った稚内西海岸原生花園が見える。

10‰の下り勾配になり、その先で稚内の市街地に入ってしばらくすると南稚内駅である。標高は5・8mである。上り線側が片面ホームの1番線になっているJR形配線だが、島式ホームの外側の3番線は使用停止になっている。

稚内寄りにシーサスポイントがあって、一つは宗谷本線、もう一つはこの先にある車庫への入出庫線である。1、2番線とも両方向に出発できる。

次の終点、稚内駅は1面1線の棒線駅で、南稚内―稚内間では1列車しか走らせられない。このため稚内駅に到着するとすぐに折り返して、この車庫に入庫する。車庫は2線の気留線と2線のDL庫（ディーゼル機関車の車庫）、それに転車台がある。ディーゼル機関車はもう走っていないのでDL庫も気留線として使われる。

車庫を過ぎて跨線橋をくぐった先で高架になって国道40号稚内国道を越える。地上に降りてしばらくすると最北端の駅、稚内駅となる。右側に片面ホームがある。この片面ホームは南稚内寄りでカーブしている。しかもカーブ部分は新しく付け足したホームになっている。

棒線化前の稚内駅は島式ホーム1面2線になっていた。終端に向かって左側が1番線だった。また2番線

日本最北の線路の向こうには石畳に模擬の線路がさらに延びている。
右奥に北防波堤ドームが見える

稚内駅前広場に置かれている「日本最北端の線路」のモニュメント

稚内駅に停車中の普通

北防波堤ドームと稚泊航路のモニュメントと動輪

の隣に元機回線の3番線もあった。このうち1番線だけを残して棒線化したが、終端側も南稚内寄りにずらした。このためにホーム長を確保するべくカーブ部分にホームを延伸したのである。

終端の車止めの先にも線路が延びている。新しくなった駅ビルのコンコースを貫通して駅前広場まで延びて、そこにモニュメントとしての車止めが置かれ、横にある石碑には「日本最北端の線路」と書かれている。しかし、1番線は棒線化直前ではここまで延びておらず、2番線のほうが延びていた。

もっともずっと以前は、この先にまっすぐ進む貨物ヤードがあり、また右にカーブして東西に延びる北防波堤ドームに並行して稚内桟橋までも延びていて、そこにホームがあった。稚内駅の桟橋ホームから樺太《からふと》への稚泊《ちはく》連絡船（泊とは樺太の町、大泊《おおどまり》〈現コルサコフ〉の泊）に接続していた。

戦後になって樺太が日本領でなくなり、稚泊連絡船はなくなったが、稚内港に停泊する貨物船の荷物の積み出し積み卸し用の貨物側線として使用されていた。また、稚内駅からまっすぐ北上する貨物ヤードや専用線は戦後になっても使用されていた。

稚内駅のコンパクト化でこれらの線路はすべて撤去された。

現在、車止めのモニュメントの先は石畳になっていて、そこにはレールを模した細長い石が道の駅「わっかない」の駐車場の手前まで敷かれている。

これが本物のレールであれば、これこそ最北のレールになる。この先、右側に北防波堤ドームがあり、「稚泊航路」記念碑とC55 49号機の動輪が置かれている。

【車両】 特急「宗谷」と「サロベツ」はキハ261系の4両編成で、稚内寄り先頭車の半室はグリーン席になっている。キハ261系は4両編成3本が「宗谷」用に用意されている。2本の運用で残る1本は予備である。

繁忙期の「宗谷」、「サロベツ」は6両編成になる。このとき予備の4両を2両ずつに分けて、基本編成に増結する。基本編成の札幌寄りに増結車を連結したほうは稚内寄りの半室グリーン車以外はすべて普通車となる。稚内寄りに連結した増結車は半室グリーン車な

稚内駅に停車中の特急「宗谷」

ので、2両の半室グリーン車があることになる。

普通列車はキハ40形とキハ54形を使用する。多くは単行だが、2、3両編成も走る。2、3両編成はキハ40形ばかりの編成か、キハ54形1両にキハ40形を1、2両連結しているかのどちらかでキハ54形の2両編成はない。

【ダイヤ】 特急の宗谷本線内の停車駅は和寒、士別、名寄、美深、音威子府、天塩中川、幌延、豊富、南稚内である。

「宗谷」は稚内駅に到着すると清掃、給油して、すぐに「サロベツ」4号となって旭川駅に向かう。そして約2時間後に「サロベツ」3号になって稚内駅に向かう。翌日に「サロベツ」2号で旭川へ折り返して「サロベツ」1号で稚内に向かう。そして「宗谷」で札幌に戻る。札幌到着後、苗穂《なえぼ》運転所に回送されて予備のキハ261系と交替するか、整備をして次の日の「宗谷」になる。

「宗谷」1号が最速で、旭川―稚内間の所要時間は3時間40分、表定速度は70・7㌔である。以前は3時間36分だったので4分遅くなった。

旭川―名寄間には快速「なよろ」が4往復運転されている。停車駅は永山、比布、和寒、剣淵、士別、風連が基本だが、「なよろ」3号は旭川四条、5号は蘭留、塩狩、2号は蘭留、旭川四条、4号は多寄、塩狩にも停車する。

キハ40形による単行が多いが、5号はキハ40形とキハ54形かキハ40形とキハ40形の2両編成、4号はキハ54形の単行で走る。

快速「なよろ」は国鉄時代の急行を引き継いだようなもので、旭川―名寄間の都市間輸送を担う列車である。最速の所要時間は1時間23分、表定速度55・1キロ、特急「宗谷」の54分よりも遅いが、利用価値がある列車である。

このことから、もう少し快適な車両がほしいところであるし、並行する高速道路などを走るクルマや高速バスに対抗する車両がほしい。

新車が望ましいが、そのような車両を発注する余裕はないので、高出力高性能車のキハ２０１形をクロスシート化して転用すればいい。できれば1両の半室をUシートにすればいい。

快適な車両でスピードアップもできる。そうすると函館本線側で「ニセコライナー」や電車との併結運転などができなくなるが、と言っても併結運転は小樽駅で10分ほど停車していて、その間に小樽始発の電車が先行しており、あまり意味がない。「ニセコライナー」もさほどキハ２０１形の力を発揮していない。

快速「なよろ」に使用してこそ力を発揮できるというものである。

普通列車も小さな駅を通過することが多く、旭川発12時31分の名寄行は北永山、南比布、北比布、東六線、北剣淵、下士別、瑞穂、東風連を通過し、停車駅は快速「なよろ」とあまり変わらない。同様にこれらを通過する普通（北永山駅は停車）として旭川発18時36分がある。上りにも名寄発16時15分と20時43分（北永山駅は停車）、22時0分（北永山駅は通過）がある。このほかにも小駅を数駅通過する普通がある。

旭川始発6時3分の普通は北永山駅と南比布駅を通過する。各列車には固有の列車番号が付けられている。この旭川始発の列車番号は３２１Ｄ（Ｄはディーゼルの頭文字で気動車列車を表している）だが、名寄駅から幌延駅までは４３２３Ｄとなり、幌延駅から稚内駅までは４３２５Ｄに変わる。

普通列車は旭川―名寄間では３２０番から付番し、名寄以北では４３２０番から付番するから、上下普通は名寄駅を挟んで通し運転するときには列車番号を変えることになっている。しかし、旭川始発の普通は幌延駅でも列車番号を変えるという変則になっている。これはもともと幌延駅止まりだったのを稚内駅まで延長運転したために別列車扱いということで列車番号を変えている。

なお、下り列車は奇数、上り列車は偶数の列車番号にするのが基本である。

旭川都市圏の通勤通学輸送として、旭川―永山・比布・名寄間の区間運転の普通が午前と午後、夕夜間に運転されている。３両編成は名寄発10時59分の旭川行、２両編成は下りが旭川発９時28分の永山行、10時20分の比布行、12時31分の名寄行、16時38分の名寄行、上りが名寄発６時23分、比布発８時45分、永山発９時49分、比布発11時52分である。主に高校生の通学と帰宅あるいは所用で行き来する人々が多い区間だからである。名寄以北は単行運転で、運転本数も非常に少ない。

【将来】　輸送密度が４０３人しかない名寄―稚内間は他の区間と同様に、上下分離方式などの運営の見直しをするとしている。

上下分離方式にすれば４０３人でもなんとかやっていけるが、維持・運営するのに何よりも費用がかかるのは除雪費である。それならば何度も言うが、黒部峡谷鉄道のように冬期は全面運休し、雪解けを待って観光列車を走らせるようにすると、うまくすれば黒字も可能である。

なお、大手ツアー会社で「最果てのローカル列車乗車体験」というツアーを開催していたが、この乗車区間が南稚内→稚内間だった。これでは最果てのローカル列車というよりも市街地を走るローカル列車である。それでも結構人気があったという。

だから、もっと乗車距離が長い徳満→稚内間にすれば利尻富士も眺められ、それなりに運賃・料金を取っても、このようなツアーに参加したいという人は多いはずである。

それらの観光列車には豪華なクルーズ列車、現在の特急「宗谷」、「サロベツ」、そしてのんびり旅を楽しむ一般列車など、いろいろな車両を使う。

単にキハ54形を走らせるのではなく、車内でそれなりの催しをする列車とする。「ノロッコ」を走らせてもいいし、蒸気機関車列車もいい。

そして名寄―稚内間の運賃は1・5倍程度にする。豪華クルーズ列車はJR東日本の「四季島」のほかに自前で揃えてもいい。また、まだ残っているカーペットカーを使ってのユースホステル並みの格安クルーズ列車を走らせてもいい。

あるいは上下分離方式を採用するならば、大手ツアー会社が第2種鉄道事業者として、自前の観光列車を走らせてもいい。

冬期運休をせずに、石勝線のように除雪フリーの冬期対策をして、冬期の走行が苦手なクルマに対抗する。また、夏期にはより一層の高速化を図る必要がある。

クルマで札幌から稚内まで行くには道央自動車道と西海岸経由のオロロンラインを通ると5時間ほどかかる。スピードダウン前の「スーパー宗谷」も5時間弱と同じだが、クルマよりも列車が便利だと感じるためには4時間半以下にする必要がある。そのためには別ルートの高速線を建設しなくてはならない。これは大変な費用がかかり、現在のJR北海道では無理であり、その株主の鉄道運輸機構も、そんな予算を出せる余裕はまったくない。

これは除雪フリーの雪対策を施すことにしてもしかりである。

結局、究極的には名寄―稚内間の廃止か、一歩譲って冬期運休の観光鉄道にするしかない。その場合、JR北海道単独で運行する方法と、大手ツアー会社とのタイアップ、または大手ツアー会社が運営する第2種鉄道事業者の参入かである。

【シベリア鉄道の北海道乗り入れについて】 降って湧いたような話としてシベリア鉄道の北海道乗り入れというのがある。既存のシベリア鉄道から分岐してサハリンとのあいだの狭い海峡であるネベリスコイ水道に橋を掛けてサハリンに渡って南下、コルサコフ付近で地下に潜り、宗谷海峡を海底トンネルで抜けて稚内に達するものである。

これによって日本とシベリアがレールでつながり、場合によっては鹿児島からパリまで直通列車を走らせることもできるといった無責任な報道がなされたりした。

しかし、直通列車を走らせるためには大きなハードルがある。それはレールの幅、つまり軌間の違いである。日本ではJR在来線の軌間は狭軌の1067㎜、新幹線は国際標準軌の1435㎜である。フランスやドイツなどは日本の新幹線と同じ標準軌の1435㎜だが、シベリア鉄道は1520㎜の広軌になっている。また、サハリンの鉄道は日本が敷設したこともあって狭軌1067㎜である。

軌間の違いは軌間変換列車によって克服できるが、実用化しているのは標準軌と広軌とのあいだである。これはスペインによって開発され、自国の在来線が広軌の1668㎜、高速新線（新幹線）が標準軌の1435㎜になっていて、在来線と高速新線とのあいだを行き来できるように開発され、すでに当たり前のように高速新線と在来線を行き来している。

この軌間変換技術を使えばシベリア鉄道と高速新線や新幹線との行き来に関しては問題はない。しかし、日本の在来線とシベリア鉄道とのあいだを行き来する軌間変換技術は確定していない。

日本ではすでに新幹線と在来線とのあいだを行き来できるフリーゲージトレインの試作車が造られ、試験をしているが、量産を前提とした第3次車は車軸に亀裂が入ったりして、設計を見直している。いずれは実用化されるだろうが、それは標準軌とのあいだのことであり、しかも、1435㎜と1067㎜で変換長は368㎜もあって四苦八苦している。シベリア鉄道は1520㎜の軌間だから変換長は453㎜とさらに長くなる。

新幹線を札幌からさらに稚内まで延伸してスペインが実用化している軌間変換技術を採用すれば、曲がりなりにも東京駅からパリ北駅、さらにはロンドン・セント・パングラス駅まで直通列車を走らせることはできる。

しかし、鹿児島中央駅から北海道へ乗り換えなしで行くには東京駅で東海道新幹線と東北新幹線との接続線を建設しなければならない。これを実現するには技術的問題というよりも両ＪＲ間の確執を解決しなければならない。

そもそも、シベリア鉄道が北海道に乗り入れて何を輸送するかによって規格を決めなくてはならない。旅客を運ぶとすれば新幹線の稚内延伸と軌間変換技術の導入が必要である。

しかし、東京からモスクワに行くとして、軌間変換列車の最高速度３００㌔（現在は２５０㌔）ですべて高速新線を建設したとしても45時間はかかる。旅客輸送は実用的ではない。

貨物輸送ということであれば、日本からは自動車と工業製品、ロシアからは石油、天然ガスということになる。さらにサハリン北部で天然ガスが産出されるようになった。シベリアとの輸送の場合、日本国内では新幹線に貨物輸送のための設備が必要になる。サハリン北部の天然ガスだけの輸送の場合、サハリンの在来線が狭軌ということから、宗谷海峡トンネルも在来線規格になる。

在来線規格のほうが建設コストは安い。しかし、シベリアへ向かう場合は１０６７㎜と１５２０㎜とのあいだでの軌間変換が可能な貨車を用意しなければならない。

さらに宗谷本線を活用することになるが、名寄駅までは何とか改修して使うことができても、天塩川に沿ったその先ではあまりにも路盤が脆弱すぎて改修するよりも新規に建設したほうが費用は安くすむ。

また、在来線規格では国際標準のコンテナを輸送できない。国際標準のコンテナを運ぶには新幹線規格にする必要がある。

どの軌間を採用し、どのような規格にするかによって建設費は大きく違ってくる。ある報道機関で、これくらいはかかると試算していたが、そんなことは規格が決まってからでなければできない。先走りもいいところである。

安いのは在来線規格だが、これではあまり役に立たない。やはり国際規格のコンテナを輸送できる新幹線規格にすることである。しかし、サハリン北部の天然ガス輸送をはじめとするサハリンとの物資交流は在来線規格のほうがいい。

最大限、贅沢な規格というのは狭軌・標準軌併用でサハリンまで行くことである。

まずは札幌から旭川を経由して名寄まで新幹線単独で建設する。この場合、東京の尾久などに新幹線貨物ターミナルを併設し、できれば東海道新幹線と直通できるようにして名古屋の三河安城付近や大阪貨物ターミナルなどにも設ける。

名寄からは狭軌、標準軌併用にする。と言っても現行の海峡線と新幹線との共用区間のように、ただ3線軌にするのではなく、上下線間を広く取るために軌道中心間隔を4・3mではなく、5・5mにし、さらに上下線間に列車風を防ぐ防風板を設置する。

これで稚内付近まで建設する。当然、トンネルが多くなるが、明かり区間（トンネルでない区間）にも防雪シェルターを設置する。豪雪地帯なので除雪をしなくてすむようにするのである。これは倶知安（新幹線駅）―名寄間でも設置すればいい。

稚内市街の南側に新幹線駅を設置し、そこから宗谷岬に向けて進む。途中で下り勾配となって陸上トンネルに入り、宗谷海峡を海底トンネルで抜けることになる。

現在の津軽海峡トンネルのように複線トンネルにはせずに、単線トンネルを並列にした複線にしてもいい。しかもトンネル断面を大きく取って360㌔走行でも問題がないようにする。名寄―稚内間のトンネルも同様にしてもいい。

サハリン側に渡って狭軌線はサハリンの在来線と直通できるようにし、標準軌線は貨物ヤードを設置するとともに、軌間変換装置を経由して広軌線と接続させる。できればシベリア鉄道も既存線から分岐してサハリンを経由する新線区間では標準軌にし、既存のシベリア鉄道接続地点に軌間変換装置を置くのがいい。

車両については旅客列車では軌間変換ができないものは従来の新幹線電車とするものの、シベリア鉄道直通はスペインの機関車方式のタルゴ客車がいいと言える。スペインの軌間変換高速列車のなかには電源車を組み込んで非電化区間でも走ることができるようにしたものがある。これによってロシアのどこにでも走ることができる。また、スペインの軌間変換装置は酷寒でも機能するように設計されている。

貨物列車も電源装置付きのタルゴ式軌間変換車両にする。貨車に軌間変換装置を付けるのは贅沢なように思えるが、車軸がないタルゴ車両はさほど価格は高くないのである。貨車は国際規格のコンテナ積載車、タンク車、自動車航送車を用意すればいい。

しかし、これだけのことをするには相当な費用が必要である。とは言っても価格を抑えるために狭軌の在来線規格で宗谷海峡に海底トンネルを掘削しても、まったく役に立たないものになる。津軽海峡線のように、少なくとも新幹線が通れる規格で建設して、とりあえずは狭軌在来線列車を走らせることしかないが、名寄以北の宗谷本線の改修は必要である。

シベリア鉄道の北海道乗り入れは夢物語ではあるが、いざ実現させるとすれば、このようなところまで考える必要がある。鹿児島からモスクワを経てパリへ簡単に行けると言ってはしゃぐものではないのである。それに旅客輸送を主眼に最高速度1000キロのマグレブ・リニアモーターにすればぱ東京―モスクワ間は8時間で結ばれる。未来のことを考えればリニアも悪くはない。

霧の塩狩駅に停車する旭川行

ＪＲ石北本線

特急車両の新車への置き換えを

POINT! 新旭川―上川《かみかわ》間の輸送密度は１４８１人で、これは何とか維持できる数字だが、上川以東は少し減って１０６１人になっている。宗谷本線を走る特急は旭川―名寄間で曲がりなりにも高速化されているが、石北《せきほく》本線の特急は依然として旧式車両を使用して遅い。しかも石北峠という難所を通る。すぐにというのではないが、上川以東の廃止も取りざたされている。石北峠をトンネルで一気に抜けてスピードアップを図ることも考えられるが、これもなかなかできるものではない。せめて新しい特急車両に置き換えてもらいたいところである。

【概要】 石北本線は新旭川―網走間２３４・０キロの単線非電化路線で新旭川駅で宗谷本線、網走駅で釧《せん》網《もう》本線と接続する。新旭川駅を始終発とする列車はなく、旭川発着となる。石北線の部の本線だが、所属線だった相生《あいおい》線（美幌《びほろ》―北見相生）はすでに廃止されている。

輸送密度は新旭川―上川間が１４８１人、平成26年度が１４８９人で、ほぼ増減なしである。上川―網走間が１０６１人、26年度が１０５１人で、ちょっぴり増えている。両区間とも１０００人台になっているため廃止が検討されていないように思われるが、ＪＲ北海道は全線の廃止はしないとしても上下分離方式など運営の見直しをしたいとしている。

営業収支率は新旭川―上川間が２６２％、上川―網走間が３１７％である。１日１キロあたりの赤字額は新旭川—上川間が3万７２００円、上川—網走間が4万１０００円である。やはり冬期の除雪費用が重くのしかかっている。

網走への鉄道は釧路、厚岸《あっけし》経由と名寄《なよろ》、湧別《ゆうべつ》経由が考えられていたが、これに加えて利別《としべつ》、相ノ内《あいない》経由の十勝平野からの短絡ルートが明治29年（１８９６）に加えられた。利別だと利別川に橋をかけなくてはならないために対岸の池田駅に変更し、相ノ内も野付牛《のつけうし》（現北見駅）に変更して40年に着工した。

明治43年に池田—淕別《りくんべつ》（現陸別《りくべつ》）間が網走線として開業、44年に淕別から野付牛まで、大正元年に網走（のちの浜網走）まで開通して全通し、池田—網走間を網走本線とした。

一方、明治45年に下湧別—遠軽《えんがる》—野付牛間を軽便線として着工し、大正元年（１９１２）に留辺蘂《るべしべ》—野付牛間が開通した。留辺蘂から先は早期に開通させるために軌間７６２㎜で建設することにして3年に下生田原《しもいくたはら》（現安国《やすくに》）—留辺蘂間、4年に下生田原から社名淵《さなふち》（のちの名寄本線開盛《かいせい》）まで開通した。このとき名寄—湧別間の湧別線（のちの名寄本線）を建設することになり、5年に７６２㎜で建設した区間は１０６７㎜に改軌されて社名淵—下湧別（のちの湧別）間が開通した。

新旭川—ルベシベ（現上川）間は大正8年に石北線の一部区間として着工、11年に新旭川—愛別《あいべつ》間、12年に愛別—上川間が開通した。14年には中越《なかこし》（現中越信号場）に向けて上川と遠軽の両方から着工することになった。途中で石北峠越えをするために石北トンネルを建設しなくてはならなかった。

昭和2年（１９２７）に上川側を石北西線、遠軽側を石北東線と改称して、石北東線の丸瀬布《まるせっぷ》—遠軽間が開通し、4年8月に東線の白滝《しらたき》—丸瀬布間、11月に西線の上川—中越間、7年に東線の中越—白滝間が開通し、湧別線の遠軽—野付牛間を湧別線から切り離して新旭川—野付牛間を石北線とした。このとき網走本線の新しい網走駅を設置し、元の網走駅は浜網走貨物駅とし、網走—浜網走間は貨物支線とした。

その後、長らく網走本線池田—網走間と石北線新旭川—野付牛（昭和17年に北見に改称）間の2路線に分けられていた。これに名寄—遠軽間の名寄本線を加えて札幌—網走間には三つのルートがあったが、一番距離が短い石北線ルートが主流となってきた。そこで昭和36年に網走本線の北見—網走間と石北線を合わせた石北本線を設定した。網走本線は解体され、池田—北見間は池北《ちほく》線とし、根室線の所属線となった。また、湧別線（北見—湧別）は昭和7年に名寄本線の一部路線となった。

しかし、名寄本線は平成元年（1989）に廃止となり、池北線は同年に第3セクターの北海道ちほく高原鉄道に転換されたものの平成18年に廃止された。しかし、このうち陸別—分線《ぶんせん》間は正式な鉄道ではないが、遊園地の鉄道扱いで「ふるさと銀河線りくべつ鉄道」として残っている。

石北本線には昭和47年に札幌—網走間の特急「オホーツク」の運転が開始され、その後、4往復が運転されていたが、平成29年春のダイヤ改正で、「オホーツク」は2往復になり、残り2往復は旭川—網走間に運転区間を縮小した「大雪」となった。宗谷本線の「サロベツ」と同様に札幌—旭川間運転の「カムイ」と「ライラック」と接続し、特急料金は通しで計算される。なお、北旭川(貨)—北見間に不定期貨物列車が設定されている。

【沿線風景】●新旭川—上川間　新旭川駅を出ると半径503mで右にカーブしながら宗谷本線と分かれる。その先は直線で進み、左側に片面ホームがある南永山駅を過ぎ、162mの第2牛朱別川《うししゅべつがわ》橋梁を渡る。

石北本線（新旭川—白滝）

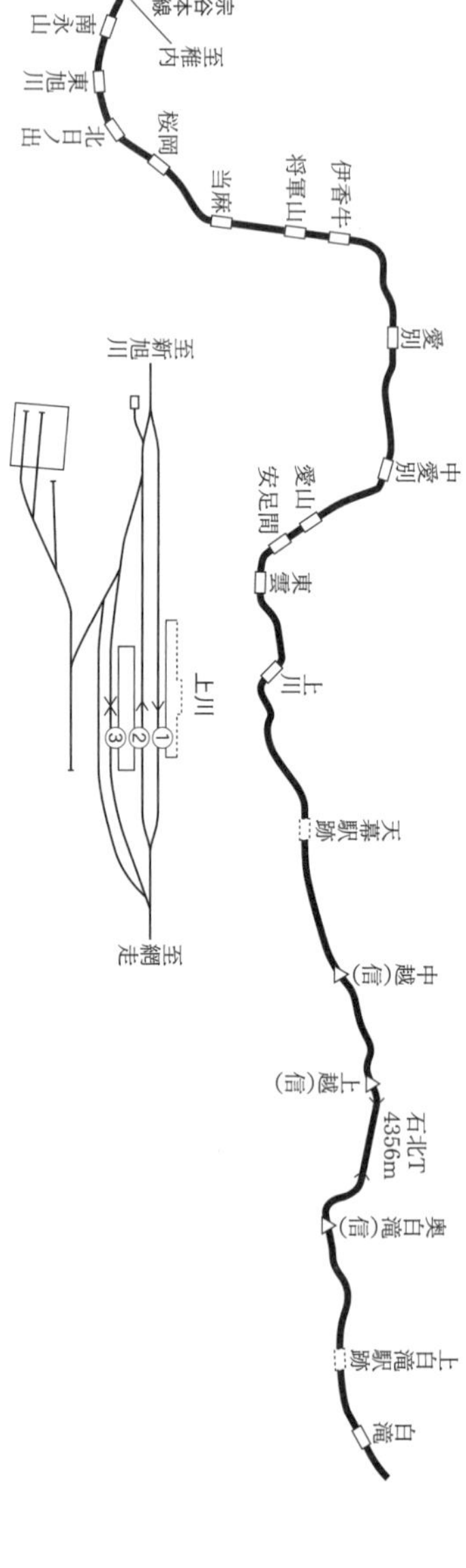

半径６００ｍで左にカーブした先に東旭川駅がある。下りホームが新旭川寄りにある斜向かい配置の相対式ホームの駅である。

下り線側がスルー線の1線スルー駅で、上下線とも両方向に発車できる。右手の上り線側に斜めに延びた横取線がある。これはかつての旭油脂の貨物積載線である。現在、駅の周囲は住宅地に囲まれ、積載場に隣接していた工場はなくなっている。

少し直線で進んでから半径１２００ｍで大きく左にカーブする。そのカーブのところに左側に片面ホームがある北日ノ出駅がある。

直線になって１０６ｍの清水川橋梁を渡り、半径６０４ｍのＳ字カーブを切ると、その先に相対式ホームの桜岡駅がある。上り線がスルー線の1線スルー駅で、上下線とも両方向に出発できる。この先で91ｍの第3牛朱別川橋梁を渡り、しばらく直線で進んでから半径１６０９ｍで緩く右にカーブする。しばらく直線で進んでから半径４０２ｍで左にカーブした先に相対式ホームの当麻《とうま》駅がある。

東旭川駅を通過する特急「オホーツク」網走行

上り線がスルー線の1線スルー駅で上下線とも両方向に出発できる。下りホームが新旭川寄りにややずれている。上り線側に側線が残っている。これはかつての木材積載用だった。現在も多くの木材が積み上げられている。

この先は伊香牛《いかうし》駅の手前までずっと直線である。途中の左側にコンクリート製で1両分程度の片面ホームがある将軍山《しょうぐんざん》駅がある。半径1600mの緩い右カーブの先にある相対式ホームの伊香牛駅も上り線がスルー線の1線スルー駅で上下線とも両方向に出発できる。

伊香牛駅までは10‰の勾配が少しあるが、大部分は6、7‰程度の緩い勾配で上ってきた。伊香牛の少し先からは最大12・5‰の上り勾配で、蛇行する石狩川の左岸に並行するようになり、カーブも最小曲線半径302mでくねっている。

次の愛別駅は半径402mの左カーブと503mの右カーブとのあいだにあって速く走れないために両開きポイントの左側通行をする通常の行き違い駅になっている。下り線側に斜めに分岐する横取線がある。

特別快速「きたみ」北見行（右）と普通旭川行（左）

曲線と勾配が緩み、３０２ｍの第４石狩川橋梁を渡って石狩川の右岸に出て相対式ホームの中愛別駅となる。同駅でも手前で半径６０２ｍ、先で４０２ｍの右カーブに挟まれて速度を落とすので、両開きポイントで左側通行する通常の行き違い駅になっている。

　半径４０２ｍで右にカーブしているところに第５石狩川橋梁があり、それを渡って左にカーブすると直線になる。左側にコンクリート製の短いホームがある愛《あい》山《ざん》駅を過ぎて進むと、相対式ホームで上り線側がスルー線の１線スルー駅の安足間《あんたろま》駅がある。やはり上下線は両方向に出発できる。

　半径４０２ｍで大きく左にカーブしながら66ｍの安足間川橋梁を渡ってしばらくすると、片面ホームの東《とう》雲《うん》駅がある。さらに左にカーブして１２８ｍの第６石狩川橋梁を渡り、今度は右にカーブして街中に入ると上川駅である。

　上川駅は下り本線側が片面ホーム、島式ホームの内側が上り本線、外側が上１線のＪＲ形配線となっている。上１線は両方向に出発できる。隣に留置用の上２線、さらに保守用側線と新旭川寄りに保守車庫がある。

●上川—遠軽間　上川駅を出ると半径402mの左カーブが2回あって上川の市街を抜ける。この先から石北峠越えとなる。新旭川駅の標高は115・6m、上川駅は338・6mと223m上ったが、石北トンネル内のサミットの標高は644・1mで、これから305・5m上っていくことになる。最急勾配は25‰だが、まだ最急16・7‰の上り勾配と最小半径302mのカーブで進む。

国道273号上川国道と旭川紋別自動車道、それに留辺志部川と並行して進む。途中92mの第1ルベシベ川、98mの第2ルベシベ川橋梁を渡る。第2ルベシベ川橋梁を渡った先で線路が右にシフトしている個所がある。これが付近に民家がなくなって利用されなくなったために平成13年に廃止された天幕《てんまく》駅の跡である。この駅跡の前後は直線である。

その先はカーブが続き、16・7‰の上り勾配が多くなる。勾配が2・3‰に緩むと中越信号場である。元は旅客駅で、信号場となってホームは撤去されたが、上下本線と下1線の3線、それに横取線が3線ある。下1線は両方向に出発できる。

最急勾配の25‰が現れ、旭川紋別自動車道は高くなって見えなくなる。39mの第3ルベシベ川橋梁を渡ると連続25‰の上り勾配になる。途中、98mの第4ルベシベ川橋梁、26mのオタッニタイオマップ川橋梁、18mの第5ルベシベ川橋梁、66mの第6ルベシベ川橋梁を渡る。勾配が2・5‰に緩くなったところに上越《こし》信号場がある。昭和50年（1975）までは旅客駅だった。

この信号場は旭川紋別自動車道の浮島《うきしま》ICと上川国道との取付け道をくぐったところにある。スノーシェルター付きの右側分岐の片開きポイントがあって、その先でS字カーブを切っている。下り線がスルー線の1線スルー構造で上下線とも両方向に発車できる。遠軽寄りのポイントにもスノーシェルターが設置されている。

旅客駅だったころのホームは撤去されているが、駅本屋は残っている。駅本屋の前、線路側に向かって「石狩北見国境標高634米上越駅」の看板が置かれている。

白滝駅を出発する網走行

上越信号場の先で4356mの石北トンネルに入る。当初は4‰の上り勾配、その先で15・2‰の下り勾配になる拝み勾配のトンネルである。先述のようにサミットの標高は644・1mである。

石北トンネルを出ると連続25‰の下り勾配で熊ノ沢の谷を進む。途中に両開き分岐で上下線とも両方向に出発できる奥白滝信号場がある。元は旅客駅だったが、ホームは撤去されている。奥白滝信号場は2・3‰の下り勾配のところにあるが、信号場を出ると再び連続25‰の下り勾配になる。

89mの上三湧別川橋梁を渡ると勾配が2・5‰に緩んだところに片面ホームの上白滝駅の跡がある。平成28年3月の廃止で、ホームは残っているが、駅本屋は解体撤去された。勾配は最急15・2‰に緩み、19mの湧別川橋梁を渡ると白滝駅である。

上川駅を出て37・3㌔進んでようやく現れた旅客駅である。上り本線側が片面ホーム、島式ホームの内側が下り本線、外側が下1線のJR形配線で、下1線は両方向に出発できる。

その先に平成28年3月に廃止された旧白滝駅があ

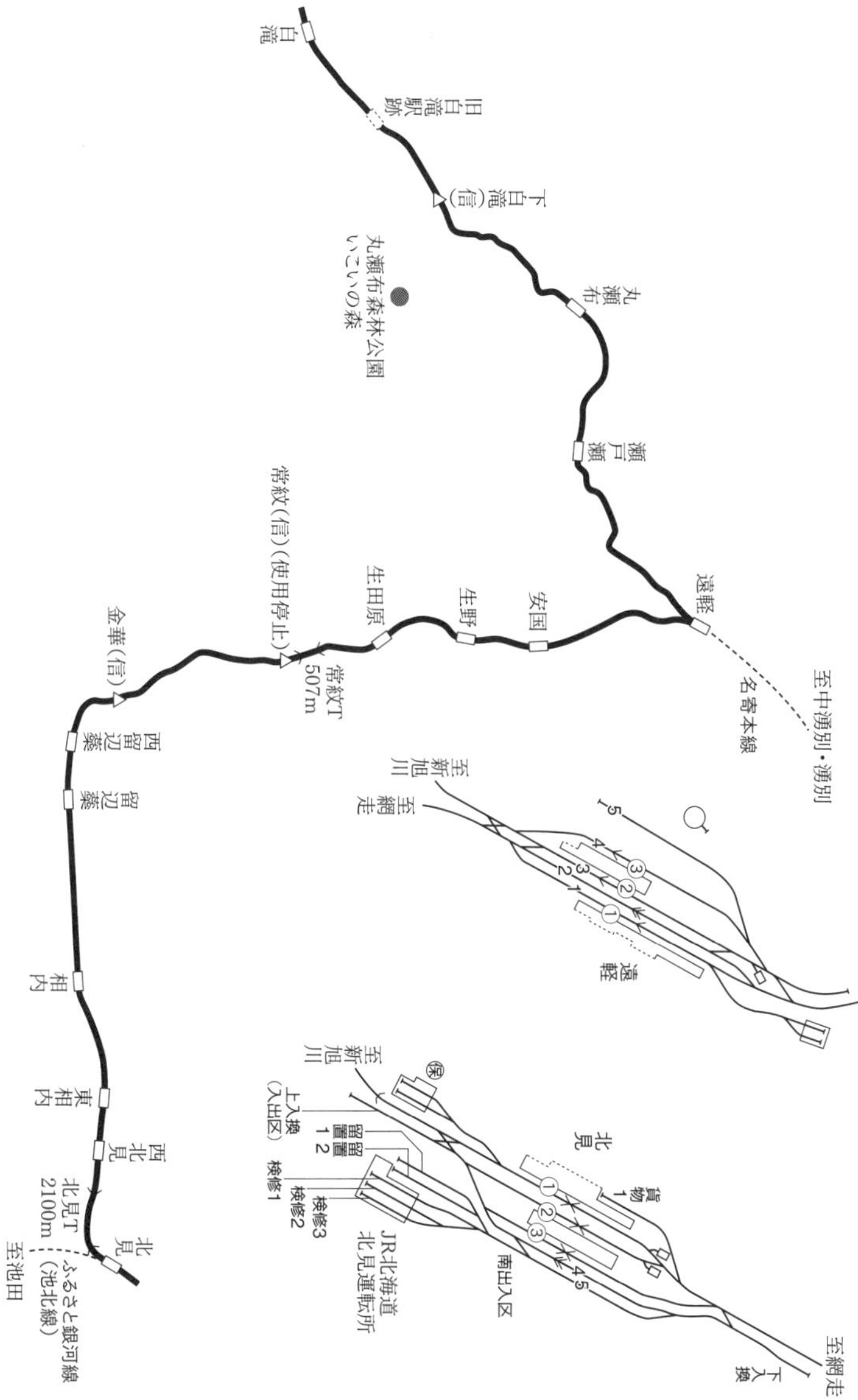
石北本線(白滝—北見)
白滝
旧白滝駅跡
下白滝(信)
丸瀬布森林公園いこいの森
丸瀬布
瀬戸瀬
遠軽
至中湧別・湧別
名寄本線
安国
生野
生田原
常紋(信)(使用停止)
常紋T 507m
金華(信)
西留辺蘂
留辺蘂
相内
東相内
西北見
北見T 2100m
北見
ふるさと銀河線(池北線)
至池田
至新旭川
至網走
遠軽
北見
貨物1
南出入区
JR北海道北見運転所
上入換(入出区)
留置1
留置2
検修1
検修2
検修3
至網走
下入換

る。盛土の短い片面ホームはまだ残っている。勾配は緩くなるが、カーブはまだ最小曲線半径302mがある。

左手から旭川紋別自動車道が上を横切った先に下白滝信号場がある。ここも平成28年3月に旅客駅から行き違い信号場になった駅である。下りホームが旭川寄りにある斜向かい配置の相対式ホームで、上下線とも両方向に発車できる。ホームはまだ撤去されていない。

さらに下って58mの丸瀬布川橋梁を渡ると島式ホームの丸瀬布駅がある。下り線の左側に2線、上り線の右側に1線の側線がある。同駅の10キロ南側に「丸瀬布森林公園いこいの森」があり、8の字運行をする森林鉄道が再現されている。

さらに進んで瀬戸瀬《せとせ》駅となる。下り本線側が片面ホーム、島式ホームの内側が上り本線、外側が上1線のJR形配線だが、上1線は使用されず、半ば木々のなかに埋もれている。下り線の遠軽寄りに横取線がある。

駅の先で105mの野上湧別川橋梁を渡り、湧別川の左岸を走るようになる。湧別川から離れてほぼ直線で進み、左手に瞰望岩《かんぼういわ》を眺め、半径805mで左にカーブして右側から網走方面への石北線が合流すると遠軽駅である。

東側に片面ホームに面した1番線、そして中線の線路番号2番があって島式ホームの内側に面した3番（発着線番号は2番線）、外側に面した4番（同3番線）がある。その外側に貨物仕訳線が3線と機回線、そして扇形車庫と転車台があったが、転車台を残して撤去されている。名寄本線があった時代には1番線の反対側に切欠きホームの0番線があったが、今はない。しかし、0番線があったために1番ホームは結構長い。1、2番と3、4番はそれぞれ収束し、この2本の線路は渡り線で結ばれている。そして2線は左にカーブするが、3、4番が収束したほうの線路は引上線になる。1、2番のほうは元名寄本線の上下線である。引上線が先に終わるが、元名寄本線のほうはもう少し線路が延びている。車止めで終了しても築堤だけはまだ少し先まで延びている。

●遠軽―北見間 遠軽駅の標高は81・8m、石北トン

遠軽駅に停車中の特急「オホーツク」網走行（左）と白滝行（右）

ネル内のサミットから562・3m下ってきた。スイッチバックして網走方面に向かうが、上り勾配になる。このあたりで遠軽駅が一番低いのである。

スイッチバック後、まずはシーサスポイントがあってから半径600mで左にカーブして新旭川方面の線路と分かれる。第1湧別川橋梁を渡った先で10‰の上り勾配になり、S字カーブを切ってから直線になる。少し先で勾配は緩くなるが、直線はまだ続いている。半径1207mで右にカーブしてから直線になると安国駅がある。

安国駅は両開きポイントだが、下り線が駅本屋側の片面ホームに接し、上り線側の片面ホームは上下線のあいだにある。そして下りホームがやや遠軽寄りにずれている。駅の先で右にカーブし、直線になって26mの第1生田原川橋梁を渡り、連続10‰の上り勾配になる。その先の左手にコンクリート製で背面に柵がない片面ホームの生野《いくの》駅がある。右に左にカーブしながら国道242号置戸《おけと》国道と並行して南下し、第2生田原川橋梁を渡る。この橋梁も長さは26mである。

次の生田原駅は両開きポイントで分岐する行き違い

生野駅付近を走る網走行

駅で、上下線のあいだに幅が狭い島式ホームがあり、北見寄りに少しずれて上り線の片面ホームがある。島式ホームは上下線いずれも乗降しようと思えばできるが、下り線専用の片面ホームとして使用している。上り線が1番線で下り線が2番線になっていて2番線は両方向に出発できる。駅本屋はコンクリート造りに建て替えられ、オホーツク文学館が同居している。また、2番ホームの対面に横取線がある。

生田原駅を出ると勾配がきつくなり、置戸国道と分かれて八重《やえ》沢川《ざわがわ》に沿って進む。勾配は連続上り25‰になって最小曲線半径３０２ｍで上っていく。両側に防風防雪林があり、25‰の勾配を上りきると５０７ｍの常紋《じょうもん》トンネルに入る。サミットの標高は３４５・１ｍである。反対側の坑口は常紋トンネルと一体になったスノーシェルターに覆われている。

これが常紋信号場である。本線は25‰の下り勾配になっており、行き違い待ちで停車する列車は水平になっている折返線で2度スイッチバックし、通過する列車はスイッチバックなしで本線を走りぬけていた。平成13年に行き違いをしなくなって、現在は使用停止となっている。

　最小曲線半径３０２ｍ、25‰の連続下り勾配で進み、勾配が緩むと金華《かねはな》信号場となる。平成28年3月までは旅客駅だったが、乗降客がほとんどいないので信号場となった。網走方面から西留辺蘂駅折返の列車があるが、自動閉塞区間では棒線駅の西留辺蘂駅で折り返すことはできず、金華駅で折り返していた。このため上下線いずれも両方向に出発できる。金華駅が信号場になった現在でもここで折り返している。また、同信号場で行き違いもしている。

　駅構造は生田原駅とほぼ同じで上下線間に下り用片面ホーム、上り線側には上り用片面ホームがあって北見寄りにずれている。

　最急勾配10‰、最小曲線半径３０２ｍで下っていく。50ｍの第2無加川《むかがわ》橋梁を渡り、街中に入って右側に片面ホームがある西留辺蘂駅となる。平成12年に開設された比較的新しい駅である。

　すぐに留辺蘂駅になる。左側に片面ホームに面した下1線の1番線、そして島式ホームを挟んだ上下本線の2、3番線からなる変形ＪＲ形配線である。１番線は両方向に出発でき、2、3番線は左側通行になっている。行き違いがない上下列車は、ともに1番線に停車する。

　62ｍの第1無加川橋梁を渡る。この先、下り勾配は最大で10‰となり、カーブもほとんどなくなる。あっても半径１６０９ｍの短い左カーブが2か所あるだけである。そして相内《あいのない》駅となる。

　相内駅は両側分岐で下り線の左側に片面ホーム、上下線のあいだに上り線の片面ホームがある。相内駅を過ぎても半径１２０７ｍの左カーブ、そして同じ半径の右カーブがある。この右カーブの左側に鉄道コンテナが積み上げられている。日本通運の北見支店物流事業所やＪＡの北みらい青果物センターがあって、農産物をコンテナに積みこんで北見駅までトラック輸送する。

　これらを過ぎると東相内駅である。同駅は生田原駅や金華駅と同じ構造をしているが、両方向に出発できるのは上り1番線である。

　この先、半径１２０７ｍで右に、続いて左にカーブすると左側に片面ホームがある西北見駅となる。西北

東相内駅で行き違う特急「オホーツク」網走行（左）と遠軽行（右）

日本最北の地下線である北見トンネルに入る特急「オホーツク」札幌行

見駅を過ぎると半径503mでやや右にカーブしてから2100mの北見トンネルに入る。同トンネルは連続立体交差事業によって開削工法で造られた地下線である。日本最北の地下線ということになる。

北見トンネルの西側坑口は地平から10・8‰の下り勾配になって地下に潜る。地上にあった線路跡は緑地帯になっている。地形そのものが下がっているので、当初10‰、次に6‰の下り勾配で進む。そして半径304mで左にカーブする。2・5‰の下り勾配になっているものの、地面（GL＝グランド・ライン）はもっと下がっているのでトンネルの天井はGLを越える。そして12・4‰の上り勾配になって地上に出るが、ほぼ完全に出るまで壁と天井はコンクリートに覆われている。

そしてそのまま、レベルの北見駅の構内に入る。右側に引上線が並行し、さらに1線分の路盤跡が並行する。これが廃止された北海道ちほく高原鉄道ふるさと銀河線の路盤跡である。その先で左側に2線の保守車庫線も並行する。さらに右側に北見運転所の留置線2線と検修線3線がある。そしてホームとなる。

下り本線1番線に面して片面ホーム、そして島式ホームの内側に上り本線2番線、外側に上1線3番線、そして貨物着発線の4番線、南入出区通路線の5番線がある。また、1番線の網走寄り反対側にコンテナホームに面した貨物1番線がある。この先、石北本線は高架になるが、貨物入換用の下り入換線（貨物引上線）が地上のまま延びている。

旅客線の1〜3番線は両方向に出発でき、貨物着発線の4番線は新旭川方向だけに出発が可能である。また、1、2番線のあいだに中線があったが撤去され、島式ホームの新旭川寄りに外側に向いた切欠きホームの3番線があった。このため現在の3番線は4番線だった。以前の3番線は北海道ちほく高原鉄道ふるさと銀河線の発着線で、平成17年に同線が廃止されたのち切欠きホームごと撤去されてしまった。

●北見—網走間　北見駅を出ると高架になる。直線で進んで左側に片面ホームがある柏陽《はくよう》駅を過ぎて地上に降りる。その先に左側に片面ホームがある愛《いと》し野《の》駅、そして1・4キロ進んで端野《たんの》駅がある。端野駅までベッドタウン化している。端野駅は上り線がやや分岐角度

北見駅に停車中の特急「オホーツク」札幌行

の緩い両開きポイントで分岐する相対式ホームだが、下りホームが北見寄りにある斜向かい配置になっている。

端野駅の先で半径400mで右にほぼ直角にカーブして399mの第2常呂《ところ》川《がわ》橋梁を渡る。今度は同じ半径で左に大きくカーブする。常呂川に沿って少し北上するが、半径302mで右にカーブして常呂川と分かれ、10‰の勾配で山越えをする。

一旦、レベルになって緋牛内《ひうしない》駅となる。下り線の分岐角度が緩い両開きポイントが両端にある相対式ホームの駅である。

再び9・1〜6・7‰の上り勾配で進んでいく。勾配が3‰に緩むとサミットになる。サミットの標高は67・8mである。北見駅の標高は70・7mだからこれよりも低い。端野駅の先まで下り勾配になっていて北見駅よりも低くなってから山を上っていく。ちなみに端野駅の標高は43mである。

10‰の下り勾配になってすぐに緋牛内トンネルを抜ける。抜けた先もずっと10‰の下り勾配が続き、蛇行しながら下っていく。最小曲線半径は302mである。勾配が緩んで242mの網走川橋梁を渡った先に美幌駅がある。

島式ホーム1面2線で上り本線が2番線、下り本線が3番線になっている。美幌駅から昭和60年に廃止された相生線が出ていた。相生線の発着用の片面ホームの1番線が駅本屋寄りにあった。廃止後、線路は撤去されたが、ホームは花壇として残されている。

美幌駅を出ると相生線の路盤と少し並行し、その路盤は右にカーブして分かれていく。相生線の路盤跡には住宅が立ち並んでいて、相生線のあったことが見て取れる。

相生線と分かれた先で石北本線は半径402mで左に大きくカーブする。その先で103mの美幌川橋梁を渡る。

防風防雪林に囲まれながら丘の麓を北上して左側に片面ホームがある西女《にしめ》満別《まんべつ》駅となる。東の丘の上には女満別空港がある。空港ターミナルと西女満別駅は最短の道のりで1・4キロ離れているが、連絡バスはない。1・4キロといっ

石北本線(北見—網走)

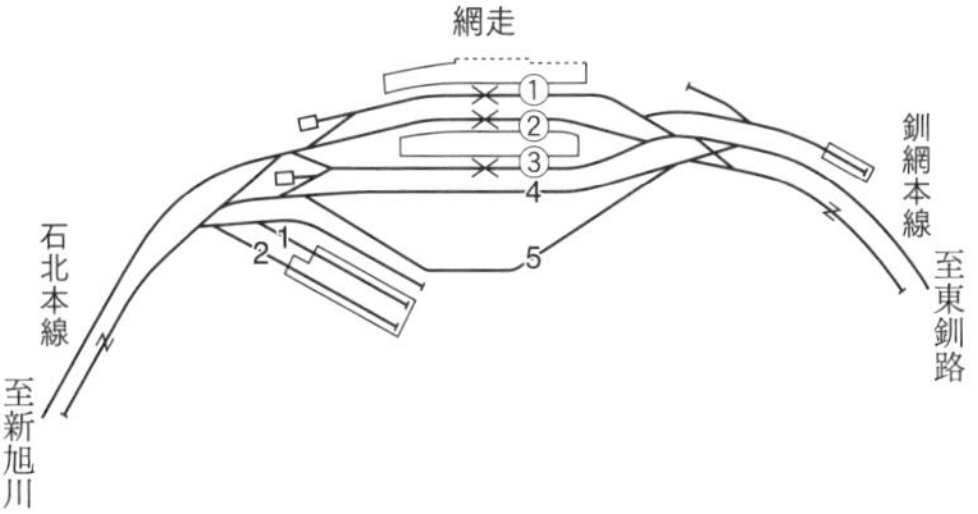

ても丘を登っていくので20分ほどかかる。

防風防雪林に囲まれて進む。女満別の街中に入るが、防風防雪林があって原生林のなかを走っているかのように思える。

そして女満別駅になる。下り線の分岐角度が緩い両開き分岐の相対式ホームである。上り線の駅本屋の手前に車掌車が4両保存されている。駅本屋というよりも3階建ての大空町町立図書館の1階に待合室が間借りしているといったほうがいい。

女満別駅は防風防雪林に囲まれていないが、駅を出るとすぐに再び防風防雪林に囲まれる。左手は網走湖の湖岸だが防風防雪林に遮られて見えない。64mの女満別川橋梁を渡り、右にカーブして網走湖から離れ、女満別トンネルを抜けて左手の防風防雪林がなくなると呼人《よびと》駅である。両端に両開きポイントがあり、下りホームが北見寄りにある斜向かい配置の相対式ホームになっている。

再び防風防雪林に囲まれ、大曲《おおまがり》トンネルを抜けた先で左手の防風防雪林がなくなって網走湖の湖岸沿いに進む。右手は丘になり、ところどころに観光ホテルがある。

その先で網走湖から離れて網走川に沿って進む。網走川の向こうに網走刑務所が見える。もう網走の市街を走っている。

網走川が見えなくなると左手に湧網線の路盤跡が並行し、右手に浜網走駅の跡地が広がる。そして網走駅の構内に入る。

引上線が右に並行し、そこから検修庫への線路が分かれている。引上線と並行しながら右にカーブし、直線になってホームにかかる。左側に片面ホームの1番線、その隣の島式ホームの内側が2番線、外側が3番線、そして通路線の4番線、ずっと離れて留置線の5番線がある。

検修庫は元は客車庫で、5番線は元は9番線で、4〜8番線は貨物仕訳線、9番線は回転線だった。9番線の向こうには客車留置線が1線あり、釧網本線寄りには機関庫と転車台があった。また、北見寄りの1番線の反対側に湧網線列車の発着用の切欠きホームの0番線があった。

なお、当初の浜網走駅は字のごとく網走駅の東側の浜寄りにあったが、手狭になったために昭和44年に網走駅の北見寄りに移転した。浜網走駅の廃止は59年である。

【車両】特急「オホーツク」、「大雪」はエンジン出力をパワーアップしたキハ183系の4両編成を使用する。網走寄り先頭が1号車で自由席、2号車は半室が自由席、残り半室が普通車指定席、3号車は半室が普通車指定席、残り半室がグリーン車、4号車は普通車指定席になっている。

4号車の先頭運転台は高床式非貫通タイプ、1号車の先頭運転台は貫通タイプで座席数が多い車両を使用する。基本はこうだが、グリーン車が連結されることもある。この場合は普通車指定席の数が減るので、もう1両の普通車指定席を増結して5両編成になる。半室グリーン車を連結した編成も繁忙期には普通車指定席車を増結して5両編成になる。

特別快速「きたみ」はキハ54形単行を使用する。普通はキハ54形かキハ40形の単行か、キハ40形の2両編成またはキハ54形とキハ40形を連結した2両編成を使用する。またキハ40形の4両編成もある。

【ダイヤ】特急「オホーツク」は札幌―網走間に2往復、特急「大雪」は旭川―網走間に2往復が運転され、旭川―網走間の停車駅は上川、遠軽、生田原、留辺蘂、北見、美幌、女満別のほか、下りの「オホーツク」1号は白滝、3号は白滝と丸瀬布、「大雪」1、3号は丸瀬布、上りの「オホーツク」2号は丸瀬布と白滝、4号は丸瀬布、「大雪」2号は丸瀬布、4号は白滝にも停車する。

旭川―網走間で最速の「オホーツク」は1号の3時間43分、表定速度63・9キロである。最遅は4号の3時間52分である。

特別快速「きたみ」は旭川―北見間で並走する高速バスに対抗するために特急料金なしで同区間を結ぶことから、通常の快速よりも速いイメージを持たせるために特別快速とした。

午前中に北見→旭川間、午後遅くに旭川→北見間を走る。当初の停車駅は当麻、上川、白滝、丸瀬布、遠軽、生田原、留辺蘂だったが、現在は安国、相内、東相内、西北見にも停車する。当初の所要時間は2時間59分で、これは特急「オホーツク」の所要時間とほとんど変わらなかった。しかし、現在は下りが3時間21分、上りが3時間22分となっている。

普通は旭川―上川間では運転本数が多いが、上川―白滝間は1往復しか走らない。白滝―遠軽間も2往復しかない。

上川駅始発は旭川駅から4両編成の回送でやってきて前2両が遠軽行になり、後ろ2両は折り返し旭川行になる。遠軽まで走った普通は前の1両を切り離し、スイッチバックして単行の網走行になる。

朝に旭川発東旭川行の区間列車が土休日を除いて運転される。また、午後に旭川―当麻間、夕方に旭川―伊香牛間の区間列車が走る。北日ノ出、将軍山、愛山、東雲を通過する普通がある。

遠軽―網走間を通しで走る普通は3往復しかないが、遠軽―生田原間、遠軽―北見間、西留辺蘂―網走間など区間運転の普通もある。また、生野駅を通過する普通がある。

遠軽発6時25分の網走行はキハ40形の4両編成である。西北見―愛し野間にある高校や大学への通学客や企業に勤める通勤客が多いからである。4両編成はこの1本だけだが、運転本数が少ないこともあって2両編成で走る普通は結構多い。

また、釧網本線直通が2往復ある。上りでは知床斜里発6時45分の列車番号4722Dは網走に7時31分に到着して4654Dに列車番号を変えて北見に向かう。これは釧路運転所所属のキハ54形を使用し、北見でキハ40形と連結して2両編成で旭川に向かう。もう一つは釧網本線の緑発6時51分の網走行4724Dで網走から4656Dに列車番号を変えて北見に向かう。北見駅では特別快速「きたみ」に連絡する。これはキハ40形の2両編成である。

下りでは北見発19時4分の網走行4671Dは網走駅で列車番号を4735Dに変えて知床斜里駅に向かう。これはキハ40形の単行である。

【将来】　かつては上川―網走間の大半の区間を廃止することがささやかれていたが、他の廃止対象線区と同様に運営方法の見直しによって存続を模索するようになった。上川―網走間は輸送密度が1061人あるので、そう簡単に廃止することはない。とは言っても、JR北海道としては自治体などが資本を出して線路を保有し、JR北海道は運行だけを行う上下分離方式に傾いている。

また、新旭川―上川間の輸送密度も1481人と似たようなものなので、新旭川―網走間の全線を上下分離方式とするなどの見直しの対象路線とした。

本来の活況を取り戻すには並行して走る高速バスやクルマよりも速くて便利な特急が必要である。

高速バスの札幌―網走間の所要時間は6時間、札幌IC―丸瀬布IC間で高速道路を使うクルマの場合は4時間45分である。特急「オホーツク」は5時間20分程度だから、バスよりも速いが、クルマには完全に負けている。また、高速バスの運賃は6390円、特急「オホーツク」の運賃と料金の合計は通常期で9910円なので、時間がかかっても高速バスを選ぶ人は多い。今後、丸瀬布から北見に向けて高速道路が延びていく。高速バスよりも所要時間を圧倒的に短くしないと、特急「オホーツク」は利用されなくなってしまう。

そのためにはスピードアップが必要である。キハ261系またはその後継車によってカーブ通過速度と最高速度を向上して4時間50分台の所要時間にする必要がある。

また、クルマでは石北峠という難所がある。豪雪のため通行止めになることもある。石北本線はスノーシェルターの設置など、それなりに雪害対策を講じている。道路が通行止めになっても石北本線が動いていれば、信頼度が上がって冬期以外でも利用されることになる。

赤字で大変だが、このまま何もしないでキハ183系を使ってただ走らせているだけでは乗客の減少は避けられず、石北本線はやがて廃止になってしまうだろう。

上川―白滝間の石北峠を一気に単線トンネルで貫通させ、160キロ運転をすれば35分は短縮する。新形気動車を走らせるのだから他の区間でも短縮することから札幌―網走間の所要時間は4時間30分を切ることは可能である。これで一気に利用客は増える。相当な費用が必要になるが、道路整備費に比べれば安いものである。

ところで、根室本線の項で述べたように、北十勝線新得《しんとく》―足寄《あしょろ》間72キロが早期に開通し、池北線を通るルートで札幌―北見間に特急を走らせていればどうだっただろうか。

池北線の足寄―北見間は最急勾配20‰、最小曲線半径402mとなっていた。半径402mのカーブで振り子気動車は105キロで走ることができる。しかも西《にし》訓子府《くんねっぷ》―北光社《ほっこうしゃ》間は半径805m以上のカーブになっていて連続して130キロで走ることができる。北十勝線はカーブが少ないルートを通っていた。

新得―北見間で停車駅を士幌、足寄、陸別、置戸としたとしても100キロ程度の表定速度で走ることができるので、新得―北見間の所要時間は1時間40分程度になる。

札幌―新得間でスピードダウンする前の所要時間は1時間42分だったから、札幌―北見間は3時間20分程度になるだろう。北見―網走間は50分程度だが、これはキハ183系での所要時間である。軌道を強化して振り子気動車を走らせると40分程度に短縮できるから、札幌―網走間は4時間ほどで結ぶことができる。道東自動車道を走るクルマよりも30分は速くなるのである。さらに最高速度を160キロに引き上げればもっと速くなる。

北十勝線ができていればクルマに対しても大きな競争力が得られた。もし、やる気になっていれば北海道の鉄道を元気にすることができたのである。返す返すも残念である。

もう一つの生き残る道は観光鉄道にすることである。通学で利用されているのは新旭川―上川間、西留辺蘂（列車の折り返しは金華信号場）―美幌間である。これら2区間は冬期も除雪して普通列車を運行するとしても、他区間は運休する。

そして冬期を過ぎると、観光列車専用として全線の運転を開始するのである。

その観光列車は魅力あるものにしなければならないが、ビュッフェやラウンジカー、展望ドームカーなどがある豪華な列車だけを走らせるのではなく、付加料金を払って青春18きっぷでも利用できる安価な普通列車や札幌―網走間をそれなりのスピードを出して観光地への移動手段とする特急列車など、バリエーションをもたせればいいと言える。

ＪＲ釧網本線

観光路線として活性化を図るべし

POINT! 釧網《せんもう》本線の輸送密度は513人であり、上下分離によって生き残ることはできる。また、根室本線と石北本線とを結ぶ路線であり、知床や摩周湖、屈斜路湖、釧路湿原があり、観光列車も走っている。もっと気の利いた観光列車を全区間で走らせれば活性化されよう。

【概要】 釧網本線は東釧路―網走間166・2キロの単線非電化路線で、東釧路駅で根室本線、網走駅で石北本線に接続する。釧路側では全列車が東釧路駅を通り越して根室本線釧路駅まで、網走側では一部の列車が網走駅を通り越して石北本線の北見駅まで直通する。

釧網線の部の本線で所属線は標津《しべつ》線（標茶《しべちゃ》―根室標津、中標津―厚床《あっとこ》）、根北《こんぽく》線（斜里―越川《こしかわ》）があったが、標津線は平成元年（1989）、根北線は昭和45年（1970）にそれぞれ廃止になった。

釧網本線の輸送密度は513人、平成26年度が466人だから増えている。「乗って残そう」が実ったと言える。営業収支率も26年度の520％から493％に改善された。といっても五十歩百歩ではある。1日1キロあたりの赤字額は2万2700円となっている。石狩地区などに比べて雪が比較的少ないから除雪費用があまりかかっていないのである。

同線も上下分離方式など運営の見直しをする区間として取り上げられている。

網走本線の延長線として大正13年（1924）に網走から北浜まで開通、14年には斜里（現知床斜里）まで開通した。

一方、釧路側は釧網線として着工し、根室本線との分岐信号場の別保《べっぽ》信号場（現東釧路）から標茶までが昭和2年（1927）に開通した。4年8月に弟子屈《てしかが》（現摩周）まで開通し、網走側も同年11月に札鶴《さっつる》（現札弦《さっつる》）まで開通した。5年には弟子屈—川湯（現川湯温泉）間、そして川湯—札鶴間が開通して東釧路—網走間を釧網線とした。

昭和11年に標茶から計根別《けねべつ》までの計根別線が開通したときに釧網線の部を設け、釧網線を釧網本線とした。12年に標津線計根別—根室標津間が開通し、計根別線を標津線に編入するとともに、標津線は根室線の部の所属線から釧網線の部の所属線となった。

釧路—塘路《とうろ》間で冬期を除いて「くしろ湿原ノロッコ」号、冬期の釧路—標茶間に「SL冬の湿原」号、流氷着岸時期の知床斜里—網走間に「流氷物語」号といった観光列車が走る。このためにそれなりに収入が入る。しかし、2016年2月まで走っていた「流氷ノロッコ」号の運転は2016年冬から中止した。

沿線人口が減った今、釧網本線を存続させるには東北の五能線で走っている「リゾートしらかみ」のような観光列車をもっと走らせて観光客からの収入を増やすことが必要である。

【沿線風景】　網走駅が起点だが東釧路駅から述べる。東釧路駅を出て、すぐに半径302mで左にカーブし、89mの別保川橋梁を渡る。左手は釧路川、右手は山で、その山裾を北上する。別保原野が釧路川の向こうに広がっているが、線路の近くは市街地になっている。それなのに東釧路駅から4キロ先の遠矢《とおや》駅まで途中に駅はない。遠矢駅は右側に片面ホームがあるが、元は両開きポイントの行き違い駅だった。そのため行き違い駅時代の下り線のままの線形で線路は右に振っている。西側には釧路のベッドタウンとして新しい住宅が建ち並んでいる。

遠矢駅を出ると半径402mで左にカーブする。左手には釧路湿原が広がり始めている。右手は岩保気山《いわぼきやま》が西に張り出しているので、それを避けるように右にカーブしながら回りこむ。湿原が森に遮られて一時見えなくなったところの右側に板張りの片面ホームでログハウス風の駅舎の釧路湿原駅がある。

その先で大きく右にカーブして釧路湿原を避けるが、それでも湿原が南に割りこんでいる中ノ沢を横切ってしまう。横切りながら左にカーブして湿原を出ると直線になって片面ホームの細岡駅となる。細岡駅も元は相対式ホームだった。その上り線を使っているので左にシフトする。

細岡駅を出ると釧路湿原を築堤で横切り、その先は地形に沿って山裾を走るが、ときどき湿原を横切る。このため間近にタンチョウヅルやオオワシを見ることができる。以前、線路に沿って「タンチョウヅルはSLが嫌いです」の看板が掲げられていたが、今はなくなっている。

湿原が見えなくなると塘路駅がある。釧路寄りが半径503m、続いて302mの左カーブ上にあり、上りホームが釧路寄りにある斜向かいの相対式ホームになっており、上りホームの左手に横取線がある。上り線は釧路と網走の両方向に発車できる。「くしろ湿原ノロッコ」号は下り線に進入して折り返している。そのため釧路寄りから下り線に進入は可能である。しかし、網走方面への出発はできない。

塘路駅を出ると右手に塘路湖、左手に釧路湿原があり、66mの塘路川橋梁を渡る。湿原のなかを築堤で進む。右側にはシラルトロ沼、左側にはエオルトウ沼があり、両沼を結ぶ水路を20mのシラルトロ橋梁で渡る。

湿原と原野のあいだを走り、台地に取りつくと右側に片面ホームがある茅沼《かやぬま》駅となる。左側には両方向から分岐する側線があった。現在は網走方面から分岐する横取線として残っている。この先、左側のやや離れたところに湿原が続いているが、釧網本線は台地を走るようになる。このあたりでは鹿が線路に進入することがよくある。その都度、列車は警笛を鳴らして鹿を

釧網本線（東釧路—摩周）

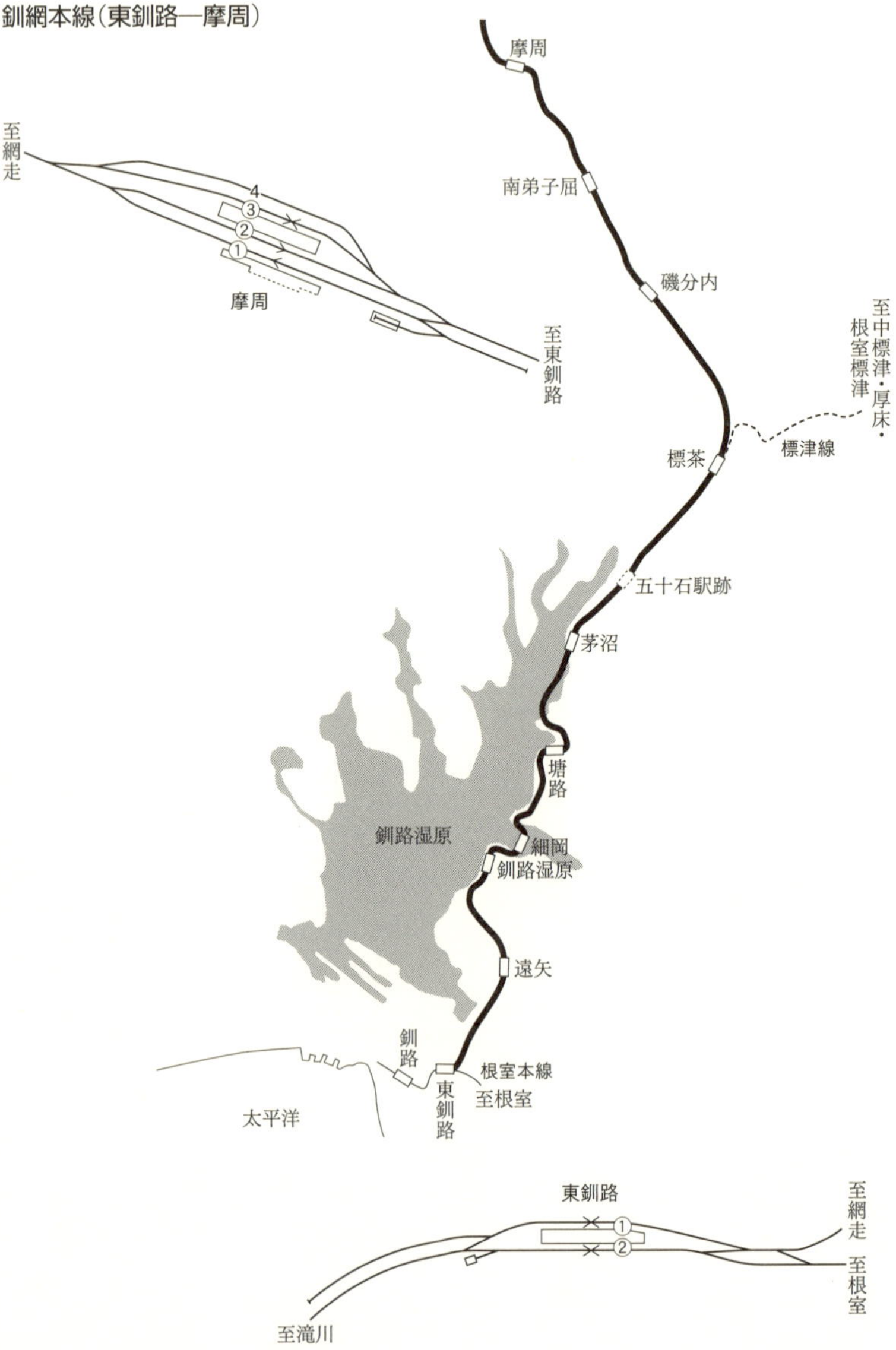
至網走
4
3
2
1
摩周
至東釧路
摩周
南弟子屈
磯分内
至中標津・厚床・根室標津
標津線
標茶
五十石駅跡
茅沼
塘路
釧路湿原
細岡
釧路湿原
遠矢
釧路
根室本線
東釧路
至根室
太平洋
東釧路
1
2
至網走
至根室
至滝川

網走・根室寄りからみた東釧路駅

塘路駅に停車中の「くしろ湿原ノロッコ」号

標茶駅に停車中の「SL冬の湿原」号と機回し中のC11 171号機

追い払うが、鹿は歩きやすい線路に沿って進むので、なかなか線路から離れてくれない。

湿原は見えなくなり、釧路川に沿って北上する。やがて標茶の市街に入って標茶駅となる。上り本線側が片面ホーム、島式ホームの内側が下り本線、外側が下1線のJR形配線の駅である。下1線は標津線の発着用だったが、現在は使用停止になっている。

冬期に走る釧路発の「SL冬の湿原」号は標茶駅で折り返す。同駅の上り1番線に到着後、入換信号機によって網走方の本線に引き上げて2番線に転線する。そして機関車だけが再び網走方に引き上げて下1線で機回しをして客車の釧路寄りにバック状態で連結して釧路駅へ向かう。

標茶駅を出ると標津線の路盤跡が少し並行する。標津線は右にカーブして分かれていたが、その跡はもうわからない。釧路川に沿って北上する。このため上り勾配基調で進む。次の磯分内《いそぶんない》駅は左側に片面ホームがある。かつては行き違い駅で相対式ホームだった。その上り線を使用している。

磯分内駅を出ると10‰の上り勾配が少し続く。北上して南弟子屈駅となる。車掌車を流用した待合室がある。右側に片面ホームがあって、前後は屈曲しているが、線路の左手には側線があっただけである。

この先から10‰の上り勾配区間が増えてくる。半径402mで左に大きくカーブし、正面に奥春別山《おくしゅんべつやま》と辺《ぺ》計礼山《けれざん》が見えると摩周駅である。平成2年まで駅名は弟子屈だった。上り本線側が片面ホーム、島式ホームの内側が下り本線、外側が下1線のJR形配線に加えて下1線の向こうに側線の4番線がある。下1線は両方向に発車できる。上り線側の釧路寄りに保守車庫と留置線がある。この留置線は現在は保守車両の留置に使用されている。

摩周駅を出ると16・7‰、続いて13・3‰の上り勾配を進むが、一旦、勾配が緩んでからまた16・7‰の上り勾配に戻ると左側に片面ホームがある美留和《びるわ》駅となる。元は相対式ホームだった。その上り線を使っている。車掌車を流用した待合室がある。

同駅からさらに16・7‰の勾配で上ってから今度は下り勾配になる。そのサミットの標高は203・3mである。下りきって半径1006mで右に大きくカーブしているところに川湯温泉駅がある。左側の上り本線側が片面ホームのJR形配線の駅だったが、島式ホームの外側の下1線は撤去されている。上り本線は両方向に発車でき、行き違いをしないときは下り列車も上り本線に停車する。元下1線の線路跡の向こうに側線が1線ある。

川湯温泉駅を出ると緩い上り勾配になる。列車の後方からは硫黄山《いおうざん》が見える。この先で25‰の連続上り勾配になって山越えし、オホーツク海を目指す。549mの釧北トンネルを抜けるとサミットになる。標高は277・2mである。25‰の連続下り勾配で下っていく。最小曲線半径は302mである。その先、勾配は16・7‰で、さらに11・4‰に緩むと緑駅である。

上りホームが釧路寄りにある斜向かい配置の相対式ホームである。釧路寄りは両開き分岐だが、上りホームまで比較的長い複線になっており、下りホームを過ぎると複線のままやや左にカーブして、次に上り線だけが右にカーブして下り線と合流する。下り線側に駅舎があり、下り線は両方向に出発が可能で、行き違いをしない上り列車は下り1番線に停車する。上りホー

釧網本線（摩周―網走）

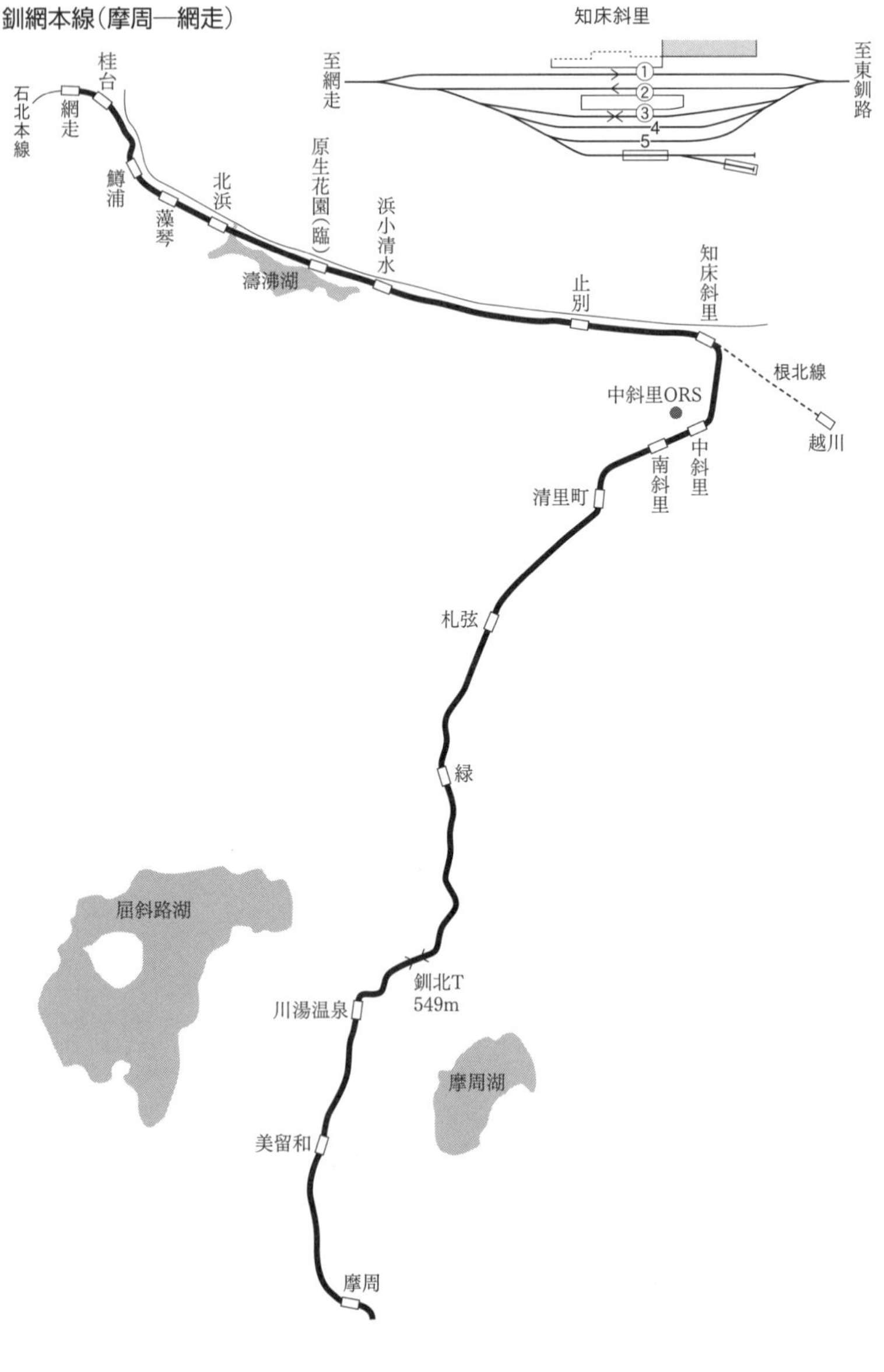
知床斜里
至網走
至東釧路
①
②
③
4
5
石北本線
網走
桂台
鱒浦
藻琴
北浜
原生花園（臨）
浜小清水
濤沸湖
止別
知床斜里
根北線
越川
中斜里ORS
中斜里
南斜里
清里町
札弦
緑
屈斜路湖
釧北T
549m
川湯温泉
摩周湖
美留和
摩周

網走行普通から見た緑駅に停車中の釧路行

ムはかつては島式ホームで上１線があった。現在、釧路寄りは保守用側線として流用している。

さらに緩い勾配で下っていき、谷が開けると右側に片面ホームがある札弦駅となる。元は相対式ホームで、その下り線を使っている。

札弦駅の先で半径１２０７ｍで右にカーブしてから直線になる。そして半径１００６ｍの左カーブ上に清《きよ》里町《さとちょう》駅がある。相対式ホームで行き違い線は長い。

勾配は緩くなり、カーブも少なくなる。次の南斜里駅は左側に簡易なコンクリート造りの片面ホームがある。次の中斜里駅は右側に片面ホームがある。かつてはホームの向かいに４線の貨物ヤードがあり、北西側の現在の佐藤製材工場、北東側のホクレン中斜里製糖工場への専用線が延びていた。これらは廃止されたが、中斜里製糖工場の一部の敷地はＪＲ貨物の中斜里ＯＲＳ（Off Rail Station）になっている。

中斜里駅の先で半径４０２ｍで左に大きくカーブし、直線になって北上する。１８６ｍの新猿間《しんさるま》川《がわ》橋梁を渡り、国道３３４号斜里国道をくぐる。斜里国道のこのあたりは日本で一番長い直線道路となっている。

知床斜里駅に停車中の網走行

半径302mで大きく左にカーブすると知床斜里駅である。下り本線側が片面ホーム、島式ホームの内側が上り本線、外側が上1線のJR形配線に、上1線の外側に留置線の4番線、そして少し離れて保守線と保守車庫線がある。上1線は両方向に発車できる。

かつては根北線が知床方面に延びていた。現在の4番線のほかに2線の仕訳線と通路線があり、通路線は釧路寄りにあった機関庫と転車台につながっていた。現在、これらは保守用線路に流用されている。片面ホームの釧路寄りに貨物用の切欠きホームと線路があった。知床斜里駅の標高は4・6mと、もう海岸に近いことを物語っている。

137mの斜里川橋梁を渡り、緩い勾配を上りながら海岸に沿うようになる。右側の海岸は斜面になっており、左側も斜面になっていて防風防雪を兼ねる潮害防備保安林が線路と並行する。しばらくして左にカーブして防備保安林を斜めに横切り、防備保安林と畑地のあいだを進むと止別《やむべつ》駅となる。

左側に片面ホームがあり、駅舎はラーメン喫茶「駅馬車」が経営している。かつては相対式ホームで側線

止別川を渡る網走行

もあった。この側線を流用した横取線があるが、使われていない。ここから北見鉄道（仮止別—小清水《こしみず》）が分岐していたが、それを示す「私鉄北海道鉄道分岐点跡」の碑はあるが、それ以外の痕跡は見当たらない。

止別駅からは左手に一般道が並行する。防備保安林がなくなって67mの止別川橋梁を渡る。秋になると止別川を鮭が遡上する。これを狙って釣り人やカモメが群がっている。釣竿がずらっと並んでいるのが見える。1月過ぎくらいからは流氷が漂着してくるのも見ることができる。

再び防備保安林や砂州で盛り上がった丘陵に遮られて海岸がよく見えなくなる。左側は一般道が並行し、その向こうは畑地である。正面にピラミッド状の「フレトイ展望台」が見え、半径1207mで大きく左にカーブしたところに浜小清水駅がある。

駅は相対式ホームで、浜側の駅裏に貨物側線があった。この側線は保守用側線に転用されているが、雑草で覆われている。駅前には道の駅「葉菜野花《はなやか》」があり、その建屋に駅の待合室がある。

並行する一般道は国道244号斜里国道に変わる。

右側は相変わらず砂州でできた丘があって海はよく見えない。左手に濤沸湖《とうふつこ》があるが、車窓からは原野が広がっているようにしか見えない。そこに右側に片面ホームがある原生花園臨時駅がある。5月から10月末まで夜間を除いて普通列車が停車する。駅名の元になった小清水原生花園は海岸の砂州上に広がる草原で、ハマナスやエゾスカシユリなどの花が見られる。駅に隣接して駐車場とインフォメーションセンターの「はな」がある。

少し走ると右手の丘は低くなって網走辺りまでの海岸線が見渡せるようになる。そして濤沸湖から海に流れる濤沸川を94mの濤沸川橋梁で渡った先に北浜駅がある。左側に片面ホームがある。以前は海側に貨物側線があったので、本線線路は山側に振っている。駅舎には「停車場」という喫茶店が入っており、網走寄りに流氷展望台がある。オホーツク海に一番近い駅とされているが、標高は7・7mと知床斜里駅よりも高い。

この標高のままレベルで進み、今度は藻琴湖《もことこ》から流れる藻琴川を39mの藻琴川橋梁で渡るために10‰で下る。渡ると少し上り勾配になって左側に片面ホームがある藻琴駅となる。かつては相対式ホームで、現在はその上り線を使用している。

釧網本線でDMV（デュアル・モード・ビークル）の試験を行なっていたために今も「DMV停止」の停止目標が釧路寄りのホームにかかる手前に置かれている。DMVはマイクロバスを改造したものなので、通常のホームで乗り降りできず、ホームの手前で停車して乗り降りするからである。

木造の駅舎は開業時からのもので、「トロッコ」という喫茶店が営業している。標高は4・4mで釧網本線で一番低いところにある駅である。

この先で斜里国道をくぐり、国道が右側に並行するようになる。そして半径604mで右にカーブしたところに鱒浦《ますうら》駅がある。右側に短い片面ホームがある。半ば崩れかけている盛土のホームだが、平成27年に建て替えられて木の匂いがする新しい待合室がある。少し上ったところに駅があるので標高は8・1mになっている。

海岸線に沿って進み、鱒浦漁港が右手に見えると左にカーブして84mの鱒浦トンネルをくぐる。右側は斜里国道が並行し、その向こうは海岸である。左側は丘が迫っている。その丘の上には網走の新興住宅街が広がっているが、列車からは見えない。

10‰で上り、半径３０２mで左にカーブしながら５２７mの網走トンネルを抜けると、その先は10‰の下り勾配になる。網走トンネルを抜けたところにあるサミットの標高は15・３mである。そして半径３０２mで左にカーブした掘割に桂台《かつらだい》駅がある。右側に片面ホームがあり、右側はやや高くなっているためホームに入るのに階段で降りる。

網走の市街地をS字カーブを切って進み、盛土になってから左にカーブして左右に引上線が並行すると網走駅である。

【車両】 ほとんどの列車はキハ54形の単行で走る。観光列車の「流氷物語」号もそうである。キハ54形は釧路運輸車両区所属である。

これに加えて旭川運転所所属のキハ40形の２両編成が朝に緑駅から網走を経て石北本線の北見まで走る。夕方にキハ40形とキハ54形を連結した網走発２両編成が知床斜里駅でキハ40形を切り離してキハ54形単行で釧路に向かう。さらに夜間にキハ40形が北見から知床斜里まで走る。知床斜里駅に集まった２両のキハ40形は２両編成を組んで、翌日の朝に回送で緑駅まで行って同駅始発の北見行になる。

「くしろ湿原ノロッコ」号は50系客車を半オープンカーにしたオハ５１０―１、オハテフ５１０―１、オハテフ５００―51、オクハテ５１０―１の４両編成にDE10 １６６０号ディーゼル機関車が塘路寄りに連結され、プッシュプル運転をする。

「SL冬の湿原号」の現在の牽引機関車はC11 １７１号機で、これに14系客車３両と旧形客車をカフェカーに改造したスハシ44 １号を連結した４両編成の前後に車掌車ヨ４３５０号とヨ４６４７号を連結し、さらに補助機関車としてDE10形ディーゼル機関車（DL）を連結している。しかしC11の動輪に傷がついて修理が必要になってしまい、平成28年２月11日からはディーゼル機関車（DL）牽引となった。つまり「DL冬の湿原」号ということになる。

【ダイヤ】 快速「しれとこ」が走る。停車駅は上りが東釧路、遠矢、塘路、茅沼、標茶、磯分内、摩周―清里町間、中斜里―浜小清水間、北浜―網走間（釧路湿原駅と原生花園駅は臨停）、下りは網走―北浜間、浜小清水―中斜里間、清里町―摩周間、磯分内―塘路間、釧路湿原―釧路間（原生花園駅は臨停）と、通過駅のほうが少ない。所要時間は上りが2時間55分、表定速度60・0キロ、下りが3時間3分、表定速度55・4キロと、あまり速くない。

普通列車の最速は上りが2時間56分、下りが3時間9分で、それよりも少し速いだけである。

通学生の流れが釧路と網走の両方に向かってあるが、釧路方面は標茶駅からの乗車がある程度なので、それほど混まない。

網走方面は知床斜里駅近くに斜里高校があり、緑駅から通学生が利用する。さらに桂台駅に南ヶ丘高校、網走駅からやや離れているが網走桂陽高校がある。また女満別高校や遠く北見の高校へ通う学生もいる。

このため朝の上りに緑始発の2両編成と知床斜里始発の単行が運転されている。これらに使用するキハ40形2両とキハ54形1両は知床斜里駅で滞泊している。

また、早朝に摩周始発と川湯温泉始発の釧路行がある。これは前日の夜に上りの摩周行が2本あって、摩周駅で滞泊し、1両は翌日に川湯温泉まで回送されて川湯温泉始発になる。

「くしろ湿原ノロッコ」号は釧路―塘路間を2往復し、遠矢駅だけ通過する。釧路発は個人客が多いが、塘路発は指定席を確保した団体ツアー客が利用する。個人客は釧路湿原駅で乗降して湿原を探索することが多いが、帰りのノロッコの指定券を確保せずに乗る人も多く、自由席は満杯になる。

「流氷ノロッコ」号は冬期の流氷シーズンに知床斜里―網走間で運転されていた。停車駅は止別、浜小清水、北浜だったが、車両の老朽化によって廃止された。こちらも団体ツアー客が知床斜里→北浜間、あるいは北浜→網走間の短区間で乗車することが多かった。また、「流氷ノロッコ」号が運転されない季節でも同区間を体験乗車する団体ツアー客があり、ときには観光バス3台分の団体客が乗ってきて、単行運転のキハ54形の車内が大都会の通勤ラッシュ並みの混雑になることもある。大阪の団体ツアー客がこんな混雑列車に乗りこみ、北浜駅で降りると、「京阪電車（の北浜で降りる）みたいやな」と愚痴をこぼしていたのを目撃したことがある。

ともあれ、団体割引で乗るとはいえ、ツアー客による収益は大きい。

【将来】 他の区間と同様に上下分離方式にするなどの運営方式の見直しを地元と協議中である。

所用で釧路や網走方面に向かう乗客、あるいは摩周駅周辺などに散在する高校への通学生と行楽シーズンの観光客以外にはあまり利用されていない現状では廃止がささやかれるのも無理はないが、JR北海道もできれば残したいところなので、上下分離方式を採用するなどの模索がなされている。

しかし、行楽シーズンでなくても観光客が利用するように、もっと魅力的な列車を走らせてもいい。釧網本線の魅力ある景色を外国人観光客にさらにアピールして利用してもらうようにすべきである。

釧網本線は石勝・根室本線と函館・石北本線を結んで周遊ルートを形成している。釧網本線がなくなるとクルーズトレインを走らせても、石勝・根室本線あるいは函館・石北本線を往復するだけのつまらない観光クルーズになってしまう。

JR北海道が赤字のため、このようなクルーズトレインは運行できないというのならば、ツアー会社などが運営して、豪華な、あるいは大衆的な観光列車を走らせればいい。この場合、北海道や周辺自治体、さらに国の機関である鉄道運輸機構も加わった第3種鉄道事業の第3セクター鉄道を設立して線路を維持し、ツアー会社などが観光列車を運行する上下分離をするのもいい。

JR北海道も地域の足としてローカル輸送をするとともに、観光列車も走らせればいいのではないか。そうすれば新たに参加したツアー会社とJR北海道とのあいだで競争することになり、ともに切磋琢磨して観光ツアーを開拓していくことになろう。競争がなければ、乗客獲得策を講じなくなってサービスが低下し、とどのつまり廃止になってしまう。

というよりもJR北海道の全線で上下分離をし、下部部分、つまりインフラ部分は国が保有して国の責任で整備や保全をする、つまり第2の新しい国鉄を設立して、上部はJR北海道だけでなく純然たる民間の鉄

知床の山々をバックに走る快速「しれとこ」

道運行会社も参入できるようにするのが、赤字体質の北海道の鉄道路線が生き延びるための、もっともふさわしい姿だと思う。

それとは別に北方四島のうち国後島を何らかの形で日本が開発するとなると、その資材集積基地として標津が選ばれる可能性がある。そうなると標津線の復活と釧網本線の貨物輸送の復活と、そのための大幅改良ということもありうる。さらに国後島への観光連絡船が運航されることもありうる。釧網本線はその足として活性化するかもしれない。

根室本線で述べた歯舞、色丹島へも含めて、北方四島への資材輸送は空路や海路で直接結ぶことで事足りるといえなくはないが、鉄道の所要時間は空路に負けるが、海路よりも断然速い。輸送力は海路に負けるが空路にはるかに勝る。鉄道は天候にも強い。そして標津や根室に資材等を集積して一度、整理したり、組み立てたりしてから、海路で運ぶほうがなにかと都合がいい。開発が一段落して観光で各島に行けるようになったときには、鉄道と連絡船で行く北方四島への旅は魅力あるものになると思われる。

用語解説

既刊の「用語解説」も参照のこと

1線スルー　単線路線では駅や信号所で行き違いをするとき複線となるが、片側あるいは両側とも速度制限を受ける（通常は45キロ制限）。その駅に停車するならそれでもかまわないが、通過列車が速度を落とすのでは時間の無駄である。片方を直線にして、通過列車は上下線ともそこを走らせれば、速度制限を受けないですむ。これが1線スルー方式である。

運転停車　行き違いなどで停車駅でない駅などに停車すること。

営業キロ　運賃を計算するときに設定したキロ程。必ずしも実際の線路延長と合致しない。

回転線　転車台につながる線路。

機折線　機関車用の短い折返線。

機走線　貨物ターミナルなどで機関庫と仕訳線とを結ぶ機関車だけが走る通路線。

機待線　仕訳された列車に連結するために機関車が待機する線路。

機回線　機関車牽引の列車は終点などで折り返すとき、機関車を反対側に連結しなければならない。そうするには、切り離された機関車を先頭側に付けるための線路が必要で、これを機回り線という。ただし運転関係の部署では機関士が機関車を回すから「機回し線」、施設関係の部署では管理する線路に機関車が回るから「機回り線」と読み方が異なっている。

機留線　機関車留置線の略。

サイドリザベーション　路面電車において両側の歩道に並行して線路が敷設されている区間。

車扱い貨物　貨車を1両ごとに扱って仕訳をし、貨物列車を組成する方式。かつてはこれが主流だったが、現在は各貨物ターミナル間を直行するコンテナ列車が主流になっている。しかし、今でも同一品目を数両の貨車に積載する貨物列車は車扱い貨物として取り扱っている。

上下分離方式　線路などインフラ部分を所有する会社、あるいは公的組織と、実際に運営する鉄道会社とを分ける方式のこと。鉄道を運営する会社はインフラの建設費などの償還に関わらないので、経営が楽になる。

スタフ閉塞／タブレット閉塞　いずれも票券（通票）を用い、通行できる区間（閉塞区間）を定めて票券を搭載している列車だけが走ることができるようにし、衝突や追突を避ける信号方式。スタフ閉塞では票券は一つだけしかない。タブレット閉塞は多数の票券があるが、一つを残して、他はすべて1閉塞区間の両端の駅にあるタブレット発行機に収納されている。外に出ている票券をタブレット発行機に収納すると、別の発行機から取り出すことができる。これによって同じ方向に2本の列車を走らせることができる。

スプリングポイント　スプリングによって一方向にしか進めないようにしたポイント。一方向にしか分岐できないが、車輪によってポイントを押し開けるので反対方向からの合流はできる。

センターポール　通常の路面電車の架線柱は道路の左右端部にあって、ここからケーブルを張って、そのケーブルに架線を張架するが、これでは道路上空間はケーブルだらけになって景観が悪い。上下線のあいだに架線柱を建てて、そこから架線を張架すると架線しかケーブルがなくなってすっきりする。

第1種（第2種、第3種）鉄道事業（者）　第1種鉄道事業者は線路を自らが敷設して運送を行い、さらに第2種鉄道事業者に使用させることができる。第2種鉄道事業者は第1種鉄道事業者または第3種鉄道事業者が保有する線路を使用して運送を行う。第3種鉄道事業者は線路を敷設して第1種鉄道事業者に譲渡するか、第2種鉄道事業者に使用させ、自らは運送を行わない。

通路線　車庫などのところで留置や洗浄、検査をする目的の線路のほかに、これら線路へ向かうための通路として使用する線路。

DMV　Dual Mode Vehicleの略。JR北海道で開発したDMVはマイクロバスを改造して線路と道路の両方で走ることができるようにした車両。

定数牽引　機関車等が駅間などで定められた走行時間で走ることができる牽引列車の牽引できる限界重量。

鉄道敷設法　明治初期および中期には鉄道の建設は全国的な観点からなされていなかったので、全国的な鉄道建設構想を打ち出すために、明治25年に鉄道敷設法が制定され、予定線33路線を、順次国が建設することとした。すでに私鉄によって開業したものを国が買収することや、私鉄による建設は、帝国議会の承認によるとした。国にすべてを建設するだけの予算がなかったためである。だが39年に鉄道国有法ができ、一地域の輸送に限定する路線以外は国有化された。また、北海道は鉄道敷設法から除外されており、別に北海道鉄道敷設法が29年に公布されている。鉄道敷設法によってほぼ幹線、亜幹線が開通した後の大正11年には、もっと細かな路線を建設するために改正鉄道敷設法が制定された。これには北海道を含めた149路線が別表にあげられている。改正鉄道敷設法は年を経るごとに新路線が別表に加えられて、赤字ローカル線が造られていった。

中線　基本的に上下本線の間に敷かれた副本線。

乗り上げ式ポイント　保守用側線から本線に入るなどの際に使用するポイント。本線と渡り線との分岐部では通常、本線側のレールにすき間があるが、乗り上げ式の場合はそれがないため、本線列車が通過してもショックは起きない。保守車両が通るときは、本線路の横に置いてある山形のパーツを取り外して分岐部に置く。

表定速度　ある駅間での停車時間を含めた平均速度。

付随車　電車・気動車の車両においてモーターも運転席もない車両。

振り子車両・機械式車体傾斜車両　車両がカーブに差しかかったときに生じる遠心力を利用し振り子の作用によって車体を傾ける車両を振り子車両という。カーブで車体を傾けると車内では遠心力が緩和されて乗り心地がよくなり、カーブ通過速度を高められる。機械式車体傾斜車両は遠心力に頼らず機械的に車体を傾けるものである。日本で採用している振り子式は台車と車体との間にコロを置いて床を左右に移動することによって車体を傾ける。しかし、直線で高速運転すると特有の跳ねるような振動が生じ、かえって乗り心地が悪くなって軌道に悪い影響を与える。そのため最近の車体傾斜車両は機械式にしている。日本で採用している機械式は台車の左右にある空気バネをふくらませたりしぼませたりして車体を傾けている。振り子式では車体がカーブの内側に必ず傾き、反対側に傾くことはないが、機械式では誤動作を起こす可能性がある。そこで振り子式は5、6度も車体を傾けるが、機械式は2度しか傾けられないようにしている。そのためカーブでの通過速度は振り子式のほうが高い。

平均運賃　一人が平均的に支払ったものではなく、運賃収入を人キロで割ったもの。人キロとは輸送人員と乗車キロを掛け合わせたもので、一人が1キロ乗車したときに支払った運賃である。一人が平均的に支払った運賃はこれに平均乗車キロをかければ算出できる。

棒線駅　ホーム１面１線でポイントがない駅。

ボギー台車　一般的な鉄道で使用している台車。

輸送人キロ　輸送人員と乗車キロを掛け合わせた延べ輸送量。

輸送密度　営業１キロあたりの１日平均乗車人数。

横取線　保守車両を収容する側線。

配線記号

乗り上げ式ポイント　保守用側線から本線に入るなどの際に使用するポイント。通常は本線と渡り線との分岐部では、本線側のレールにすき間があるが、乗り上げ式の場合はそれがないため、本線列車が通過してもショックが起きない。保守車両が通るときには、線路の横に置いてある山形のパーツを取り外し、分岐部に置く。

シーサスポイント　正式名称は「シーサスクロッシングポイント」。順方向と逆方向の渡り線を１つにまとめたもの。

片開きポイント　直線の線路から分岐するポイント。

両開きポイント　2方向に振り分けるポイント。

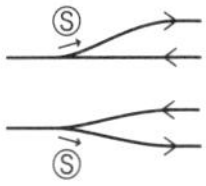

スプリングポイント　一定の開通方向に進入するようにセットされたポイント。非開通側からは車輪でポイントレールを押して進み、通過するとスプリングによって元の開通方向に戻る。矢印は開通方向を示す。

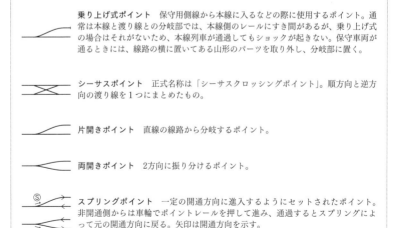

著者略歴――――
川島令三 かわしま・りょうぞう
1950年、兵庫県生まれ。芦屋高校鉄道研究会、東海大学鉄道研究会を経て「鉄道ピクトリアル」編集部に勤務。現在、鉄道アナリスト、早稲田大学非常勤講師。小社から1986年に刊行された最初の著書『東京圏通勤電車事情大研究』は通勤電車の問題に初めて本格的に取り組んだ試みとして大きな反響を呼んだ。著者の提起した案ですでに実現されているものがいくつかある。著書は上記のほかに『全国鉄道事情大研究(シリーズ)』『関西圏通勤電車徹底批評(上下)』『なぜ福知山線脱線事故は起こったのか』『東京圏通勤電車 どの路線が速くて便利か』『鉄道事情トピックス』『最新 東京圏通勤電車事情大研究』(いずれも草思社)、配線図シリーズ『全線・全駅・全配線』、『日本 vs.ヨーロッパ「新幹線」戦争』『鉄道配線大研究』(いずれも講談社)など多数。

全国鉄道事情大研究
北海道篇

2017年4月19日 第1刷発行

著　者 川島令三
装幀者 板谷成雄
発行者 藤田　博
発行所 株式会社 草思社
〒160-0022 東京都新宿区新宿5-3-15
電話 営業 03(4580)7676 編集 03(4580)7680
振替 00170-9-23552

組版・図版 板谷成雄
印刷所 中央精版印刷株式会社
製本所 中央精版印刷株式会社

ISBN978-4-7942-2274-9 Printed in Japan 検印省略